优秀传统文化的传承与发展探索

韩秀华 杜慧珺 刘凯 ◎著

中国出版集团

中译出版社

图书在版编目（CIP）数据

优秀传统文化的传承与发展探索 / 韩秀华，杜慧珺，刘凯著. -- 北京：中译出版社，2024. 6. -- ISBN 978-7-5001-7993-1

Ⅰ. K203

中国国家版本馆CIP数据核字第2024F6W790号

优秀传统文化的传承与发展探索
YOUXIU CHUANTONG WENHUA DE CHUANCHENG YU FAZHAN TANSUO

著　　者：韩秀华　杜慧珺　刘　凯
策划编辑：于　宇
责任编辑：于＿宇
文字编辑：田玉肖
营销编辑：马　萱　钟筏童
出版发行：中译出版社
地　　址：北京市西城区新街口外大街 28 号 102 号楼 4 层
电　　话：（010）68002494（编辑部）
邮　　编：100088
电子邮箱：book@ctph.com.cn
网　　址：http://www.ctph.com.cn

印　　刷：北京四海锦诚印刷技术有限公司
经　　销：新华书店
规　　格：787 mm×1092 mm　1/16
印　　张：11.25
字　　数：213 千字
版　　次：2025 年 3 月第 1 版
印　　次：2025 年 3 月第 1 次

ISBN 978-7-5001-7993-1　　　定价：68.00 元

前　言

　　作为四大文明古国中唯一一个历史没有中断的国家，我国历史自商周时期至今经历了五千多年，在这五千多年的时间内，中华民族通过对自身文化的发扬和外来文化的吸收，不断发展至今，形成独具特色的中国传统文化。中华优秀传统文化具有历史悠久、源远流长的特点，内容极其丰富，是我国各民族创造的精神财富，是承载我们梦想、滋润我们心灵的源泉，更是中国人世代相袭，挥之不去的精神依托，也是我们在世界激荡文化中，站稳脚跟的根基。

　　中华优秀传统文化是中华民族的精神家园，它带给我们民族以认同感、归属感和文化尊严，它是中华民族凝聚力的源泉。千百年来，中华文化经历了岁月的凝聚和淬炼，经历了先人们在探索文明进程中的选择和淘洗，由此形成了中华优秀传统文化。它记录着中华民族高尚的追求，承载着中华民族优秀的文明成果，是中华民族的根。对待古老而富有生机的优秀传统文化，我们既要传承，又要进行创新，充分发挥其应有的时代价值。因此，我们需要学习和了解中华优秀传统文化，需要薪火相传、代代守护，更需要与时俱进、推陈出新。

　　本书主要研究优秀传统文化的传承与发展探索，从中华优秀传统文化基础介绍入手，针对中华传统文化的内容、中华传统文化的传播、中华优秀传统文化传承路径进行了分析研究；另外对红色文化的传承与发展、优秀传统文化传承创新与发展实践做了一定的介绍；本书既前后呼应、相互联系，又自成体系，相对独立；既可供读者全面，系统地学习，又便于读者有针对性地查阅与选学。希望本书对优秀传统文化的传承与发展有一定的指导意义。我们在写作的过程中参考了大量的文献资料，不能一一列出，在此向参考文献的作者表示崇高的敬意。在写作过程中，由于水平和时间有限，书中难免存在很多不足之处，恳请各位专家和读者，能够提出宝贵意见，以便进一步改正，使之更加完善。

作　者

2024 年 5 月

目 录

第一章 中华优秀传统文化综述

第一节 优秀传统文化概念与特征

一、中华优秀传统文化的概念

（一）文化概说

"文化"的英语单词是 culture，其本义是人类为使土地肥沃，种植树木和栽培植物所采取的耕耘和改良措施。文化由外显的和内隐的行为模式构成；这种行为模式通过象征符号而获致和传递；文化代表了人类群体的显著成就，包括他们在人造器物中的体现；文化的核心部分是传统的（即历史的获得和选择的）观念，尤其是他们所带来的价值；文化体系一方面可以看作是活动的产物，另一方面则是进一步活动的决定因素。

文化是人类特有的社会现象。人类诞生之后，"文化"与"自然"便成为一组重要的范畴。从与自然相对的角度来说，文化是指人类在进化、发展过程中运用自身的主体力量所创造的一切非自然的物质和精神特质的复合体（静态的定义），也指人类认识、利用、改造自然和人类社会自身的人类文明进化过程（动态的定义）。一般来说，文化可以分为四大类型，分别是：

1. 物态文化

物态文化，即人类加工自然创制的各种器物，并满足人类最基本的生存需要——衣食住行为目标，直接反映人类认识、改造自然的精神因素。

2. 制度文化

制度文化，即人类依据一定的思想观念建立起来的国家根本制度，如经济制度、政治制度、法律制度、教育制度、婚姻制度等。

3．行为文化

行为文化，即人类在社会实践中，尤其是在人际交往中约定俗成的习惯性定势构成的行为模式，也就是我们所说的风俗习惯。

4．精神文化

精神文化，即由人类社会实践和意识活动长期孕育而成的价值观念、审美情趣、思维方式等。它所反映的是人的内心世界，潜伏在整个文化系统的深层。

（二）中华传统文化的内涵

文化总是人的文化，而人总是生活在特定的自然领域和特定的民族心理环境之中的。由于人群分为不同的族群，所以文化带有鲜明的民族性。中华民族是一个民族共同体、命运共同体，也是一个文化共同体。今天所说的中华文化，或中国文化，实际上就是指中华民族的文化，它是中国疆域内从古到今、世代相传的五十六个民族共同创造的文化，是包含和融汇了五十六个民族文化在内的有机整体。

所谓传统，是指从历史沿传下来的思想、文化、道德、风俗、艺术、制度及行为方式等。传统文化所蕴含的一个民族或国家世代相传的思想观念、思维方式、行为准则、文学艺术、生活风俗，乃至物质形态的建筑、工具等，既具有鲜明的历史性，又具有强烈的现实感。传统文化源自过去，在当今仍然有着很强的生命力，对人类的行为和活动有着无形的影响和控制作用。优秀的传统对社会发展起促进作用，落后的传统对社会发展起阻碍作用。

"传统文化"内涵有以下四点。第一，传统文化源于过去，但不止于过去。有些传统文化在历史长河的流淌过程中销声匿迹了，但还有一些传统文化会随着时间的推移而一直存留至今，甚至流传到未来。第二，传统文化起源于过去，但是"过去的"不等于"过时的""无用的""陈腐的"，并不都是糟粕。虽然我们不否认有些传统文化已经不适应当代和未来的社会发展趋势了，但是也应该看到传统文化中也有永恒的要素，即存在对过去、今天和未来的社会发展产生积极作用的内容。第三，所有的文化都是传统的。传统文化是一个相对的概念，是人们基于某一个时间点对发源于过去（相对比较久远的过去）的文化的类别划分。所谓传统文化，指的是产生于历史，经由历代传承延续下来的文化；所谓当代文化，是指产生于当今时代，并且正在流行的文化。第四，所有的传统文化都是特定民族或国家的，是生活在特定的社会文化心理环境中的特定国家和民族的人民在长期的社会实践和社会生活过程中创造的具有鲜明的民族特色的物质财富和精神财富的总和。

中华文化已经有五千多年的发展历史，其中相当大的一部分属于传统文化的范畴。中华传统文化是指中华民族五千多年文明发展史中在特定的自然环境、经济形式、政治结构的作用下形成、积累和流传下来，并且至今仍在影响着当代文化的"活"的中华古代文化。中华传统文化的外延涵盖了中国历史上的一切文化创造。从物态层面讲，中华传统文化包含衣食住行等物质载体；从行为层面讲，中华传统文化包括和传统相关的风俗习惯等；从制度层面讲，中华传统文化包括与中国传统的政治、经济、文化、教育等方面的制度规范；从精神层面讲，中华传统文化包括与传统相关的价值观念、伦理道德、社会心理、民族精神、民族气质以及思维方式等。它们已经内化为中华民族的文化心理和性格，深深融入社会政治、经济、精神意识等各个领域，积淀为一种中华民族的文化遗传基因，以巨大的力量影响着中华民族每个人的思想意识和行为，影响着中国社会历史的发展进程。

（三）中华优秀传统文化的界定

中华优秀传统文化是中国传统文化中的优秀内容，是中华民族在中国特定的地理环境、经济形式、政治结构的综合作用下世代积淀，并为大多数人所认同而流传至今的各种物质财富和精神财富的总称。它虽然产生于中国古代，但是自产生之后，便对中国社会的稳固发展和中华民族的团结进步等多个方面产生着不可替代的积极影响，也为人类文明进步做出了巨大的贡献；它是中华传统文化中的精髓和灵魂，积淀了中华民族最深沉的精神追求，包含了中华民族最根本的精神基因，代表着中华民族独特的精神标识，为中华民族生生不息、发展壮大提供了丰厚的滋养。

二、中华优秀传统文化的特征

中国优秀传统文化从不同的角度可以总结出许多特征，主要有：

（一）悠久统一

中国是世界上由多个民族共同缔造的历史最悠久的统一国家。我们常说的"中华文明上下五千年"，其实是一个不确切的说法。如果以文字的出现为标志，则中国的历史至少有六千多年，其标志就是考古学家在半坡遗址发现的六千年前半坡人在彩陶上创造的具有文字性的刻画符号和绘画、雕塑、装饰品等艺术作品。这些刻画的符号，就是最早的中国文字。如果承认中国早期的著作（如《易经》《史记》）中记载的关于神农、黄帝、尧、舜、禹等"三皇五帝"改造自然环境、造福中华人民的故事的真实性，则中华文明的历史还将大大提前。

中华文明史不仅历时久远，而且持续至今，生命力强大。在人们熟知的世界四大文明古国中，古埃及、古巴比伦、古印度三大文明在发展过程中都发生了断裂，唯独中国文化一直延续下来，未曾中断。在文明古国出现的人类最早的文字体系中，古埃及的圣书文字、古巴比伦的楔形文字等都已逐渐消亡，但是中国的汉字却一直使用到今天，不但没有消亡，而且还发展成为世界通用文字之一。

（二）博大精深

充满智慧的中国人民在悠久的历史中创造了内容博大、思想深厚的中华优秀传统文化体系。早在春秋战国时期，我国思想界就兴起了百家争鸣的文化论争。在以后的社会发展过程中，儒、释、道三家的价值观相映生辉，影响着中国古代的政治、经济、文化和中国人的日常生活。此外，我们的祖先创造了旨趣各异的教育思想和方法、蔚为大观的文学艺术（诗、词、赋、曲、楚辞、骈文、小说等）、独树一帜的中华医学、丰富多彩的风俗习惯、贯穿古今的饮食文化……积极入世的伦理观念、人民为本的治国理念、刚柔并济的人生道理、积极乐观的生活态度等，无不体现着中华优秀传统文化的深邃内涵和精妙取向。而更令人称奇的是，这些博大精深的文化，往往又是通过微小而简明的方式体现出来的，如传世经典大多言简意赅、微言大义，令人读后思绪万千。此外，中国传统绘画艺术中的"留白"、京剧等戏剧的舞台造型，也都是以小见大、以简驭繁，达到了画龙点睛的精妙效果。

（三）伦理为本

中国古代是典型的伦理型社会，重视伦理规范和道德教化是中华优秀传统文化的重要特征，这种特征表现在哲学、史学、教育、文学、艺术等诸多领域。伦理道德对中国传统社会影响之深远，是其他民族所不能比拟的，而数千年中国社会的主流价值观——儒家思想在其中发挥了重要的作用。

（四）崇尚中和

"中"，即中庸；"和"，即和谐。中的意思，就是无声无息、无动无为、寂然不动，所以说"中"是"天下之大本"。喜怒哀乐表现出来全都适度，叫作和。和的意思，就是受感应而能贯通天下，所以说"和"是"天下之达道"，这与孔子"和为贵"的思想是一脉相承的。对于人的个性塑造来说，中和要求每个人个性的适中、恰当，达到中和之美、中庸之美。达到了这样的境界或水准，个人的修身养性就实现了道德的最高标准。对于治国理政来说，中和要求用礼约束社会各阶层的行为规范和人际关系。致"太和"，就可以万国安宁，民族昌盛。由此，中和成为国家统治的根本法则。

（五）兼容并包

中华优秀传统文化之所以能历万世而不绝，在今天仍然是我们治理国家和处理国际关系的重要依据之一，就在于其具有极强的包容性。任何一种优秀文化，一定是具有很强的包容性的文化。中华优秀传统文化在其发展过程中，从不故步自封，而是通过不断地学习和借鉴其他文化的优点，然后转化为自己的新内容，从而不断丰富自我、完善自我。中华优秀传统文化对内部不同民族的文化也具有极强的融合力。从文化的角度来说，中国历史就是中国境域内不同民族文化之间相互碰撞、相互渗透、相互融合的历史。中华优秀传统文化，就是中国境域内各民族优秀文化的集大成者，也是在发展过程中不断广泛吸收、借鉴世界其他国家和民族的优秀文化的结果。

第二节　优秀传统文化精神的当代价值

中华民族精神是中华民族生生不息、发展壮大的力量源泉，是中国文化绵延不绝、薪火相传的精神动力。千百年来，中华民族历经磨难而不衰，饱尝艰辛而不屈，千锤百炼更加坚强，伟大的中华民族精神起了不可低估的作用。伟大的事业需要伟大的精神。中华民族精神是中华民族自立于世界民族之林的宝贵财富，是增强民族团结和凝聚力的精神支柱，是建设中国特色社会主义的思想基础，更是实现中华民族伟大复兴的强大动力。我们必须坚持弘扬和培育中华民族精神，使我国人民始终保持昂扬向上的精神状态，团结一心、众志成城，为实现我们的伟大事业而不懈奋斗。

一、中国自立于世界民族之林的宝贵财富

中华民族精神是中华民族自立于世界民族之林的必要条件。一个国家、一个民族，要为世界作出贡献，要自立于世界民族之林，就必须有振奋向上的民族精神。中华民族在五千多年的文明发展史中，形成了以爱国主义为核心的团结统一、爱好和平、勤劳勇敢、自强不息的伟大民族精神。这种伟大的民族精神，正是中华民族生存和发展不可分割的重要组成部分，也是我国各族人民共同发展和文明进步的力量源泉。

（一）民族精神是衡量一个国家综合国力的重要尺度

一个国家的综合国力，是该国家所拥有的赖以生存和发展的全部实力的总和，是国家政治、经济、文化以及各方面关系发达程度的整体能力，是社会生产力发展水平及各种社会关系成熟程度的综合表现。综合国力既包括自然力、经济实力、科技实力、人口素质、国防能力等物质方面的因素，也包括民族凝聚力、精神文明状况等精神方面的因素。民族精神是文化的核心和实质，是衡量一个国家综合国力的重要标准。如果离开了民族精神去衡量一个国家的综合国力，得出来的结果就是片面的、不科学的。研究综合国力，是为了掌握国家社会经济发展的整体状况及存在的问题，保护国家的根本利益和整体利益，促进社会经济健康、协调、全面发展，使人民过上幸福、文明、美好的生活。因此，衡量一个国家的综合国力，不仅应当考察自然力、经济实力、科技实力、人口素质、国防能力等物质方面的因素，而且还要考察民族凝聚力、精神文明状况等精神方面的因素。

改革开放以来，在中国共产党的领导下，中国特色社会主义现代化建设事业有了长足的发展，中国的综合国力有了显著的增强。从经济发展来看，最主要的表现是生产力迅速发展，经济总量显著增加。从文化力来看，主要表现在：我国的民族凝聚力进一步增强，指导思想明确，中华民族精神发挥出了强大的精神支柱作用。我国历史悠久、文化深厚，国家统一，民族团结。我们坚持以马列主义、毛泽东思想、邓小平理论、"三个代表"重要思想、科学发展观和习近平新时代中国特色社会主义思想为指导，坚持中国特色社会主义道路和制度，以社会主义核心价值观为引领武装广大群众，党的领导、社会主义道路、改革开放深入人心，只有社会主义能够救中国，只有中国特色社会主义才能发展中国，成为广大劳动人民的共识和共同意志。共同的目标，共同的方向，共同的愿望，共同的道路，是广大人民群众在多年的实践中形成的，是从自己的切身经验中总结出来的。它们凝聚成为强烈的民族自豪感、实现中华民族伟大复兴的使命感和紧迫感，使中国人民对于社会繁荣，国家富强，走向世界前列，充满自信，具有无比的信心和决心。这种强大的民族凝聚力，崇高的共同理想和信念，是社会主义上层建筑的重要组成部分，它们都可以转化为生产力，是综合国力的巨大动力。物质和精神方面的因素相互作用，形成一个巨大的合力，共同推动我国社会的发展和国力的提高，使我国进入历史上最好的时期，进入一个繁荣昌盛、蔚为壮观的新时代。

精神的力量是一个国家综合国力的重要因素，它虽然不同于物质的力量，但在一定的条件下可以转化为物质的力量。强大的精神力量不仅可以促进物质技术力量的发展，而且可以使一定的物质技术力量发挥更好更大的作用。随着国际局势不断发生新的变化，国内的改革开放和社会主义现代化建设事业不断向前发展，社会主义市场经济体制不断完善，中华民族精神在我国综合国力中所起的作用越来越突出。当今世界，文化与经济和政治相互交融，在综合国力竞争中的地位和作用越来越突出，文化的力量，深深熔铸在民族的生命力、创造力和凝聚力之中。中华民族精神是中国文化的精华，中华民族的繁荣昌盛，中国综合国力的增强，与中华民族精神弘扬是密不可分的。

（二）中华民族精神是提高我国国际地位的重要条件

随着中国经济近年来的迅速发展，中国的国际地位有了显著提高，在当代世界上所起的作用也越来越大。中国已成为当今世界不可忽视的一支重要力量，中国的发展变化正在对世界产生着广泛而深刻的影响。我们今天在国际上的重要地位和发挥着如此重大的作用，与中华民族精神是分不开的。中华民族精神是中国人民的强大精神支柱，是中国人民英勇奋斗、自强不息的精神源泉。

中国经济的快速增长已保持二十多年，目前仍处于经济周期的上升阶段，还会延续相当长时期。一个人口占世界 1/5 的大国。以如此之高的速度向前迈进，在人类历史上是一幅多么壮丽的景象。中国的发展对世界经济的持续增长越来越具有重要意义。中国正在为全世界提供市场。随着中国国际竞争力的增强，中国在国际上的地位进一步提高，在国际政治和外交事务中的作用越来越突出。国际上越来越多的国家对中国的发展给予高度的评价，对中国的国际地位和影响给予充分的肯定。

中华人民共和国成立后，在中国共产党的领导下，全国人民齐心协力，万众一心，在短短的几年中，迅速地恢复了经济生产，国民经济有了较快的发展，人民群众的物质文化生活有了显著提高。特别是改革开放二十多年中，中国取得了举世瞩目的成就，国家的综合国力和国际竞争力明显增强，世界上已经有多个国家与中国建立外交关系，中国作为联合国五个常任理事国之一，在国际事务中发挥着重要的作用。中国坚决维护世界和平，支持世界人民的正义事业，促进世界经济文化社会的发展，在国际上树立了良好的形象，赢得了声誉。中国的文化事业有了较大的发展，建立了广泛的国际文化交流渠道，在海外产生了重大影响。中国的体育事业成就辉煌，在许多体育项目上有明显的竞争优势，在许多重大的国际比赛中打破了世界纪录和取得了优异成绩，让中华人民共和国的国歌响彻世界，让五星红旗高高飘扬。

中国之所以能够彻底改变近代以来饱受凌辱、积贫积弱的境遇，其根本原因就在于中国共产党顺应了历史发展潮流，把马克思主义与中国的国情相结合，重振了中华民族精神。在新民主主义革命时期，无数革命志士忧国忧民、英勇战斗，抛头颅、洒热血，充分表现了中国人大无畏的英勇气概。

中国之所以能从一个破旧不堪的旧中国发展为今天繁荣强大的新中国，也是在中国共产党的领导下，以马克思主义为指导，弘扬和光大中华民族精神，鼓舞使广大中国人民鼓足了信心和斗志，以极大的热情投入到社会主义事业中去。

总之，中华民族精神是中国人民高贵财富，是中国摆脱贫穷落后，振兴发展的巨大精神力量，是我们中华民族的骄傲。

二、增强民族凝聚力和战斗力的精神支柱

民族精神是一个民族团结统一、具有凝聚力的集中体现，也是一个民族艰苦奋斗、自强不息的精神源泉。只有坚持弘扬和培育高尚的民族精神，才能振奋各族人民的精神，调动社会各方面的积极性，为了一个共同的理想和目标而奋斗。中华民族精神在中华民族大团结中起了重要的作用，是中华民族团结统一、万众一心、奋发图强的精神力量。

（一）中华民族精神是全国各族人民团结统一的旗帜

在中华民族五千年的发展历史中，既有分裂的年代，也有统一的时期，而大部分时间是团结统一的。中华民族生生不息、不断发展壮大，与中华民族具有伟大的民族精神是分不开的。在中华民族精神的大旗下，中国各民族人民在这片伟大的土地上团结一心、辛勤劳作，为人类文明做出了杰出的贡献，为人类历史的进步创立了不朽的功绩。

中华民族在形成和发展过程中，"兼容并包""协和万邦""中华一体"的精神逐渐融化到中华各族人民的血液之中。春秋战国时期，百家争鸣，群雄纷争，中华各个民族和区域文化之间的碰撞加剧，从而促进了中华民族的融合统一，使热爱祖国、维护团结统一、反对战争、爱好和平成为中华民族的主旋律。尽管在中国历史上，曾经出现过"三国"、"两晋"、"南北朝"、"五代十国"等短暂的"分立"时期，但大部分时间中华各民族还是生活在一个和平统一的大家庭之中的。近代中国是中华民族历史上最危难的时代，也是中华民族救亡图存的时代。在中华民族生死存亡的危急时刻，无数志士仁人不怕牺牲、前仆后继，用他们的生命和鲜血谱写出了一曲可歌可泣的中华民族救亡图存的壮歌。特别是中国共产党成立后，全国各族人民在中国共产党的领导之下，团结一心，推翻了压在中国人民头上的三座大山，中国的主权和统一从此有了保障，中国人民任人宰割和欺凌的时代一去不复返了。中华民族之所以能够战胜帝国主义的侵略，建立起强盛统一的国家，与中华民族精神的伟大号召力、凝聚力是分不开的。中华民族精神始终是维系中华各民族的纽带，是团结海内外华夏子孙的精神力量。

作为民族精神的核心——爱国主义，在团结人民、凝聚人心方面起了非常重要的作用。任何一个民族都是生活在一个具体的国家里，依附于一定的国家形态。有了这个国家实体，民族的兴盛和个人的幸福才能得到保障。因此，任何一个民族都应该维护国家的团结和统一，任何国家的公民，都要以国家的利益为最高利益，热爱自己的祖国。自古至今，爱国主义都是中华民族团结统一的重要的精神力量，有力地维护着中华民族各民族之间的团结统一、安全稳定。当代中国的爱国主义，是传统爱国主义的新发展，是时代精神的体现。这一爱国主义同爱社会主义密切联系在一起，爱中华人民共和国、爱中华民族、爱社会主义三者是统一的。

（二）中华民族精神是各族人民艰苦奋斗、自强不息的力量源泉

历史和现实都表明，一个没有艰苦奋斗精神作支撑的民族，是难以自立自强的、没有艰苦奋斗精神作支撑的国家，是难以发展进步的；一个没有艰苦奋斗精神作支撑的政党，是难以兴旺发达的。纵观五千多年的中华文明史和我们党的奋斗历程，可以看出，中华民族的振兴与发展，我们党的壮大与兴旺，都与中华民族精神有着密切联系。艰苦奋斗、自强不息是中华民族的优秀品质和中国共产党的光荣传统，也是中华民族精神的重要内容和宝贵财富，是中国人民不畏艰险、克服困难、顽强奋斗的精神源泉。

天行健，君子以自强不息。几千年来，一代又一代中华儿女在祖国大地上辛勤劳作、艰苦创业，形成了勤劳勇敢、不畏艰难的优秀品格，培育了博大精深的中华民族精神，这就是以爱国主义为核心的团结统一、爱好和平、勤劳勇敢、自强不息的伟大民族精神。艰苦奋斗是中华民族精神的重要内容。艰苦奋斗，从伦理角度讲，它是一种美德，要求人们勤俭节约、奋发向上、自立自强、艰苦创业；从价值角度讲，它是一种动力，鼓舞人们百折不挠、不畏艰难地去奋斗、去争取、去创造。几千年来，中华儿女正是以艰苦奋斗、自强不息的精神同自然灾害和外来侵略者作坚决的斗争，从而使中华文明生生不息，不断发扬光大。在我们党多年的奋斗历程中，艰苦奋斗始终是中国共产党人的精神支柱和强大动力，激励着我们顽强拼搏，奋力进取，克服困难，争取胜利。没有艰苦奋斗精神，就没有中华民族的不断发展，也没有我们党的兴旺发达。艰苦奋斗精神之所以能成为一个政党、一个民族、一个国家兴旺和发展的精神动力，是因为它能够激发人的积极性和创造性。人是社会活动的主体。在改造自然和改造社会的实践活动中，必须充分发挥人自身的主观能动作用。在尊重客观规律的条件下，人的主观能动性发挥得越好，在实践中取得的成效就越大。艰苦奋斗精神使人自强不息、不畏困难、艰苦创业、奋发向上，可以充分调动内在的精神力量，谋事、干事甚至创造奇迹。而艰苦奋斗一旦成为一种民族精神，就会形成强

大的凝聚力和感召力，激励这个民族克服前进道路上的各种艰难险阻，昂扬向上，奋力攀登。

一个民族，没有振奋的精神和高尚的品格，不可能自立于世界民族之林。在新世纪新阶段，我们要加快推进社会主义现代化，必须大力弘扬中华民族精神。只有大力弘扬中华民族精神，自力更生、艰苦奋斗、自强不息、顽强拼搏，中华民族才能前进和发展，中国人民才能在世界文明发展进程中有所作为。

三、建设中国特色社会主义的内在要求

改革开放以来，中国共产党领导的建设中国特色社会主义的伟大事业蓬勃发展，取得了举世瞩目的伟大成就。建设中国特色社会主义，不仅要求建设高度的物质文明，而且也要求建设高度的精神文明和政治文明，要求弘扬和培育中华民族精神。在改革开放和社会主义现代化建设过程中，没有中华民族精神作为强有力的精神支柱，仅仅依靠经济的发展是不行的，是难以完成建设中国特色社会主义的宏伟目标的。因此，弘扬和培育中华民族精神，也是建设中国特色社会主义的内在要求。

（一）弘扬和培育中华民族精神是实现中华民族伟大复兴的强大动力

振兴中华，实现中华民族的复兴，是几代中国人梦寐以求的共同目标。中华文明博大精深、源远流长，为人类文明进步做出了巨大贡献。在当代中国人民的伟大奋斗中，必将迎来社会主义文化建设的新高潮，创造出更加灿烂的先进文化。21 世纪对我国来说是一个重要的战略机遇期，我们不仅要发展先进生产力，而且要发展先进文化，通过知识体系、价值观念、政治信仰等激发人的创造活力，规范人们的行为，凝聚社会的力量，实现中华民族的伟大复兴。

21 世纪对我国来说，是必须紧紧抓住并且可以大有作为的重要战略机遇期。紧紧抓住这个宝贵的战略机遇期，对于中华民族乘势而上，开创改革开放和社会主义现代化建设的新局面，实现中华民族的伟大复兴，意义非常重大。

抓住目前我国发展中所面临的战略机遇期，实现中华民族的伟大复兴，必须有强大的智力支持和精神支撑。这种智力支持和精神支撑的根源就在于中华民族精神。中华民族精神是中国民族文化的灵魂，是中华民族的生命力之所在。在实现中华民族伟大复兴征途上，中华民族精神必然会大放异彩，成为中华民族振兴强大精神动力。中华民族的伟大复兴，如果没有中华民族精神作为强大的精神动力，是根本无法实现的。中国共产党领导的中华民族复兴的伟大事业，需要伟大的中华民族精神作支持，中华民族精神是中华民族伟

大复兴的强大精神动力。

（二）弘扬和培育中华民族精神是社会主义文化建设的一项重要内容

我们要建设的社会主义文化，是面向现代化、面向世界、面向未来的，民族的科学的大众的社会主义文化。这种文化既渊源于中华民族五千年文明史，又吸纳世界上的一切文明成果；既植根于中国特色社会主义现代化的实践，又具有宽广的世界眼光和现代特质，既包含了当代科学和文化的最新成就，又为广大人民群众所喜闻乐见。概括地说，我们要建设的社会主义文化具有鲜明的时代特征、民族特色、科学品格、大众导向和人文精神。

社会主义文化建设的一个重要方面就是培育和弘扬中华民族精神，不断丰富人们的精神世界，不断增强人们的精神力量。强调社会主义文化建设着重于培育和弘扬民族精神，有极强的现实针对性和紧迫性。我们要弘扬的中华民族精神，在社会主义文化建设中，大力培育和弘扬民族精神，目的是使我们党始终保持与时俱进、开拓创新的理论魄力和实践勇气；使党员干部始终保持蓬勃朝气、昂扬锐气、浩然正气；使广大人民群众始终保持奋发有为、昂扬向上的精神状态。面对世界范围各种思想文化的相互激荡，必须把弘扬和培育民族精神作为文化建设极为重要的任务，纳入国民教育全过程，纳入精神文明建设全过程，使全体人民始终保持昂扬向上的精神状态。

牢牢把握先进文化的前进方向，就要大力弘扬和培育中华民族精神。先进文化，应该是健康的、科学的、向上的、代表未来发展方向的、推动社会前进的文化。当代中国的先进文化，就是建设中国特色社会主义的文化。这一先进文化顺应了历史潮流，反映了时代精神，代表着未来发展的方向，推动着社会的进步。这一先进文化，渊源于中华民族几千年的文明史，根植于中国特色社会主义的实践，具有鲜明的时代特征。它反映了我国社会主义经济和政治的基本特征，同时又对经济和政治的发展起巨大的促进作用，是凝聚和激励全国人民的重要力量，同时也是综合国力的重要标志。只有大力弘扬和培育中华民族精神，才能真正把握先进文化的前进方向，防止西方文化的强势扩张，保护中国文化的安全。当今世界激烈的综合国力竞争，不仅包括经济实力、科技实力、国防实力等方面的竞争，也包括文化方面的竞争。总体上处于弱势地位的广大发展中国家，不仅在经济发展上面临严峻挑战，在文化发展上也面临严峻挑战。保持和发展本民族文化的优良传统，大力弘扬民族精神，积极吸取世界其他民族的优秀文化成果，实现文化的与时俱进，是关系广大发展中国家前途和命运的重大问题。在改革开放和社会主义现代化建设过程中，我们既要学习和借鉴世界文化中有积极意义的成果，又要防止西方强势文化对中国文化造成的负面影响。

大力弘扬和培育中华民族精神，就是要继承和发扬中华优秀文化传统。中国文化传统是一个系统，它包括中国古代传统文化、中国近现代文化、马克思主义文化、通过吸收改造的西方文化等内容。中国文化传统中既有许多促进社会发展、适应现代化建设需要的积极因素，又有一些不适应于现代化建设的消极落后因素。中华民族精神是中国文化的灵魂。弘扬和培育中华民族精神，就是要在继承中华文化传统的基础上积极对中国文化进行改造和创新，让中国文化为世界文明的发展做出新贡献。

四、加强执政党建设的必然要求

中国共产党从无到有、从小变大，经过了多年的风风雨雨，历经坎坷，经过革命、建设和改革实践的洗礼，已经从一个领导人民为夺取政权而奋斗的党，成为一个带领人民掌握国家政权并长期执政的党；已经从一个受到外部封锁和实行计划经济条件下领导国家建设的党，成为一个对外开放和发展社会主义市场经济条件卜领导国家建设的党。在新形势下，中国共产党必须与时俱进，准确地把握时代特征和历史任务，进一步加强党的建设，才能保持党的先进性，始终代表中国先进生产力的发展要求、代表中国先进文化的前进方向、代表中国最广大人民的根本利益，成为中国特色社会主义事业的领导核心。大力弘扬和培育中华民族精神，对于加强党的自身建设，提高党的执政水平和领导能力，提高党的拒腐防变能力，提高党的抵御风险的能力，保持同人民群众的血肉联系，具有非常重要的现实意义和非常深远的历史意义。

（一）中华民族精神是提高我们党领导水平和执政能力的精神动力

加强党的执政能力建设，是时代的要求、人民的要求。弘扬和培育中华民族精神，在加强党的建设和提高党的领导水平、执政能力方面，就是要加强党的各级领导干部的培养和教育，提高广大党员干部的思想觉悟，使他们始终保持与时俱进的思想状态。

（二）中华民族精神是我们党防止和遏制腐败的强大力量

中华民族精神是中国共产党反对和防止腐败的强大力量。反腐败斗争，必须坚持标本兼治、综合治理的原则，一靠教育，二靠制度。这里的教育包含着以勤劳勇敢、自强不息为精髓的中华民族精神的教育。这种精神在中国共产党人身上集中体现为艰苦奋斗的精神。只有坚持艰苦奋斗，才能增强抵御腐朽思想侵蚀的能力。民族精神是党保持同人民群众血肉联系的精神纽带。保持党同人民群众的血肉联系问题，从根本上说，是一个确立马克思主义的世界观、人生观、价值观问题。而马克思主义世界观、人生观、价值观的确立，离不开坚持和弘扬中华民族精神。

防止和遏制腐败，就是要加强党员干部的自身素质建设，提高他们的政治思想觉悟，培养他们优良的思想品质和作风。要做到这些，就要积极吸取中国文化传统中的清正廉洁、惩贪防腐思想。这些思想也是中华民族精神的重要表现。

中华民族精神中"反腐倡廉"思想的近现代资源也十分丰富。尤其是中国共产党人在领导中国人民进行新民主主义革命和社会主义建设过程中，在"反腐倡廉"方面积累了宝贵的经验，取得了很大成就。这些经验和成就一方面融入中华民族精神之中，丰富了中华民族精神的内容，另一方面也为我们在改革开放和社会主义现代化建设过程中防止和遏制腐败提供了精神资源。中国共产党建党伊始，就开始重视腐败问题的解决。

弘扬和培育中华民族精神，在防止和遏制腐败方面，就是要从中华民族精神中汲取力量，吸收其中"反腐倡廉"的积极因素，推动党的反腐败斗争，筑牢反腐防变的思想防线，从思想上杜绝和遏制腐败。

第三节 传承中华优秀传统文化的意义

一、坚定文化自信的重要基础

坚定文化自信，要理解历史文化发展的一脉相承性，必须尊重自己本民族的历史文化，尊重本民族的社会习俗，尊重本民族的生活模式，尊重本民族的发展方式，坚持中国本位立场，坚守中华民族的精神家园。因此，我们是否有文化底气，我们的文化自信是否坚固，关键在于心底里是否有着对传统文化的深刻体悟和广泛认同，我们不能在对待传统文化的态度上举棋不定，或者干脆全盘否定，向其泼脏水，礼敬传统文化是我们坚定文化自信的关键，是我们团结奋斗的共同思想基础。

弘扬优秀传统文化是坚定文化自信的基石。目前，经历了20世纪80年代末的文化大讨论，90年代初的国学热，到21世纪以来对传统文化的重视，大家对待传统文化的态度基本上已走出自卑的阴霾，开始对其进行理性分析和客观评价，在传统文化与现代化的关系上大致形成了一个共识，即传统文化对于现代化有促进和推动作用，他们之间并不是矛盾的关系，在当前应该大力弘扬我们的优秀传统文化，并使其和马克思主义相适应，和社会主义先进文化建设相适应。

从历史文化中了解中国，能够看到中华文明的传承与精髓所在，能够了解中华民族的形成、发展路径，更能够触摸到民族的精神根基与共同记忆。当下的中国绝不是于时间中孤立存在的，它是"中华民族"的延续，增强文化自信需要历史的根基，要更深刻更全面地把握中国的历史与文化，只有这样才能更好地明晰今后的发展道路，并从优秀的传统文化中汲取营养，为当下文化自信的建设与发展注入新的活力。

科学地对待传统文化，为我们找到了传统与现代结合的方式，也为我们树立文化自信、坚定文化自信奠定了基础。可以说，弘扬优秀的传统文化，是我们坚定文化自信的核心，只有做到了将我们的优秀的价值信仰、道德审美体系充分阐扬，才有可能在文化竞争的格局中做到不被外界迷惑，始终坚守并深刻体认自己的文化价值观，并以一种平等、豁达、自豪的心态积极参与到全球的文明对话当中。

二、强化民族认同的重要法宝

民族认同感，是民族成员对自己民族产生的认可和赞同的情感。这一情感既包括对自己民族身份的认可，即对"我属于这个民族"的认可；也包括对自己民族身份的赞同，即对"身为这个民族成员很光荣"的赞同。"认可"与"赞同"的情感相互强化，共同组成民族认同感，成为民族产生凝聚力的情感基础。这个基础牢固，民族凝聚力就强大；反之，民族凝聚力就弱小。能够强化民族认同的因素很多，民族的传统文化无疑是其中最重要的因素。当今中国，着眼实现中华民族伟大复兴的宏伟目标，更应该强化全体中华儿女的民族身份认同，形成同心同向的民族凝聚力。中华优秀传统文化是包括海外华人华侨在内的所有中华儿女的共同精神家园，传承和弘扬中华优秀传统文化，就是对我们民族文化标识的反复强调和不断确认，就是对中华儿女民族身份的反复强调和不断确认，意义重大而任重道远。

中国文化博大精深，是世界文化大花园中一朵盛开的奇葩。以爱国主义为核心的团结统一、爱好和平、勤劳勇敢、自强不息是中华民族的伟大民族精神，中华儿女对于祖国深切的归属感也由此而来。中华优秀传统文化是融入中华民族基因血脉的坚实力量，是中华民族生生不息、继往开来的精神支柱。在新时代，我们要创造性转化、创新性发展中华优秀传统文化，在扬弃继承、转化创新中弘扬和发展中华优秀传统文化，使其与现代社会相适应、与人们精神文化需要相契合，推动构建中华民族共有精神家园，助力社会主义文化强国建设。

中华民族上下五千年历经风雨洗礼愈挫弥坚，优秀传统文化如影随形，始终为中华儿女个人的思维方式和成长发展提供精神领航。坚守传统文化的行为准则，能够在新的时代背景下塑造中华民族的优秀品格，穿越事业发展征程中的迷雾惊涛破浪前行。中华优秀传统文化蕴含的核心价值内涵丰盈，经久不衰，在当代依然焕发出勃勃生机和独特的魅力。中华优秀传统文化注重把人的精神生活纳入社会理想，融汇成底蕴深厚的价值观念和文化传统，代代传承，绵延不绝，成为中华优秀传统文化独特的信仰支柱和精神追求。

中华民族大家庭中，我们的社会理想、发展理念、价值观念、思维方式、审美品位等有很大相似性，这正好可以成为我们整合思想认识的重要基础。"中华民族伟大复兴的中国梦"的概念已经深入人心，成为中华儿女齐心协力的追逐目标。中华优秀传统文化具有达成思想共识的价值，它博大精深的思想内容，包容创新的优秀品质，能够引起广泛的思想共鸣，汇聚同频共振的智慧力量。

三、维护国家文化安全的重要保障

广义的国家文化安全指国家的主流文化价值体系以及建立于其上的社会基本生活制度、语言符号系统、知识系统等主要文化要素免于敌对力量的侵蚀、破坏和颠覆，从而确保主权国家享有充分完整的文化主权，尊重自己的文化价值传统，保持各个民族之间具有高度一致的民族文化认同。

文化是国家和民族生存、发展的基础条件，文化不仅积淀着一个国家和民族的全部文化创造和文化成果，蕴含着从过去走向未来的发展基因，还为一个国家的政治稳定和经济发展提供了精神动力，为人民大众提供深厚的道德基础。一旦文化遭遇威胁，必然要给民族和国家带来文化危机和民族危机。国家文化安全与国家政治安全、国家经济安全一样，是国家安全的一个重要组成部分。

中国的文化安全的形势不容乐观。一方面，西方文化纷纷涌入中国，从文化资本到文化产品，从影视传媒到日常生活，"西化"无处不在，影响深远，亟待鉴别、规范和梳理。另一方面，我国传统文化价值体系日渐衰退，已经威胁到社会的发展和民族精神的传承，亟须抢救、保护和振兴。

国家文化安全是一个涉及国家文化主权、民族凝聚力、综合国力、社会稳定和构建社会主义和谐社会的战略性问题。因此，在各项工作中，必须树立国家文化安全意识，高度重视国家文化安全，深刻认识国家文化安全与弘扬优秀传统文化之间的关系，借鉴优秀的中国传统文化，巩固马克思主义的指导地位，弘扬创新传统文化，建设有中国特色的社会主义先进文化，继承传统美德，重塑国民精神道德规范，为确保国家文化安全树起一道坚实的屏障。

四、培育社会主义核心价值观的重要资源

社会主义核心价值观从小至大包括个人、社会、国家三个层面，其核心内容与中国传

统文化倡导的"修身、齐家、治国、平天下"一脉相承。例如，《易经》中所倡导的"天行健，君子以自强不息"的人生态度，《论语》中提到的"己所不欲，勿施于人"的优秀品质，以及儒家所强调的独立人格和忧患意识都是中华优秀传统文化的精髓。个人层面所倡导"爱国、敬业、诚信、友善"，传承了儒家所谨守的"仁义礼智信""温良恭俭让""君子与人为善"等思想。社会层面所倡导的"自由、平等、公正、法治"，汲取了儒家思想中的"己所不欲勿施于人""矜老恤幼""隆礼重法"等理念。国家层面所倡导的"富强、民主、文明、和谐"，吸收了传统文化中"国富民安""礼之用，和为贵"等要义。可见，社会主义核心价值观体现了传统文化的独特烙印，散发历史文化底蕴的厚重感，彰显出典型的中国风度和中华气派。

中华优秀传统文化为社会主义核心价值观提供了深厚的精神资源。社会主义核心价值观是在吸收中华优秀传统文化丰富营养的基础上逐步提炼、发展和完善起来的，是对中华优秀传统文化的传承和升华。离开优秀传统文化的滋养，社会主义核心价值观将变成无源之水、无本之木。我们培育和践行社会主义核心价值观，一定要立足于中华优秀传统文化，认真汲取中华优秀传统思想精华，大力弘扬以爱国主义为核心的民族精神和以改革创新为核心的时代精神，努力用中华民族创造的一切精神财富来以文化人、以文育人，使中华优秀传统文化成为涵养社会主义核心价值观的重要源泉。

中华优秀传统文化为社会主义核心价值观提供了丰富的思想道德资源。中华传统美德是中华文化精髓，蕴含着丰富的思想道德资源。社会主义核心价值观，是汲取了中华文化的思想道德资源、弘扬了中华传统美德而形成产生的。几千年来，我们的先人为我们积累了丰富的道德资源和道德规范。比如，"自强不息、厚德载物"的思想，提出了一个追求道德境界和理想实现的途径；"以民为本、安民富民乐民"的思想，强调惠民安民乐民的为政之德；"仁者爱人、以德立人""为政以德、政者正也"的思想，强调了关爱人民、以德治国、做人民的榜样的政治品德；"以诚待人、讲信修睦"的思想，强调了人与人之间讲究信用、谋求和睦的道德品格等。我们必须认真汲取道德精髓，深入挖掘和发扬以德治国、以德立人和明德、亲民、至善的道德思想，大力弘扬中华传统美德，使中华传统美德在新的历史条件下发扬光大。

中华优秀传统文化为社会主义核心价值观提供了丰厚的文化资源。中华民族拥有五千年的悠久历史，创造了灿烂辉煌的文明，中华优秀传统文化对世界文明进步作出了巨大贡献。中华优秀传统文化经过几千年的漫长岁月，以一种春风化雨、润物无声的形式逐渐地浸润到我们每个中国人的心灵生活中、流淌在我们的血脉之中。中华优秀传统文化为社会主义核心价值观积累了丰厚的文化形态、文化思想、文化精神。弘扬中华优秀传统文化工作，要不断从深厚历史文化中汲取养分、优化资源，利用成语典故、诗词格言、传统美术、民间工艺、楹联灯会等文化形式，展现中国特色、中国风格、中国气派，不断夯实社会主义核心价值观的文化基础。

五、建设中国特色社会主义的重要支撑

中国特色社会主义是在党的领导下根据中国的国情实行的社会主义，它既不同于传统的社会主义，又不同于其他国家的社会主义。它既要坚持马克思主义的基本原理，走社会主义道路，又必须从中国的实际出发，不照抄、照搬别国经验、模式，而是走具有中国特色的路。换句话说，马克思主义要在中国生根并发挥它的作用必须中国化，即与中国的实际相结合，其中一个重要方面就是与中国传统文化相结合。

无论是坚持马克思主义的指导，牢牢把握社会主义建设的方向，还是从中国实际出发，走具有中国特色的路，都离不开中华优秀传统文化的传承。更准确地说，在中国，坚持马克思主义与传承中华优秀传统文化是建设中国特色社会主义过程中相辅相成的一体两面，马克思主义中国化与中国传统文化现代化可以看作是同一过程的两个方面。马克思主义不通过结合中国传统文化中的优秀精髓难以中国化，而中国传统文化固守传统，拒绝接受用马克思主义的立场观点方法来进行研究发掘就不可能现代化。

中国传统文化的现代化不是消灭传统，而是把传统文化放置在马克思主义的框架中思考，在新的社会主义条件下延伸传统、更新传统、丰富传统。因而，建设和发展中国特色社会主义，必须传承和发展好中华优秀传统文化，弘扬具有时代价值的思想理念、传统美德和人文精神，从而不断充实和丰富中国特色社会主义的内涵，把中国特色社会主义伟大事业推向前进。

第二章　中华传统文化的内容

第一节　中华传统文化的主体

春秋战国时期剧烈的社会变革，引发出一个令人瞩目的文化现象，就是被后人津津乐道的"百家争鸣"。众多思想家们从不同的经济利益和政治地位出发，提出解决社会问题的方法和对人生价值的追求。这些观点不仅在当时推动了哲学领域的繁荣，促进了人们对生命意识的深刻思考，而且在社会上形成广泛的影响，并为后来中国文化传统的形成奠定了深厚的根基，成为中国传统文化的主体。

一、中国传统文化中的儒家文化

（一）儒家文化概述

在人类历史上，以儒家文化为基础的中华文明是唯一没有中断过的古代文明。儒家文化伴随着中华文明经历了两千多年的发展，在西汉武帝时期，就已经取得官方正统思想的地位，成为中国文化的主流。在其后的历史进程中，儒学发展虽然也经历了起落坎坷，但其内在的强大生命力始终没有减弱和停息过。修齐治平的积极进取精神、仁政爱民的民本思想、仁义礼智的道德准则等学说观念已经深入人心，对整个中华民族的民族性格和民族精神的形成产生了巨大而深远的影响。

（二）儒家学说的主要内容

1. 贵"仁"

"仁"是儒家学说的核心。所谓"仁"，就是"爱人"，以"仁爱之心对待他人"。孔子之前，"仁"的观念已经存在了，如"爱亲之谓仁""以孝为仁""互敬互爱为仁""利国之为仁"等。孔子把"仁"上升到理论的高度，作为哲学的重要范畴来使用。

"孝悌"为仁之本，孝悌也者，其为仁之本与。"孝"是敬重父母，"悌"是敬重兄长。按照当时的社会道德观念来看，人类之爱是以血缘关系作为核心的，血缘愈近则爱愈亲。血缘关系以亲亲之爱为核心，由此派生出其他道德观念。在孔子看来，亲情之爱是培养"仁"的思想土壤，一个连父母的养育之恩都缺乏还报热情的人是不可能做到"仁"的。人类以群居为特征，仅有亲情是远远不够的，还必须具有"泛爱"思想，做到入则孝，出则悌，谨而信，泛爱众而亲仁。把孝悌之爱推广到整个社会，阐明了由"孝悌"走向"仁"的逻辑进程。孔子"仁"的最高道德境界是博施于民，而能济众。这是从仁者爱人进而到仁者爱民的"重民"观。

"仁"在儒家学说中具有政治实用性和社会规范性。君主必须做到"为政以德"，坚持反战、禁暴、重民、举贤。孔子由"仁"推出了"德政"思想，以德治国才能长治久安。君子应该做到"己欲立而立人，己欲达而达人""己所不欲，勿施于人"。孔子晚年提出了"克己复礼为仁"，从人际关系和行为方式上加强了对"仁"的理解。

2. 崇"礼"

"礼"是用以严格区别亲疏、长幼、贵贱、尊卑、上下、男女的宗法制度、贵族等级制度、财产分配原则和伦理道德规范。"礼"既是基本的社会行为准则，又是个人修养的重要内容。孔子一生都在研究礼、演义礼、发展礼，使礼成为其思想体系的重要组成部分，并起着理论支柱的作用。

3. "中庸之道"

"中庸之道"是孔子晚年提出的修身、处世的理论原则。"中"是指矛盾双方相互依存所表现出来的"度"，即事物变化中的量的规定性。"庸"通"用"。"中庸"即以"中"为"用"，就是把握矛盾相互依存或相互渗透所遵循的量的规定性，使矛盾双方各在一定限度内发展，从而保持统一体的和谐与统一。

"中庸"既是一种思想观念，又是一种思想方法，在处理君臣之间的关系上，要求加强君主的权力与尊重臣民权利相统一；君主驭臣而又接受臣民的监督，臣谏君主过而不能卑君妄越，双方都要包含对方对自己的限定而相互依存。在处理官与民的关系上，"中庸"认为"民慢官残"是非常有害的，都会破坏统一和稳定。民众必须知礼而为，官府必须宽政惠民，双方达到"不慢""不残"的"中"度才是最理想的社会环境。在处理人与人之间的关系上和自身修养上。"中庸"思想认为"过"与"不及"都是不对的，都会产生有害的后果。正确的做法应该是"执两用中"，即把握事物的两个极限而取其中点，既要做到"勿过"，又要防止"不及"，这才是最优秀的。

4. 仁、智、勇的统一

儒家学说以治国、修身为目的，实现途径是对君子人格的塑造和完善。作为以天下为己任的君子必须具有仁、智、勇三个方面的品格，并且要做到仁、智、勇的统一。"智"指通晓事理的才能，帮助人们提高对仁的认识而自觉地去运用它，"智者利仁"指的就是这个意思。"勇"指实现理想的大无畏的精神，既包括面对困难的勇气，也包括刚健自强的内在品格。"仁"指慈爱之心，泛爱一切人，可对智、勇起到补充作用。当一个人"智"不足、"勇"不刚的时候，只要有一颗仁爱之心，也可以成为受人尊敬的君子。

孔子把仁、智、勇称为"君子之道"。"仁者不忧，智者不惑，勇者不惧"，仁者泛爱无私。胸怀坦荡，故无忧；智者明于事理。究往知来，故不惑；勇者刚健自强，知难而进，故不惧。仁、智、勇的统一是君子完美人格的体现，既是个人获得事业成功的条件，也是社会保持稳定和发展的因素。

5. 学、思、知、行的统一

教育思想是儒家学说的重要组成部分。在创办私学的过程中，孔子提出了"有教无类"的口号，并以培养君子似的人才作为宗旨，以知识和道德教育作为主要内容，以启发教学作为基本方法，以因材施教和循循善诱作为基本方针，以"学而不厌，诲人不倦"作为教学楷模，在实践基础上提出了学、思、知、行诸范畴，开辟了古代认识论的新领域。

"学"是孔子强调最多的问题，既包括读书、治学，也包括做人，是增长学识与修养道德的统一。"思"是大脑运用知识进行思维的过程。孔子认为，不加以思考的东西是毫无价值的。"知"是知道、明白、懂得，也有聪明、智慧、态度明智的含义。"行"指学得知识后的实践活动，是人才价值实现的重要环节。在学与思的关系上，孔子认为学最重要，是进行思维的先决条件；思考不仅是区别人与动物的标志，也是区分人的不同类型和不同素质的标志。他告诫弟子们，"学而不思则罔，思而不学则殆"。在知与行的关系上，孔子认为不仅要善于学习诗、书、礼、乐，懂得仁义道德，还要"躬行""慎行""择善而从之"，做到知行统一。

二、中国传统文化中的墨家文化

（一）墨家概述

先秦时期，墨家与儒家同被称为"显学"，秦统一之后，墨学转为衰败，汉武帝独尊儒术之后，墨学渐成"绝学"。清中叶以后，墨学著作才又被学术界重视研究。

（二）墨家的基本理论

1. 兼爱与非攻

墨子有十大主张：尚贤、尚同、节用、节葬、非乐、非命、尊天、事鬼、兼爱、非攻。这些主张都是针对社会的现实问题提出来的。针对不同问题，提出不同方针，"择务而从事"，目的在于纠正时弊。

《墨子》中有三篇专讲兼爱。他首先区别的是"兼"与"别"。墨子认为，国之与国之相攻，家之与家之相篡，人之与人之相贼，君臣不惠忠，父子不慈孝，兄弟不和调，是"天下之害"，原因在于人们"不相爱""交相亏贼"。自顾自己、自私自利的行为，他称为"别"；自顾自己，不顾别人的人，他称为"别士"；自顾自己的国君，则为"别君"。"别"是天下之大害，应予清除，办法是"兼以易别"，即"以兼相爱，交相利之法易之"。"兼爱"的行为就是"兼"；坚持兼爱的人就是"兼士"。

墨子要求不分亲疏等级，无差别地爱一切人，对儒家"亲亲有术，尊贤有等"持批判态度，认为爱有亲疏远近之别，人们就会只爱自己的亲人，对他人不闻不问，使社会出现"交相恶"现象，用兼爱代替爱有差等，就是对待他人就像对待自己的亲人一样。

墨子希望这种仁爱精神普及天下，人人相亲相爱，于是一切矛盾都可以化解，社会就可以和谐稳定了。这是一种高尚的、爱心充溢的群体意识。实际上，墨家与儒家在这一点上并无本质区别，儒家的仁爱，虽然从"亲亲"入手，但其最终目标则是"泛爱众"，倡导舍生取义，同样是主张用仁爱精神维护整体利益。儒墨两家的这种群体意识对中国文化产生了深刻影响。

墨子的"兼爱"是"互利"的，"爱人"与"利人"并提。他认为讲仁义应与人们的实际利益结合起来，给人以实惠就是义，就是仁，否则就是空谈。因此，墨子的兼爱观是功利主义的。当然，这种功利主义不是利己的，而是利他的，与法家的功利主义迥异其趣。

从"兼爱"出发，墨子激烈地反对不义战争，主张"非攻"。他指责王公大人天下诸侯，为一己私利，"攻伐无罪之国"，侵入别人国境，割掉其庄稼，毁坏其城池，杀害其牲口，焚毁其祖庙，屠杀其人民，搬走其国家的宝器，给人民造成深重灾难。墨子对人民表示了深切同情，具有浓厚的仁爱精神。

2. 尚贤与尚同

墨子抨击宗法制的世卿世禄制度，他揭露说："今王公大人，其所富，其所贵，皆王公大人骨肉之亲，无故富贵，面目美好者也"，只要是骨肉之亲，即使是"不能治百人者"，却"使处乎千人之官"，这是"赏不当贤"。"赏不当贤"必然会"罚不当暴"，会使贤人得不到勉励，恶人得不到制止，产生暴王、暴政，"失措其国家，倾覆其社稷"。这种世卿世禄制度是国家危难的根源。

墨子主张"尚贤"，即打破贵贱界限，从各阶层选拔德才兼备的贤人，委以重任。他说："尚贤者，天鬼百姓之利，而政事之本也"。又说："古者圣王之为政，列德而尚贤，虽在农与工肆之人，有能则举之，高予之爵，重予之禄，任之以事，断之以令。尚贤应不分门第亲疏，不党父兄，不偏富贵，不嬖颜色，应该官无常贵，民无终贱，有能则举之，无能则下之。"尚贤"倡导平均平等思想，鼓动诸侯变革政治，是最引人注目的内容。

墨子的兼爱学说宣扬一种原始的大同平等观念，充满高尚的仁爱精神。墨子渴望人人受到关爱，饥者得食，寒者得衣，劳者能息。"尚贤"的目的是贤人在位，使兼爱思想能够落实，"尚贤"的主张是有积极意义的。

"尚同"的思想基础是"兼爱"，既然人人应该患难相助，相互关爱，就应人人出以公心，不谋私利，只有"尚同一义"，才能做到这点，才能使不分差别的仁爱之心充溢天下。

但是，"天下尚同于天子"实质上却是对兼爱思想的内在否定，在客观上成为集权主义、专制主义的理论基础。"尚同"的基础是"尚贤"。

三、中国传统文化中的法家文化

（一）法家概述

法家是战国时期产生和发展的以法治为思想核心的一个学派，它是诸子百家中的一家。

法家的特征是明刑尚法，信赏必罚，尊主卑臣，毁弃仁恩。就先秦法家来看，即便在某一点上或有所不同，但只要是法家，无不具有这些基本特征，可以说无一例外。

要理解法家的这一基本特征，必须结合其形成和发展的时代背景来分析，法家是顺应了宗法封建制的瓦解，即所谓礼崩乐坏，从而去建构新的社会政治秩序的时代要求而产生的。苏子和周王朝的式微，诸侯如何才能在相互抗争中立于不败之地？在此背景下，法家代表人物在国君的支持下相继进行变法，希冀通过变法达到富国强兵的目的，主张以法治国，并从理论上来说明其意义，这就是法家学派。

（二）法家的基本主张

一般说来，法家有三个方面的基本主张。

1. 发展经济

发展经济应该说是法家思想体系的核心内容之一，内容十分丰富，尤其是早期法家，他们变法图存，就是通过发展经济来达到富国强兵的目的。李悝明确提出了"尽地力之教"，强调要充分利用土地，努力耕作，勤于除草，以提高粮食产量。他还主张为防止自然灾害套种各种作物，提出通过平籴法来调整物价。吴起在楚国变法，提出损有余以补不足，开垦荒地，把贵族中的疏远者迁过去。在这方面值得注意的是商鞅，他的突出之处是通过土地所有制关系的改变，以法律来保障土地的私有，从而解放了生产力，促进了经济的发展。商鞅的政策是鼓励发展耕织，抑制末业，开垦荒地，并制定了相应的赋税政策。到秦王朝建立以后，秦始皇还把山东六国的旧贵族迁到边远地区，让他们去垦荒。

2. 尚法明刑

法家思想中的"尚法明刑"是一个深刻而复杂的法律哲学概念，它不仅是对法律权威的尊重，也是对法治精神的体现。在法家看来，法律是国家治理的基础，是维护社会秩序和保障人民权益的重要工具。"尚法"意味着法律应当高于一切，无论是君主还是百姓，都应当在法律面前平等。法律的制定必须以国家和人民的利益为出发点，以公正、公平、公开为原则，确保法律的普遍适用性和强制力。

"明刑"则强调刑罚的明确性和公正性。法家认为，刑罚不仅是对犯罪行为的惩罚，更是对潜在犯罪行为的威慑。只有当刑罚明确无误，人们才能够清晰地认识到违法行为的后果，从而在行动之前三思而后行。同时，刑罚的执行也必须公正无私，不因个人情感或权力干预而有所偏颇，这样才能维护法律的权威和尊严。

法家还主张，法律的制定和执行应当紧密结合，形成一个完整的法治体系。法律的制定需要深入调查研究，广泛征求意见，充分考虑各种因素，确保法律的科学性、合理性和可行性。在法律的执行过程中，应当严格依法办事，不得有任何的徇私舞弊或滥用职权。只有这样，法律才能真正发挥其应有的作用，成为维护社会秩序、保障人民权益的有力武器。

此外，法家还强调法律的改革和完善。他们认为，法律不是一成不变的，而应当随着时代的发展和社会的变化而不断调整和完善。法律的改革应当以国家和人民的利益为最高准则，既要考虑到当前的实际情况，也要预见到未来的发展需求。通过不断的改革和完善，法律才能更好地适应社会发展的需要，更好地服务于国家和人民。

"尚法明刑"的理念在中国古代法制史上具有重要地位，对后世的法律制度产生了深远的影响。它体现了法家对法治的重视，以及对法律公正、明确、严格执行的追求。这种理念不仅适用于古代社会，也具有现实意义。在现代社会，法治仍然是维护社会秩序、保障人民权益的重要手段。只有坚持"尚法明刑"的原则，才能建设一个公正、文明、和谐的法治社会。

3. 君主专制

法家主张君主专制，集大权于君主一身的观念肇始于商鞅，他认为治国三要素，包括法信权。而权是由君主所独断的；还主张君主要对权柄进行专断，举凡立官封爵、论功行赏等，都要掌握在君主手中。在变法活动中。他建立了郡县制，这样地方官员的任免权就掌握在君主手中，从而从制度上保障了中央集权制的实施。而申不害明确提出君主独视、独听、独断，君主应用权谋来统驭群臣，以防他们专权，并认为君主个人的言行能导致国家的兴衰存亡。韩非则同样把君主专制独裁的主张发展到了极致。到秦王朝建立起的专制独裁的中央集权制，实际上就是按法家君主专制的思想建立起来的。

总之，发展经济、尚法明刑、君主专制是法家思想的三条主线，它贯穿了整个法家形成与发展的全过程，并随着秦王朝的建立而付诸实践，成为秦王朝的核心。同时，这三个方面共同构筑的法家思想是一个有机的组合，相互支撑，发展经济是其基础和出发点，实行君主专制和建立中央集权制是其目标，而尚法明刑又是发展经济与君主专制的法律保障。

第二节　中国传统文化的基本精神

中国的传统文化历史悠久，内涵丰富，对整个中华民族的前进和发展有着重要的推动作用。它的重要价值体现在很多方面，不仅对我们社会中的每一个个体的精神及形成产生影响，也能对整个民族的精神及发展产生重要影响。

一、中国传统文化基本精神的概念

（一）中国传统文化基本精神的含义

我国的传统文化内涵是非常丰富的，历史也非常悠久，在我国传统文化的形成和发展过程中，人们保留和传承了很多优秀的思想以及观念，这些重要的思想以及观念一直指导着人们的生活与生产活动，因此，人们非常尊重、推崇这些思想和观念，在历史的长河中被不断传承下来，这就是我国传统文化的基本精神。中国传统文化的基本精神对于我们民族的发展有重要意义，是我们民族能够屹立于世界民族之林的重要精神动力和支柱。

文化的形成是一个复杂的过程，在时间的长河中，文化在不断变化中积累和形成，并影响人们的生活，改变人们的思想，中华民族有五千年的历史，因此，在这个过程中，中华民族也形成了多元化的文化和内涵。在历史上出现了很多著名的思想家，各种不同的思想也呈现出百花齐放的景象。对我国的传统文化中很多做出重要贡献的思想家的思想和观点进行概括、提炼、升华就形成了我国传统文化的基本精神。

传统文化的基本精神就是文化发展过程中的精微内在动力，也即是指导民族文化不断前进的基本思想，是文化体系中处于核心地位的基本观点，它是相对于文化的具体表现，如社会制度、器物、行为、观念等而言的。由此可见，所谓文化精神，就是推动和指导人们实践的思想，亦即世界观和人生观，是中国传统文化中具有广泛影响和推动作用的包括社会观念、哲学思想、价值观念等在内的积极的社会意识，属于观念形态的范畴。中国传统文化的基本精神，凝聚于文化传统中，在价值取向上属于优秀的部分。因此，我们所讲的中国传统文化的基本精神，必须具有两个特点：一是具有广泛的影响，代表中国传统文化发展的正确方向，体现中华民族蓬勃向上的精神的那些主要的思想观念，对中国乃至世界产生广泛影响；二是具有激励进步、促进发展的积极作用，是指导中华民族长期发展，不断前进的精粹思想和精神动力。

（二）中国传统文化基本精神的性质

1. 是一种广泛影响的思想观念

中国传统文化的基本精神对我们民族发展的意义重大，影响范围比较广泛。它不仅深刻地影响着我们的价值观念，同时影响着我们处理问题的思维方式，更会影响我们整个民族的社会心理，并会对我们社会大众的审美等方面产生影响。

通过对历史的分析可以看到，我国的文化在世界漫长的发展史中是经得起考验的，是最经久不衰的。在历史的早期，也就是在远古和中古时代，当时世界上的文明集中在中国的优秀文化和西方的希腊罗马文化上面。然而从中古时代开始，欧洲的文化不再处于世界领先水平，而在那个时期，中国的文化却依然保持在世界领先的地位。到了近代时期，虽然中国的传统文化发展受到了一定的挫折，在世界的文化领域中没有很显著的地位，但是中国的传统文化是一种象征，代表着一种独特的生活及思维方式，所以它的精神和光芒依然很显著。因此，可以看到，无论是过去、现在还是将来，中国的传统文化都在深刻影响我们民族的思想和精神。

世界上有很多国家，不同的国家有他们在长期发展中形成的独特文化，其文化内涵也不尽相同。然而不同地区的文化对人类文化的发展做出的贡献却是不一样的，有一些文化对人类的文化发展产生了深刻的影响，而有一些文化的影响力度则比较小，甚至可以忽略。中国的传统文化就属于第一种，它对人类文化的发展影响巨大。中国国土面积非常广阔，因此中国的传统文化影响的地域很广阔，同时中国的传统文化也深刻影响了中国周边的很多国家，如日本、朝鲜、越南等，可以说，中国的传统文化对人口众多的整个东亚地区都有深刻影响。对于中国而言，几千年来，我们的民族非常团结和勇敢，这和我们的传统文化是分不开的。

从中国社会健康、快速的发展态势来看，我国的传统文化对社会的发展起到了积极的作用，而且在未来也会促进我国社会的平稳发展，这是毋庸置疑的。

近年来我国社会各方面的发展，无论是政治层面、经济层面还是文化层面、制度层面等，都发展很迅速，也在不断推进改革，这些发展就体现出我国的传统文化在治国安邦方面比西方文化有一定的优势。中国的传统文化更有利于民族的团结、社会的发展以及人们的安居乐业。

在历史上，中华民族的发展也是经历过很多磨难的，我国的很多英雄都在为中华民族的崛起抛头颅、洒热血甚至牺牲自己的生命，他们身上流淌的是中华民族的血液，他们传承的正是我们中华民族自强不息、生生不息的精神理念，这正是我国传统文化基本精神的体现。到了21世纪，世界各国都发展很迅速，信息化的时代对我们民族的发展提出更多的要求和挑战，因此，更加需要我们继续发扬中国传统文化的基本精神来推进中华民族的发展。

古代的中国曾经是世界上最强大的国家，其地域的广阔、疆土的统一、经济的繁荣以及国势的强大，使中国文化得以对外传播，中国传统文化是东方文化的轴心，在世界上独树一帜，并在漫长的历史长河中，影响了东西方世界的经济、政治、文化等各方面，为世界文化的发展和繁荣做出了巨大的贡献。

中国传统文化基本精神的内容很丰富，是我们中华民族不断开拓和创新的精神支柱，同时，它不仅影响着中国人民的思想，也从不同的角度和侧面影响着世界上其他民族的精神和文化。尤其是现在全球一体化不断推进，世界各国的文化一体化也在不断推进，因此，中国的传统文化现在以越来越快的速度和广度影响着全球的文化发展。总之，无论从时间的跨度，还是从地域的广度，中国传统文化的基本精神对古今中外的精神与文化都产生了广泛的影响。

2. 是一种民族发展的精神动力

中国传统文化的基本精神对我们民族的影响渗透到了我们每一个人的身上。在日常生活中，我们可以通过多种渠道和方式来接触和学习中国的传统文化。

中国的文化内涵很丰富，它不仅包含我国的传统文化，还包含现代文化，但是我国的传统文化对我国的发展做出的贡献最大，因为它是经过千年传承的，是经过历史和实践考验的。中国传统文化对中华民族的影响是深刻和深远的。我们每一个中国人都是在中国传统文化的熏陶中成长起来的，我们都是从小就接触和学习中国传统文化的，并用中国传统文化的基本精神来引导和规范我们的日常行为和精神，因此，中国的传统文化是一种推动民族发展的精神动力。

我们中华民族能够在世界众多的民族中顽强发展，最重要就是依赖我国传统文化的基本精神。对于民族而言，一个民族要想健康发展，必须有积极向上、振奋人心的民族精神，只有民族中的所有个体都推崇这种民族精神，他们才能更加团结、更加奋进。因此，一个民族发扬和传承什么样的民族精神对这个民族而言意义重大，而我们中华民族的民族精神其实就是发扬我国的传统文化的基本精神。

在中国历史的发展进程中，我们遇到了很多的磨难和曲折，遇到这些困难的时候，我们的人民就用传统文化中刚健自强的精神来鼓舞自我，不断地激励自己与恶劣的形式和环境做斗争，与我国内部的压迫和外来侵略做斗争。近代以来，中华民族为了民族的发展和崛起做了很多努力，这期间有很多爱国人士为了中国的发展提出了很多振奋人心、鼓舞人们士气的口号或者思想。虽然这些爱国人士提出的很多口号并不是直接采用传统文化术语，但是他们都是在传统文化基本精神的基础之上提出的富有新时代内涵的口号，他们口号的核心精神还是我国传统文化中的刚健自强、自强不息的精神。中华人民共和国成立之后，中国共产党带领我们在中国传统的刚健有为、自强不息、厚德载物等传统文化和精神的引领下，不断探索和推进我国的社会主义革命，开辟新天地。

在中国的传统文化中，非常重视人的因素，始终坚持以人为本，也就是说无论是在劳动、学习还是生活中，我们都秉承和坚持以人为本，重视个体的作用和价值，尊重个体的思想和行为等。中国传统文化中以人为本主要是指要挖掘和培养人的道德价值观，重视人道德修养的提高。在儒家学说的理论中，他们认为人生下来都是平等的，都是有接受教育的权力的，同时每个人思想中的仁、义、礼等比较善良的道德都存在。我们只有重视实现个体的价值，重视人的因素，不断挖掘和培养个体思想中的仁、义、礼等道德品质，才能不断提高自身修养，从而实现自己的价值，提高自己的道德修养。儒家中还有很多的思想虽然本身存在一定的弊端，但是对于培养人的精神追求等方面却发挥很积极的作用。例如，儒家中提倡的"重义轻利"的思想，就是要求我们在实践中，不能过于看重利益，更应该注重精神层面的追求。我国的传统文化中，虽然有很多不同的学派，他们的思想和观念不是很一致，但是他们都非常重视培养人的道德修养，实现人的价值，这种观念有利于推动我国人文主义精神的发展。在中国的历史上，出现了很多重视气节的名人，他们为了民族的独立与复兴可以放弃自己的个人利益，这种精神和我国的传统文化熏陶密切相关。

在中国的传统文化中，做任何事情都强调以和为贵，在这种理念的影响下，我们在为人处世都一直坚持维护集团和团体的利益，个体的利益要服从整体或者集体的利益，不应该为了自己的好处或者利益而去损害集体的荣誉。我们要把自己与集体还有国家看成是一个整体，不断促进三者的和谐发展，这种团结的意识对于中华民族的发展有重要意义。我国的传统文化中，不同的学派都有观点来支持以整体利益为先的价值理念，例如，儒家提倡"修身、齐家、治国、平天下"，墨家提倡的"天下尚同"的理念等。也就是说，中国的传统文化对于中华民族的精神而言，有非常重要的导向作用，它引导我们树立积极向上的思想，引导我们顾全整体利益和国家利益，使我们能够在必要的时候牺牲小我成就大我。

中国传统文化中蕴含着巨大的精神力量，这种精神可以增强每一个社会成员的归属感，使我们每一个社会成员都能够积极进取，勇于拼搏和奋斗，使我们每一个成员都能够为了社会的发展和民族的复兴而凝聚在一起，这是一种非常强大的精神力量，它能够大力推进社会前进和进步。无论是对于一个国家而言，还是对于一个民族而言，它都离不开一定的精神力量和支柱，如果一个民族没有精神支撑，它就缺少了方向感，就缺少了凝聚力，不利于整个民族的团结和稳定。对于一个国家而言，我们一般是从两个方面来评价一个国家的综合实力，第一个方面是根据他们的经济实力以及科技实力来评价其物质力量，第二个方面就是根据这个国家的民族精神力量方面来评价其综合国力。诚然，一个综合国力很强的大国必然有强大的民族精神作支撑，而中华民族的强大精神力量和凝聚力主要就来源于中国优秀的传统文化。中华民族历史悠久，在长期的发展中形成了丰富的民族精神和文化，最主要的就是形成了以爱国主义为核心的团结统一、勤劳勇敢、吃苦耐劳、自强不息的伟大民族精神。我国伟大的民族精神对于发展我国的文化发展也做出了巨大贡献，更是增强了我们的民族自信心和自豪感、荣誉感等。中华民族在历史的发展中，历经磨难，每次都是靠这种强大的民族精神和力量鼓舞我们的人民愈战愈勇，不畏艰难，奋力反抗。总之，我国的优秀传统文化是我们中华民族的精神命脉，是培养社会主义核心价值观的重要源泉。

二、中国传统文化基本精神的主要内容

（一）自强不息

所谓自强不息的精神，在我国很多思想家的身上都有体现，例如，孔子的"有教无类"，一生都在各国传播其"仁"和"礼"的思想和理念；我国宋朝著名的诗人、词人苏轼，虽然仕途不顺利，但是他依然热爱生活，依然乐观处世，这些古人身上都体现了中华民族自强不息的精神面貌。

我国著名的哲学家以及国学大师张岱年曾经把"自强不息"的精神概括为我们中华民族的精神之一。因此，可以说中国传统文化的基本精神就是发扬自强不息的精神。

1."自强不息"的含义

所谓自强不息，字面意思指的就是自己要努力向上，对待任何事情都要不松懈。这个成语出自《周易·乾》："天行健，君子以自强不息。"这句话的主要意思就是指宇宙一直在不停地运转中，所以我们人类也应该像天地一样，永远不断地前进和发展。其中"天行健"主要是针对宇宙中的天体而言，如太阳、月亮等天体在宇宙中不分昼夜地运转，时刻不停歇。"天行健"主要表达的是宇宙的天体不管是在白天还是在夜里，不管是在四季的哪个季节，它都在不停地运转，不受任何影响和打扰，这种毅力和精神主要来源于其顽强的生命力，所以，对于我们人类而言，我们更应该学习这种精神，遇到任何的事情和困难都要有顽强的毅力和坚持不懈的精神。无论是在我们的学习工作中，还是在生活中，我们都应该发扬这种精神，不断进取，不断创新、不断挑战自我。

"自强不息"的思想主要来源于我国古代的经典著作《周易》，在阅读《周易》中，我们能体会到作者身上的一种精神，一种为人处世的智慧。中华民族在几千年的历史发展中时刻秉承着自强不息的精神，这是我们中华民族能够在世界上站稳位置，不断壮大的精神法宝。中国几千年的历史中，这种"自强不息"的精神一直鼓舞着我们每一位中华儿女前进。

2."自强不息"的内容

"自强不息"民族精神对于我国的发展意义重大，目前，世界一体化进程不断推进，我们国家的发展会面临越来越多的挑战和问题，这种情况下，更需要不断发扬中华民族自强不息的民族精神，来凝聚中华民族的力量，来应对各种挑战。"自强不息"的主要内容如下：

（1）自主

所谓自主就是指自己当家作主，就是要求我们在工作和学习中确立这样的观点：我的幸福或者一定的利益是靠自己的努力来获得的，是建立在依靠自己的观念之上，而不能期望依靠别人来实现自己的目的。就是说不仅要依靠自己，更要对自己的言行负责。需要强调的是，我们这里提倡的自主并不是说个体把自己封闭起来，和外界没有任何来往和交流，而是强调做任何事情都是先靠自己努力争取为主，适当的时候再向他人寻求帮助和求救，但是自己的努力是最主要的。

（2）自信

所谓自信就是指个体要自己相信自己，对自己的能力和实力持积极乐观的态度，自信对个人的发展很重要。对于一个民族的发展而言，自信同样很重要，只有对整个民族充满信心，才会有强大的精神动力，才会对民族充满自信心和自豪感。对于个体而言，对待同样的事情，对自己有自信的人往往成功的概率会比较大，而对自己缺乏自信心的人往往容易失败。因此，只有自信才能自立、自强。但是自信并不是盲目相信自己，我们每个人都要对自己有全面客观的认识和评价，在这个基础之上确立的自信才是真正的自信。总之，自信是"自强不息"精神必备的特质。

（3）自勉

所谓自勉就是指人们在遇到困难或者挫折的时候能够积极地自己鼓励自己，而不是自我颓废、自我放弃。自勉对于个体和民族的发展都很重要。任何事情我们都需要付出实际的行动来落实它，在实际行动和行为上，就要求我们要自勉。

（4）自责

所谓自责就是指个体要对自己的所作所为负责任，对于自己的错误和失败要勇于承担责任，这就要求人们在日常的工作和学习中要有自我反思和批评的精神。我国古代很多思想家都提出了自责的要求，例如，孔子曰"吾日三省吾身"等，这就要求我们要时刻反思我们的言行，通过反思来提高自己，不断超越自己，使我们不仅能够享受成功带来的荣誉和喜悦，还能够承受失败带来的痛苦和考验。在面对失败时，应该坚持自责的态度，多将失败归因于个体的主观性因素，而不是归因于外界的客观条件。总之，我们只有做到敢于承担、敢于自责，才能做到自强不息。

（5）不止

从字面意思理解就是永不停止，就是指我们要像宇宙中的天体一样，永远都在运动，永远都不停止。其实这也是一种不断积极进取、不断创新的精神。不断创新、不断学习新的知识和技能，才能在工作和学习中突破自己，挑战自己，取得新的成绩。人生只有不断设定新的目标，接受新的挑战，不断追求新的发展，才能实现自我的价值，增加幸福感。

自强不息的精神不仅适用于社会中每个单独的个体，更适用于我们中华民族的发展，它是一种很高的精神境界。唯有自强不息，才能不断发展自我。

3. "自强不息"精神的影响

中华民族现在取得的劳动成果和成就离不开前辈们的努力，他们不畏艰险，在各种险恶的环境中拼搏和奋斗，为中华民族的繁荣发展默默付出，在这样的过程中，就形成了中华民族吃苦耐劳、勤俭持家、不断进取的精神，这些优秀的思想和精神凝聚在一起就是我们中华民族自强不息的民族精神。

对于整个中华民族的发展而言，我们时刻都在传承和发扬自强不息的精神。在历史上，我们遇到无数个危难时刻，我们的爱国人士总能够勇敢面对危险和困难，在精神层面用自强不息的精神鼓舞自己，为中华民族的发展和前进贡献自己力量。

对于中华民族的长远发展而言，它一定需要稳固的积极向上的精神力量来支撑，也就是自强不息的精神，需要这样的精神力量来把整个民族都团结起来，使得这个民族的个体无论身在何处，心中永远都牵挂着中华民族的发展和未来。同时，在不同的历史时期，面对不同的现实状况，自强不息的精神就有不同的文化内涵。我们中华民族在中国共产党的领导下，在不断的实践过程中不断丰富着我们自强不息的精神。例如，在抗日战争时期，我们中华民族所有的人都凝聚一心，都在为民族的胜利而斗争着，最终在全民族坚持不懈的努力和奋斗下，击败了日本侵略者，使得中华民族能够生生不息地发展。

自强不息对国人心理和品格的形成和完善起着非常积极的作用，推动着中华民族的发展。在和平年代，自强不息就是要鼓励人们刚健有为，发愤图强，将自己的聪明才智淋漓尽致地发挥出来，积极推动国家发展和社会进步；在战争年代，自强不息就是要激励人们保家卫国、永不屈服，为维护国家和民族利益鞠躬尽瘁，死而后已。正是这种奋发向上、自强不息的坚韧品格，增强了中华民族的凝聚力和向心力，才使得中华民族生生不息、屹立于世界民族之林。可见，"自强不息"精神是中国社会得以不断发展的强大精神动力。

众所周知，中华民族的发展历史悠久，达五千年，从我们的历史发展中可知，中华民族之所以能够历经磨难，不畏艰险，勇于奋进，这和我们中华民族自强不息的民族精神密切相关，因此，在未来的发展中，我们还需要根据时代的发展和要求不断丰富和发展中华民族自强不息的精神。

(二) 厚德载物

"自强不息"和"厚德载物"构成了中华民族共同心理的核心内容。可见其在塑造中华民族的品格方面起到过多么巨大的作用。

1. "厚德载物"的含义

所谓"厚德"即"大德""高德"，也就是最高尚的道德。所谓"载物"的"物"，不仅是专指万物而言，而且首先是指一切人而言，是讲大地的气势厚实和顺，君子应增厚美德，容载万物。

所谓"厚德载物"就是要求我们要有宽广的胸怀、要有高尚的道德和品格，这是一种值得我们追求的很高的境界。其实，从本质上讲，厚德载物也是一种哲学层面的思想，它不仅本身内涵很丰富，随着时间的推移和时代的发展，人们也赋予了"厚德载物"越来越多的内涵和精神。"厚德载物"是我国历史上流传已久的一种传统的中华美德，更是一种人们在交际中处理人际关系的方式和准则。在实际生活中，我们与人交往就需要做到"厚德载物"，要在实际生活中做到这一点，还是有一定难度，这不仅需要我们能够宽容他们的过错，还要我们能够宽厚待人，允许他人犯错，并帮助别人成长。

对于治理国家而言，无论是古代还是现代社会，我们都应该遵循"厚德载物"的思想，将"厚德载物"充分运用到治理国家的各个环节之中。在治理国家中，"厚德载物"的思想体现在很多方面，例如，在处理不同国家的关系时，我们要坚持"厚德载物"，为了维护世界的稳定及和平发展，当有国家遇到困难和重大危机向我国求助时，我们一定要发扬中华民族的传统优秀美德，对这些国家提供必要的帮助和援救，我国的人民是充满爱心的，是有高尚道德品质的，当国际上别的国家需要我们帮助时，我们的人民总是能够热情地伸出援手去提供力所能及的帮助，让他们感受到中国人民的温暖和爱心；又例如，中国拥有五十六个民族，有一些民族的人口比较多，如汉族，还有一些民族人口数量不是很多，在中华民族"厚德载物"思想影响下，我国的五十六个民族和睦相处，团结一致，甚至有不少国家的方针和政策是有利于少数民族居民的，使得各民族都能够共同为国家的发展作出贡献；又例如，在处理君臣关系中，要秉承"厚德载物"的思想，这就要求君主要有高尚的品德，宽广的心胸和胸怀，能够包容天下，能够听取和接纳不同的意见和建议，能够辩证地接受不同的观点。

"厚德载物"的思想不仅体现在治理国家方面，还体现在处理一定的人际关系上。人们在社会中生活，必然会面临各种各样的人际关系，只有正确和恰当地处理好各方面的人际关系，才能更好地实现人的价值和作用。在我国传统的儒家文化中，他强调的是人们在为人处世的时候，一定要心胸开阔、严于律己，宽以待人，只有以这样的标准要求自己，才能使自己不断进步，才能有利于社会的和谐与稳定。其实这也是"厚德载物"思想的体现。所谓"厚德载物"就是要求人们不仅要自己尊重和爱惜自己，同时也要给予他人足够的尊重和包容。

"厚德载物"是我们中华民族的优秀传统美德和精神，这就要求我们无论在现在还是在未来，都要不断提高自己的道德修养，提高自己的道德品质，不断丰富自己的思想和文化内涵，为中华民族的发展贡献力量。

2. "厚德载物"的现实价值

在当今社会，人们接触的思想越来越多元化，虽然人们可以学习和了解多种思想，但是我们中华民族传承的"厚德载物"的精神仍然发挥着重要的价值和意义。

"厚德载物"是社会主义道德伦理建设和培育的重要准则之一。当今社会，科技的快速发展正在不断改变人们的生活方式和学习方式，人们的物质生活水平得到了极大提高，同时人们也在不断追求自己精神层面的提高，在总的发展趋势下，我们必须要在生活、工作和学习中秉承和发扬"厚德载物"的精神和思想，才能更好地处理各种矛盾和苦难，才能不断提高自己的修养和思想。总之，"厚德"是以"载物"为主要目的的。

在具体的实际工作中，我们也可以发扬"厚德载物"的精神来指导我们的工作。例如，对于领导而言，"厚德载物"其实就是一种行之有效的领导方式。在工作中，领导和下属的关系一般都比较复杂，处理领导和下属的关系不仅会影响单位的整体工作效率，还会影响领导和下属的关系，通常而言，在处理领导和下属的关系时，我们秉承"厚德载物"的思想，就能取得良好的效果，具体而言，领导要尊重、关心和爱护自己的下属，而下属也要关心、体谅和支持领导的工作和安排。在现代社会中，社会各个领域的竞争都很激烈，实际上很多的竞争都可以归结为人才的竞争，而在对待人才时，我们都应该不断发扬中华民族厚德载物的精神，留住人才，并能够使不同领域的专业人才都能够在相关的领域中人尽其才。因此，在实际工作中，领导者必须要发扬和秉承"厚德载物"的思想来处理工作的各种关系，得的人们都能够不断发挥自己的积极性和创造性。

对于领导者而言，"厚德载物"的思想不仅是一种独特的领导方式，更能从侧面体现一个领导者的素质。在实际工作中，我们会遇到不同类型的领导，有的领导是放任型，对待所有事情的态度都是不关心、不处理，还有一些领导则是"一言堂"的性质，所有的事情领导一个人做主，根本听不进去别人的意见和建议，这些领导方式都有一定的缺陷，在实际工作中都会给工作带来很多弊端。在工作中，领导应该有"厚德载物"的思想和素质，不仅自己要有自己的主见和看法，还要有包容的心态和态度，要能够对待下属宽厚、包容，在思想上允许不同的看法，每个个体都是不同的，因此，对待同一件事情，可能会出现不同的看法和观点，领导要允许这种矛盾的存在，然后利用自己的智慧来解决这些矛盾和问题。只有领导在工作中做到"厚德载物"，才能使工作开展得更加顺利，才能使工作的气氛和环境更加和谐和轻松。

在中国历史上，凡是开明的君主必然有"厚德载物"的精神和理念，"厚德载物"自古以来一直是我们中华民族的传统美德，是一种值得我们发扬的民族精神。所以，在当今社会主义市场经济条件下，我们要继续不断发扬"厚德载物"的精神，为中华民族的兴盛和中华文化的发展提供精神支柱。

（三）中庸之道

所谓中庸之道，就是指不偏不倚、折中调和的一种处世态度。在中国，人们在生活以及工作中的态度往往采取的就是中庸之道，也就是说人们在处理问题时，不喜欢走极端的方式。中国也有很多的谚语以及俗语来表达中庸的思想。例如，我们比较熟悉的"水至清则无鱼，人至察则无徒"，也就是说如果水太清澈了，则水里面的鱼类就很难生存了，如果一个人对别人要求很苛刻和严格，那么这个人就无伙伴为伍了，这就深刻地体现了中国人的中庸之道的思想和思维方式。

中国人的骨子里是很喜欢折中的态度和方式，体现在很多方面。那么，我们该如何理解中庸呢？

1. "中庸之道"的基本内涵

"中庸之道"的基本内涵之一是"五达道"。这主要是指运用"中庸之道"调节五种人际关系。这五种基本人际关系是君臣、父子、夫妻、兄弟以及朋友的交往，这五种人际关系就是天下通行的人际关系。"五达道"就是通过正确处理这五种人际关系，达到"太平和合"的理想境界。其主要内容就是君是君、臣是臣，父是父、子是子，夫是夫、妻是妻、兄是兄、弟是弟、朋友是朋友。具体来说，就是君臣要有义，父子要有亲，夫妻要有情，兄弟要有序，朋友要有信。再具体地说，就是君要明、臣要忠，父母要严慈、子女要孝顺，丈夫要有义、妻子要有情，兄要友爱、弟要恭敬，朋友要互相讲信用——每人都要在各个不同的关系中诚心尽到自己的责任。

"中庸之道"的基本内涵之二是"三达德"。调节以上五种人际关系靠人们内心的品德和智慧，因而就有了"三达德"，即智、仁、勇，"三达德"是天下通行的品德，是用来调节上下、父子、夫妻、兄弟和朋友之间关系的。智、仁、勇靠什么来培植呢？靠"诚"的品德意识来培植加固。智，即聪明。人的聪明才智是从真诚、诚心中来，有诚心则灵，诚可以感天动地；智慧从学习中来。诚心学习研究前人的实践经验和教训能使自己变得聪明有智慧。仁，即人的本性。诚心能使人返还本性，仁心大发。所以，在真诚地尽到自己的责任时，自然就会做到少欲、仁慈、厚道，能够自觉地对人行惠施利。勇，即见义勇为。勇是诚心尽到责任的必然表现。"三达德"后来演化为仁义礼智信的"五常之道"。

"中庸之道"的基本内涵之三是"九经"。"九经"是指"中庸之道"用来治理天下国家以达到"太平和合"的九项具体工作。具体包括修养自身、尊重贤人、爱护亲族、敬重大臣、体恤众臣、爱护百姓、劝勉各种工匠、优待远方来的客人和安抚诸侯。修养自身，就能够达到美好的人格；尊重贤人，就不至于迷惑；爱护亲族，叔伯兄弟之间就不会有怨恨；敬重大臣，治理政事就不至于糊涂；体恤群臣，士就会尽力予以报答；爱护老百姓，老百姓就会受到勉励；劝勉各种工匠，财货就能充足；优待远方来的客人，四方就会归顺；安抚诸侯，天下就会敬服。要做好这九项工作，就必须用至诚、至仁、至善的爱心去充分体现中庸的思想内涵。做好这九项工作，事实上也就处理调节好了九种人际关系。调节这九种人际关系是使天下国家达到"太平和合"理想的重要保证。

2. "中庸之道"的主要原则

（1）慎独自修

"中庸之道"的第一个原则就是要慎独自修。所谓慎独自修就是指人们在生活和工作中，一定要不断提高自己的修养，不仅在有人监督和管理的情况下能够自觉提高自己的修养，即使在无人监督和管理的情况下，也要能够做到自我监督、自我教育、自我管理、自我反省和自我约束自己。这是慎独的要求和标准，也是我们不断提高自己的最高境界。坚持"中庸之道"，就应该做到"慎独自修"，无论是任何的场合中，我们都应该谨言慎行，都应该多倾听别人的观点和看法，不断提高自身的修养和素质，更要在没有人监督的情况下依然以同样的标准要求自己，不能放松自己。

（2）忠恕宽容

"中庸之道"的第二个原则就是要忠恕宽容，也就是指无论是在工作中，还是在生活中，我们都应该对别人保持宽恕和包容的心态。无论做什么事情，我们都不能只考虑自己的利益和感受，应该更多地考虑对方的得失和感受，应该更加关心和尊重别人，做到合作中兼顾双方的利益，不损害各自的利益，对他人包容和宽恕。在"中庸之道"中，它秉承的忠恕思想主要来源于孔子的儒家思想。中庸之道不仅继承和发扬了儒家的这种忠恕的思想，并赋予它新的内涵，那就是它要求我们不仅要对别人忠恕，还要"以人治人"，也就是在实践中用自己的言语和行为去影响他人，改变他人。

（3）至诚尽性

所谓至诚尽性指的就是无论是在工作中还是在生活中，我们都要坚持至诚的原则，都要真诚待人，在待人接物上做到至诚，在其他方面做到诚实守信。因为在为人处世中，真诚是一个非常重要的因素，只有拥有一颗真诚的心，才能做成大事；只有真诚，才能赢得别人的信赖与尊重；只有真诚，才能体现出我们身上善良的本质；只有真诚，才能最终达到至仁至善的境界，这是一个很高的境界，也是我们中庸之道追求至诚的最高境界。

三、中国传统文化基本精神的主要功能

中国传统文化的基本精神对于我国社会的发展以及文化事业的繁荣都有重要的积极作用，它不仅是我们中华民族的精神动力与源泉，更是当今社会发展的重要精神支撑，因此，我们必须要深入挖掘和学习中国传统文化的基本精神的功能。

（一）价值引导功能

中国的发展历史很悠久，而且发展过程很漫长。随着中华民族的发展和繁荣，中国的文化也不断发展、融合成为一体，这个过程也经历了很长的时间。在中国文化的发展过程中，我们不仅吸收和整合了中国优秀的传统文化，还借鉴和吸收了国外优秀的文化，把多种不同的文化整合为一体，就构成了我们现在的文化。其中，中国传统的基本精神起到了重要的价值引导功能。我国的地域面积非常辽阔，也有很多民族共存，因此就会有多种不同的文化，正是在重要思想和精神的指引下，我们的文化才能融合统一，逐渐成为一种稳定的并得到大众认可的观点和思想，才能够不断被传承和发扬，不被其他因素影响和干扰。

在我们的日常生活中，人们的行为往往是由一定的价值观念为指导的。人们在头脑中形成的独特的价值观念对于指导人们的行为和思想都具有重要的意义，而且这种价值观念的影响范围很广泛，涉及个体生活的方方面面。我们中华民族在长期的历史发展进程中，形成了独具特色的民族精神，也就是中国传统文化的基本精神。这种精神有很重要的价值引领功能，它带领我们的中华儿女不断奋发图强，自强不息，引领全中国人民共同努力，把我们伟大的国家建设成富强、民主、文明、和谐、美丽的社会主义强国，引领全社会人民把我们共同生活的社会建设成为自由、平等、公正、法治的和谐美好社会，引领全社会公民把自己培养成爱国、敬业、诚信、友善的社会主义公民。

（二）民族凝聚功能

中华民族历史很悠久，文化的内涵也很丰富。中国的文化发源比较早，可以追溯到我国传说中的伏羲、黄帝时期。从那个时期开始，中国的文化在五千年的发展历程中不断被丰富。在历史上，15世纪以前，中国的优秀文化发展一直都是居于世界上领先的地位，还

发明了很多实用的物件，然而。从 15 世纪开始，随着中国的优秀文化和文明传到了欧洲，启迪了欧洲人的灵感，极大地促进了欧洲文化的发展，从那之后中国的文化发展遇到了瓶颈，开始落后于西方的国家。从 19 世纪 40 年代开始，中华民族遇到了很多的危难，这时中国的人民团结一心，不畏困难和侵略，经过多年的奋战，打败了侵略者。从中华人民共和国成立开始，我国政府重视和发展我国的文化事业，虽然文化事业处于落后的状态，但是我们在坚定的信心和自强不息的精神的鼓舞下不断开拓文化发展的新局面，这其中起到重要精神支撑作用的就是中国的传统文化基本精神。

中国传统文化的基本精神一个重要的功能就是民族凝聚的功能，也就是说我们的传统文化基本精神能够使我们无论是面对外国的侵略者还是面对内部的斗争，都能够做到团结一致，万众一心，都能够有一颗爱国的心，使得人们能够舍弃小我利益，顾全国家大局的安危和稳定。一个国家和民族只有拥有了极强的民族凝聚力，才能处在世界民族之林屹立不倒。

中华民族一直是崇尚"以和为贵"的思想和理念，这也是我国传统文化的基本精神之一，因此，我国一直坚持和谐统一的思想，处理问题和矛盾时候坚持"和而不同"的理念，所以我们的国家才能够更加稳定和强大。这种民族凝聚力对于社会发展意义重大。

从我国历史上的西周开始，有一种思想至今对社会发展都有重要的影响，那就是大一统的思想。纵观我国的历史，虽然出现了百家争鸣、百花齐放的局面，每个学派的观点都有其侧重点，甚至有一些学派的观点是完全对立的，但是这些学派在关于国家统一、民族团结融合等思想上却是一致的，那就是坚持大一统的思想。大一统思想的提出是有根据的，是在我国传统文化的基础之上提出的，因此，有很强的现实意义。大一统思想中有很多具有很强民族凝聚力的观点和看法，如"天下一家""四海之内皆兄弟"等口号。这种精神其实就是从另一个层面体现和反映了中国传统文化基本精神的民族凝聚功能。

中国传统文化基本精神的民族凝聚力不仅体现在国家统一的层面，还体现在中华儿女的民族自我认同感和文化群体归属感上面。也就是说，我们的中华儿女，无论是在国内生活和发展，还是在国外生活和发展，我们的内心都是团结在一起，都是中华的儿女，都熟悉和热爱中国的文化，关心和支持中国的发展。

（三）融合创新功能

中国传统文化基本精神的另一个重要的功能就是融合创新的功能，这对于民族的发展意义非凡。

中国的文化博大精深，内涵丰富。不同的历史时期中国的文化发展有其特定的内涵和方式，而中国的地域面积广阔，不同的地域文化发展也呈现不同的趋势和特点。而中华民族是一个统一的整体，我们要把不同时期和不同地域的文化整合到一起，这就需要发扬中华民族传统文化的基本精神，不断发挥其融合多元文化的功能和创新文化发展的功能。

我国的文化从古至今都是呈现多元化的发展趋势，一直以来都有很多不同特色的文化。例如，在我国的不同地域，分别有齐鲁文化、巴蜀文化以及岭南文化，等等。不同的地区在其长期的发展过程中，也根据地域的特色形成了独特的地域文化，这些文化的形成过程和我国人民艰苦的奋斗经历是分不开的，在这些地域中，涌现出来很多的爱国人士和思想大家，他们为了国家的统一和民族的独立艰苦奋战，自强不息，从而使该地区的人们有了独特的精神和文化。正是在这些优秀文化精神的影响和指引下，我国的各民族才能够团结一致，才能够将不同的文化融合为一个整体，为中华民族文化的发展奠定基础。在中国的历史上，第一次出现文化的融合是在秦朝，当时秦始皇统一了六国，使得这几个国家有了统一的文字，这个举措在历史上具有重要的意义和价值。之后，我国古代的明清文化中也出现过整合创新。中国传统文化的融合创新有利于民族文化的发展，有利于我们把不同的文化整合为我们中华民族的共同的精神财富。

我国传统文化基本精神的融合创新功能，也是有一定的哲学依据的。在古人看来，"以和为贵"的思想是很重要的，而"和而不同"则强调了整合和创新的价值。

中国的传统文化是我国古代思想家智慧的结晶，其经过几千年的传承和发展，对我们现代社会的发展仍然具有重要的指导意义和价值，它是我们中华民族前进和进步的精神动力，是一种文化的大传统。在中国的传统文化中，有很多优秀的思想经过历史的实践和发展，被赋予了新的意义和价值，其中，中国传统文化中的自强不息的精神以及厚德载物的思想都对现代社会的人们思想和精神起到重要的指导作用，我们也在实践中不断赋予这些理念新的时代内涵和意义。

有一点我们需要强调，在中国的传统文化中，文化的大传统与小传统二者是相互渗透的关系，是一个统一的整体。

综合分析，中国的传统文化内涵非常丰富，是一种趋善求治的伦理政治型文化。中国传统文化所渗透出来的基本精神对于中华民族的振兴和发展意义重大。这种精神对中华民族的影响范围广泛，它不仅深刻影响中华儿女的思想层面，而且影响中华儿女的行为方式等，更会在潜意识的状态领域影响人们的思想和行为。例如，我国传统文化中的"中庸之道"的思想就培养了人们在处理工作和为人处世时要采用平和积极的方式，避免走极端造成损失。总之，中国的传统文化经过长期的发展和实践，已经成为中华民族共同认可和接纳的共同的心理，是中华民族的宝贵精神财富。

第三节　中国传统的特色文化

中国的传统文化历史悠久、根底深厚、广博高深，在这其中，最富有魅力的就是中国传统的特色文化。所谓的中国传统的特色文化，指的是曾经在中国疆域内生活过的中华各个民族，在漫长的历史发展中共同创造的一种本土性的文化，这一种文化和世界上的其他的国家和民族的文化不一样。

一、中国传统的文学

中国古代文学也是在中国传统文化的基础上发展起来的，具有非常深厚的文化底蕴。中国古代文学和中国的其他文化一样，历史非常悠久，内容非常丰富，风格独特，个性也非常鲜明。中国古代文学和中国传统文化之间的关系非常紧密。一个民族的文学主要是对这个民族社会生活的一种真实的、详细的反映，表现的是这个民族整体上的文化。所以，通过传统文学对个体的行为、精神和心理等进行一定的描述，更能对整个社会群体的心理状态进行全方位的直接接触。

（一）中国传统文学的含义

文学生动地呈现社会文化风貌。正所谓一代有一代之文学，各代文学既受社会文化的影响，也展现时代背景、文化精神、社会思潮等社会文化风貌。例如，《诗经》是周代礼乐文化的产物和载体，汉代的散体大赋以宏伟的山川、繁华的都市、巍峨的宫殿、宽广的林苑、丰饶的物产、昌隆的文教、隆重庄严的典礼等事物为描写对象，彰显了汉朝的国力之强和文化之盛。

文学记录历史和社会生活，可以与史书互相印证和补充。《诗经》着重表现由现实生活触发的真情实感，奠定了我国诗歌面向现实的传统。富于现实精神的《诗经》，使面向现实、关注现实、载录历史和时事的创作精神，从中国文学的源头开始就深入人心，并成为后来诗人的一种自觉的创作意识。

（二）中国传统文学蕴含的内容

中国传统文学在创作意识上以抒情言志为主流，在价值观念上主张经世致用，在美学思想上追求温柔敦厚，这些观念是中国传统文化精神和价值观的生动呈现。

1. 抒情言志的创作意识

与西方文学以史诗为重要源头、以叙事文学为主流不同，中国是"诗的国度"，以抒情言志为主要功能的诗歌在中国文学史上居于很高的地位。中国优秀的叙事文学，也往往具有抒情的特质而别具"诗"的光辉，例如，《史记》作为传记文学的开山和典范之作，融入了司马迁的感情，被称为"史家之绝唱，无韵之离骚"；作为中国古典小说巅峰之作的《红楼梦》也"大旨谈情"，倾注了曹雪芹的心血，具有动人的艺术魅力。

2. 经世致用的价值观念

中国古人强调文学经世致用的功能。孔子强调《诗经》的教育作用和政治作用，深刻地影响了后人对诗歌功能的理解和认识。

从孔子的兴、观、群、怨说，汉代的《诗经》阐释，到后来历代关于文与道关系的论述，体现了中国古代文学理论强调文学经世致用功能的主流观念，这是居于主导地位的中国传统文化价值观在文学理论中的反映。

3. 温柔敦厚的美学思想

在中国的诗学领域范围内，温柔敦厚的影响是非常大的。儒家伦理道德学说和中庸思想都在一定程度上反映了温柔敦厚的思想，体现了一定的文学艺术价值，在一定程度上使得伦理道德的内涵和审美艺术的内涵不断得到丰富和发展。我们所说的诗教，指的是对《诗经》进行一定的学习，从而使人的修养不断得到提高，使人的性情得到培育，使人的言行得以规范，从而在诗歌的影响下形成一种比较温和宽厚的性情。以上这些就是我们所说的在伦理道德的范畴内"温柔敦厚"的真实含义。

二、中国传统的艺术

中国传统文化还有一个非常重要的部分就是中国古代的艺术。中国古代的艺术有其自身独特的特点历史非常悠久，形式非常多，风格也比较独特。正是因为中国古代艺术是对中国人民的聪明才智的体现。

（一）中国传统艺术的主要门类

中国的传统艺术历史悠久、根底深厚。我们在对考古人员发掘出的山顶洞人的一些装饰用品进行研究发现，大约在一万八千年前，原始人就具有一定的审美意识了。北方地区原始的岩画更是在一定程度上展现出了浓厚的艺术气质。发现了原始彩陶、青铜纹饰以后，我们察觉到中国远古时期的艺术成就已经非常之高，艺术观念也发生了很大的变化，逐步走向理性，对于艺术的分类也是越来越多。到了魏晋时期，艺术又发生了一定的变化，以前主要是依附于其他的事物而存在的，后来逐步变得自觉，不同类别的艺术逐步走向了成熟，还因为每个艺术门类自身的功能是比较特殊的，从而在整个文化艺术体系中占有各自重要的地位。从那以后，中国的艺术门类继续不断发展，具有自身独特的风格，成就斐然。

1. 建筑

中国古代建筑是中国人民智慧的结晶，见证了中国辉煌灿烂的文明发展。中国古代建筑的发展历史和风格特点，在很大程度上反映了中国丰富的文化和价值。

对于中国古代建筑的研究，我们可以进行历史考察的是新石器时代。其实，在最初的时候，建筑和艺术并没有什么关系。我们的祖先只是把建筑用来遮风挡雨或者是阻挡野兽的袭击。那个时候，在黄河中上游生活的氏族部落主要使用土穴、木架和草泥搭建一些比较简单的洞穴来居住，后来，这些洞穴就发展成为房屋；长江流域主要是一些使用柱子木头使得地板被架空的一种木头结构的屋子；在陕西西安的一些半坡地带，有一些圆形和方形的像伞架一样的尖顶的、独立的房子。这个时候的建筑规模更加大了，技术也有了明显的进步，使得中国古代建筑的基础被奠定下来；夏朝时期，出现了夯土的建筑；商朝时期，具有磅礴气势的宫廷建筑出现了，整体上给人一种威严的感觉，给后来宫廷建筑的发展提供了样本。还出现了城市建筑，并且体现出人和人之间不同的等级关系；到了春秋战国时期，出现了砖瓦，并得到了广泛的应用，建筑不再像以前那么简陋。依靠夯土建成高台建筑的规模也更大了，还有一些比较封闭的建筑，尤其是四合院，其具有绝对的中轴线。对于建筑的装饰性和色彩性也得到了很大的发展。

中国古代建筑现今保存得比较完整的有：宫殿建筑中的北京明清故宫、沈阳清故宫；陵墓建筑中的秦始皇陵、唐代帝陵、明十三陵和清代皇陵；宅居建筑主要分布在不同地区和民族的居住点，如北京四合院、山西乔家大院等；城市建筑中的北京古城、西安古城、山西平遥古城、云南丽江古城；园林建筑中的河北承德避暑山庄、北京颐和园、苏州园林；桥梁建筑中的河北赵州桥等等。

2. 书法

所谓的书法，指的是写字的一种艺术。中国的艺术有很多种，但是在这些艺术之中，最具有中国特色的就是书法了，而且在西方，是没有书法这一门传统艺术的。书法对于中华民族的文化精神、伦理道德等也都有非常深刻的反映。

在中国，书法艺术的历史是比较悠久的，其产生和发展都和"文房四宝"有着非常紧密的关系。在进行书写的时候，我们都需要使用毛笔、宣纸和墨汁等书写工具。最重要的就是汉字的造型。书法最初是来自汉字的，汉字的造型和表现进行有机的结合，使得书法得到了发展。在中国，我们认为最早的书法艺术作品是先秦时期的甲骨文、钟鼎金文和石鼓文。这些文字不只是具有非常神圣的意义，还使得中文发展成为一门艺术，因为这些文字都是按照一定美的含义来铭刻文字和进行整体布局的。虽然这些文字的基本构成都是一样的，每一个字都是有所差别的，每一行的排列顺序和上下的文字之间都是相互照应的。但是严格地说来，汉末魏晋时期才是书法作为一门艺术出现的真正时期。这个时期出现了很多书法家，他们把书法作为一门纯艺术。随着书写工具的不断发展和进步，书法艺术的技巧也得到了更为明显的进步，并且日趋成熟。

我们根据字体的类型对中国书法进行分类，主要有篆书、隶书、楷书、草书、行书。不论是哪一种类型，都是有其特点的。篆书是一种古文字，它和隶书、楷书、草书、行书最大的不同就是字形。篆书、隶书、楷书都是自成一体的，行书和草书的两个字之间是连在一起的，草书的数字也是连在一起的。不一样的字的结构、用笔、风貌等都是不一样的。篆书比较雅致而有古典风味，隶书比较秀丽多姿，楷书比较典雅方正，行书比较流畅华美，草书比较洒脱自然。

因为书法和中国的文字、书写工具和文化思想之间具有非常紧密的关系，故而，其在中国能够成为一门比较具有特色的艺术。书法艺术主要讲究两点——书写汉字和使用毛笔。因为方块的汉字是由点和线构成的，其结构非常独特，再加上内涵比较丰富，这样才使得书法发展成一门艺术。毛笔比较柔软，还具有一定的弹性，使用这一工具有利于对书法的风格进行灵活的把握。

3. 绘画

中国的绘画具有其自身独特的笔墨、艺术形式和对美学的追求，与众不同而自成一家，其所具有的民族风格是比较优美而鲜明的，其文化精神的含义比较悠久且非常深刻，在中国传统文化中占有非常重要的位置。

对于中国绘画的研究，我们可以溯源到新石器时代。在岩石上或者是陶瓷器上画一些图案，这些图案非常对称，具有一定的写实性，还具有一定的装饰性，这些都对人类进行形象捕捉产生了一定的影响，是对中国绘画艺术的基本展现。商周时期，在青铜器上就绘有很多形式多样的装饰性的花纹，这些花纹就是对现实生活的真实反映。使用了比较夸张的手法，牢牢把握住了所绘画的事物的基本特征，展现出比较简单而又朴素的艺术形象。

4. 戏曲

中国的戏曲和古希腊的悲喜剧、印度的梵剧并称为世界古代的三大戏剧流派，存在于人类艺术宝库之中。中国戏曲是中国本土的东西，它把歌唱、舞蹈、说白、表演等各种各样的艺术元素融合在一起，是一门综合性的艺术，在中华民族特色艺术中占有非常重要的地位。

中国戏曲艺术的发展是比较漫长的，最早的表现形式是原始仪式。在祭祀神灵的仪式上，经常是跟着音乐边唱边跳。如果说没有古代时期的唱歌、音乐和跳舞，就不会有现在戏曲的歌唱、形体动作和武打。这种形式的唱歌、音乐和跳舞，经过历史的发展和演变，到了唐朝才算是基本形成中国的戏曲。唐朝比较流行的戏曲主要有参军戏、军旅戏、家庭戏、胡戏、宫廷戏等。在进行表演的时候，表演的人员之间相互进行问答，非常滑稽可笑，彼此还相互讽刺嘲笑，适当的时候，还会进行一些即兴的表演，这些表演形式对于后来中国戏曲的发展都产生了非常深远的影响。

5. 音乐

中国的音乐来自人们对于自然和动物声音的模仿，来自人们的生产劳动，人们劳动的时候的节奏、呼号和工具就是最原始的音乐和乐器。

（二）中国传统艺术精神

1. 虚实相生

中国传统艺术的一个显著特点是虚实相生。虚实相生法，是指把直接的、具体有形的描写与间接的、虚幻无形的描写结合使用的写作方法。我们所说的艺术上的虚实和哲学上所说的虚实是有非常密切的关系的。通常来说，"实""实境""实象"或"真境"指的是可以看得见、摸得着的、比较具体的形象；与之相反的是，"虚""虚境""虚象"或"神境"指的是那些不能捉摸的或者不能触碰的具有一定虚幻色彩的现象或者是表象，具有不确定性和多义性。假如说"实"是一种比较直接的艺术形象的话，那么"虚"指的是一种间接的艺术形象。所谓的虚实相生指的就是把虚和实结合起来，虚和实的结合使得中国的艺术具有明显的特征，这些特征是有别于西方艺术的。

在中国的传统艺术之中，有的时候是把景作为"实"，把情作为"虚"；有的时候是把"实"作为实象，"虚"作为虚象；有的时候把主题作为"实"，衬托作为"虚"；有的时候对于作品中的结构来说，有景的地方就是"实"，没有景的地方就是"虚"。比如马远的作品《寒江独钓图》，只是在水面上画了一叶小小的扁舟，一个老翁孤零零地坐在船头钓鱼，其周围除了一点点水波以外，几乎没有什么其他的东西了，就是对于水波这简单的几笔，我们能看到"有"，表现出江面的空旷和萧条。从另一个方面来说，虚实相生的理论还说明，中国的艺术空间指的是一种精神上的空间，中国的艺术家们不只是看重视觉的瞬间，更重要的是要为人们的心灵寻求一个可以栖息的地方。

即便是中国的艺术创作比较重视虚实相生，但是虚最为重要，因为即使说的是"实"，也是为了更好地表现虚，换句话说，即便画面上说的是"有"的东西，最终也是为了展现画面以外的"无"的东西。"有"是所谓的媒介和桥梁，"无"是最终的目的。虚实展现的是对于"道"的巧妙运用，也是对于宇宙中的各种生命的一种表达。

2. 气韵生动

气韵本应该是两个定义的。首先出现的是"气"的定义，"气"具有非常浓厚的哲学味道；"韵"和音乐的关系非常密切，其含义是旋律和节奏等。对于"气"的研究，最早出现在《易》中，《易》认为"气"就是我们所说的天地的元气、阴阳刚柔的气。就是因为我们有这样比较深厚的哲学思想，六朝的人才把人的天赋和后天的阅历、修养等结合起来，凝聚成一股"气"。

气韵在中国传统艺术中具有非常重要的地位，是中国传统艺术中最主要的东西。艺术家与欣赏者一定要学会对气韵进行全面的理解和把握，只有艺术家和作品、欣赏者结合起来，我们才能称之为气韵。有的人认为气韵是需要分开进行解释的，中国传统艺术中的"气"指的是气力，代表的是一种刚性的美；"韵"表示的是韵味，是一种柔性的美，这一说法与中国的美学思想和艺术实践是不相符的。所谓的"气韵"指的是艺术中一种较为通用的规律，"刚柔"指的是艺术的风格，我们不能把艺术的原理和艺术的审美特征混在一起谈论。在这里，为了使问题说起来更为方便，我们分开来谈论"气"和"韵"。所谓的"气"指的是先人对于世界进行认识的一种最高的观念，正所谓天地合气，万物自生，那么大的一个宇宙，不论是从宏观到微观上，还是从具象到抽象上，不论是从客观到主观上，还是从生理到心理上，所有的一切都把"气"作为根本性的东西。艺术家的心里自始至终都含有"气"，只有这样，在对作品进行创作的时候，才能和宇宙中的气进行相通相融。古人有这么个说法——"一笔书"，其意思并不是说在创作作品的时候要一笔下来，而是说笔和笔之间并不是连贯的，但是意思却是连在一起的，只有这样，才能使得整部作品不断运行，进行回旋。所谓的"韵"，指的是旋律或者是韵律，主体在对艺术作品进行创作的时候，能够对作品中的线条进行一定的抒发，而且还具有一定的节奏性。不论作品的风格是什么样的，都需要具有一定的节奏感和韵律美。

3. 中和冲融

中和，所谓的"中"，指的是中正的意思，所谓的"和"，指的是合作、和谐的意思。

"中和"在中国的历史上具有非常重要的地位，也是儒家哲学思想中涉及的范围，是中国传统文化的精华中比较重要的一点。所谓的"中和"，指的是相对立的方面在本质上是可以进行有机结合的，彼此之间相辅相成，最终在整体上达到一定的和谐。"中和"是儒家思想中比较重要的观点和方法论，其辩证的思想是非常丰富的，对于生活、经济、政治和文化等各个方面都具有非常深刻的影响。在当今社会中，中和的思想不断进步，并具有时代的含义。

中国艺术对于中和思想的一个突出的表现就是中和的美，这是一种比较理想的境界。"中和"之美中最重要的就是和谐美，这种美，既包括外在的美，也包括内在的美，是一种内在美和外在美的统一，涵盖了适中、适度、和谐、多样性的统一以及多种因素的相互融合。

中和，是一种艺术和谐，不只是对具有辩证精神的这种动态的过程进行了一定的展现，对其不断进行调整、改变，从而和时代的发展需要相符合，还对具有一定可溶性的静态关系结构进行一定的展现，对于新的元素进行接纳和吸收，从而与生活和谐。中和的更为深层的含义就是理性的精神，理性精神是中庸最重要的东西。理性精神在表面上就是一种比较普遍的而又比较和谐的关系结构，处处都是对"和"精神的反映。中庸最开始是一种儒家的辩证法的思想，"和"不只是和谐的，还是辩证的，所以，我们可以这么说，"中和"的美，指的不只是艺术辩证法，还是艺术和谐美。换句话说就是，"中和"是具有一定的辩证思想的艺术上的和谐观。

三、中国传统的民俗文化

民俗，即民间风俗，指一个国家或民族中由广大民众所创造、享用和传承的生活文化。在中华文明的灿烂历史中，积淀了种类繁多、雅俗共赏的民俗文化：有的随着时间的流逝消失在了历史的洪流中，有些则绵延至今，为华夏文明的发展提供着根基和养分。走近民俗文化，就敲开了华夏文明的大门。它用最朴实的方式将我们的民族之美、文化之美、历史之美娓娓道来。

（一）中国传统的礼仪文化

一直以来，中国都被称为礼仪之邦，无论任何阶层都非常重视礼仪，世世代代都是这样的，逐渐地就发展成为一种社会礼俗了。

社会中的每个人，在其整个人生中，处于不同的阶段，其扮演的角色也就不同，不论什么时候，只要我们的社会角色发生了一定的改变，我们就会使用一些礼仪或者一种象征来对人生的新阶段进行一定的开启或者结束。再简单地说，"礼仪"指的是对一个人的发展阶段进行一定的庆祝或者是纪念的仪式。人生的礼仪涵盖了诞生礼、成年礼、婚礼、寿礼与丧礼等。这里，我们主要讲述诞生礼、成年礼、婚礼、寿礼几个内容。

1. 诞生礼仪

每个人都有诞生礼。婴儿出生的时候，这个时刻是非常具有意义的，不同的国家、不同的民族都会有自己独特的方式来对这一时刻进行隆重的迎接。先秦时期，人们就非常重视诞生礼仪。与此同时，满月、百岁和周岁等的习俗也具有非常深远的影响。当孩子出生一个月的时候，家人就会为其进行满月仪式。在满月仪式上，需要准备酒席招待前来祝贺的亲戚朋友，还要举办"洗儿会"。当孩子出生一百天的时候，还要为其进行剪头发的仪式，与此同时，还要进行命名。这些都在一定程度上反映了社会的风貌。那个时候，既有单名，也有复名，如果单名的音节比较短促，很容易出现重名的现象，这个时候，就需要在名字的前面加上一个虚词，比如说烛之武等。

2. 成人礼仪

在远古的氏族社会时期，"成丁礼"是非常流行的。氏族中没有成年的人是可以不用参加劳动，不需要进行狩猎，也不用参加战争。即便是这样，氏族也需要哺育他们，还要对他们进行保护。但是，当这些人成年以后，氏族就会对他们的体质、进行生产的技能、进行战争的才能都进行测验，只有合格的人员才是氏族正式的成员。社会不断向前发展，在很多地方，这种成丁礼消失了，中国的儒家思想对其进行改革创新，取其精华，改造成"冠礼"，在人生的礼仪中占有非常重要的地位。

现在的社会中，成年人的一些礼仪和风俗已经发生了很大的变化，很多仪式已经被简化了，或者说已经不重要了，好多地方只是在孩子成人的时候举办酒宴就可以了。还有的地方进行集体成人礼仪时，告诉孩子其已经长大成人了，需要对自己的责任和义务有明确的把握了。

3. 婚姻礼仪

当孩子成人以后，首先要面对的就是结婚的事宜。婚姻在人生中具有非常重要的地位，进行婚姻的主要目的就是对祖先进行祭祀，还要传宗接代。

自西周以来，因为人们越来越重视婚姻，所以进行婚姻关系就有了一套比较固定的礼仪，只有经过了这一系列的程序，婚姻才算是合法有效的。这就是所谓的聘娶婚，在中国古代各种各样的婚姻形式中，聘娶婚是唯一的，也是标准的婚姻形式。在聘娶婚中，有三书六礼的说法。三书包括聘书、礼书和迎书。所谓的聘书，指的是定亲的书，男女双方正式缔结了婚约，对婚姻的吉凶进行占卜的时候用的；所谓的礼书，指的是过礼的书，也就是礼物的清单，详细列出了礼物的种类和数量，进行纳征时使用；所谓的迎亲书，指的是迎娶新娘子的书，在结婚的当天，当新娘子过门的时候需要使用。六礼，主要包括纳采、问名、纳吉、纳征、请期、亲迎，这六道手续，总起来说是"六礼"。

除了六礼，古代人还有很多礼仪，比如说女子许嫁，指的就是使用五彩的丝绳把头发扎起来，这就叫作"结发"，如果结发，证明其已经有了对象了。再比如，在结婚的前一天，女方的家人会派人到男方家把新房里的卧具都铺设好，就是所谓的"铺房"，这一习俗最初是在宋朝时期出现。当新娘子到达男方家门口的时候，男方把袋子铺在地上，新娘子走在袋子上。新娘子走过的袋子会被迅速地传到前面，再铺在地上，这叫作"传袋"，意思是传宗接代的好寓意。不论是六礼，还是一些其他的习俗，其在传播过程中都发生了或多或少的变化，随着时代的发展被赋予新的时代内涵，但是其基本程序却还是一直保留着的。对

4. 生日礼仪

中国古代的礼俗之中还包括进行祝寿过生日。祝寿一般指的是四十岁以上的人，十的整数倍来进行庆贺，比如说五十、六十、七十、八十等。进行贺寿的东西主要有寿幛、寿烛、寿桃、寿面等。四十岁以上的寿礼主要是寿桃、寿面。没有达到四十岁的，主要是馒头、切面。十岁和二十岁的只使用切面。寿桃被叫作仙桃，其八百年才结一次果实，面条的含义比较悠远，寓意长寿。寿幛、寿联都是写一些祝贺的话语和比较吉祥喜庆的祝福语。比较隆重的寿宴会设置寿堂，摆上祝寿的蜡烛，亮着灯，挂着彩条，非常热闹、繁华。寿翁坐在正位上，亲朋好友和晚辈对其表示祝贺或者叩拜。当仪式结束以后，大家一起入酒席开始吃饭。在寿堂的香案上，还摆放着寿桃、八仙图等。寿烛必须是红色的。在中堂有一个大大的寿字。在进行拜寿的时候，由主持人员进行喊礼，不同的辈分，拜礼也就不同。平辈人员只需要作一揖，子侄辈分的人员为了表达对于长辈的敬爱之情，需要进行四拜，其他的晚辈都需要四拜。对于当代社会的青年人和少年儿童来说，过生日既可以使用西式的，也可以使用中式的，或者是中式和西式相结合的，不论什么样的，都没有太严格的要求。

(二) 中国传统的服饰文化

服饰，由服装和佩饰两部分组成。服包括了衣、裤、裙、鞋、帽，饰指首饰、腰饰、脚饰等。在传统文化中，服饰代表着一定的社会身份，用以区分人的贵贱等级。从甲骨文和商代青铜人像等文物中，我们已经可以从服装式样、质地、花纹、装饰物等区分多种不

同的身份。

1. 帝王服饰

被称为礼仪之邦的中国，其礼仪主要是通过朝廷和皇家表现出来的。不同的朝代，当其建立新朝代的时候，都会对本朝代的官服有所要求，尤其是服装的颜色。根据史料的记载，周代天子的服饰有两大类礼服和常服。周代的章服制度也一直被沿用，一直到清朝末年，在这期间，即便是有的进行了删减或者增加，但是其基本的形式和精神没有改变。

再来谈一谈冕服和冕冠。所谓的冕服，指的是帝王和诸侯们在进行祭祀的时候所穿的礼服，是和冠冕相配套的。上衣和下裳是分开的，上面都绣着十二章纹饰。周代的冕服主要有玄衣、缥裳，上衣的颜色表示还没有天明，下裳表示的是黄昏的地面，天地进行了统一，用来不断提醒皇帝要勤政爱民。

冕冠，指的是帝王和各个官员在进行祭祀典礼的时候佩戴的帽子。"冠冕堂皇"这个成语就是从冠冕的庄重和尊贵上衍生出来的。我们在看古装电视剧的时候，经常看到皇帝会佩戴一种平板样式的皇冠，其前面和后面都是一串串地垂下来的珠子，当皇帝摇头的时候，这些珠子也会摇摆，这就是冕冠。冕冠由好几个部分组成——冕版、冕旒、充耳等。冕版指的是冕冠的顶部的长形木板。冕版还被称为"延"，是使用比较细致的布帛包裹起来的，版形的前面是圆的，后面是方的，前面比较低，后面比较高。前面是圆的，后面是方的，都有其自身的含义，那就是天是圆的，地是方的，意思是天子遵循上天的旨意来管理人间；前面是低的，后面是高的，形状像是向前俯趴着，意思是帝王必须谦虚恭敬，顺从民意，对天下百姓多多关怀，这也是"冕"最初的含义。冕版的前面和后面都有旒，上面是一串串的五彩的珠子。冕旒的意义在于用以蔽明，表示王者不视非，不视邪。在两耳处，还各悬垂着一颗珠玉，又名"充耳"，有提醒帝王不轻信谗言、不充耳不闻之意。

2. 官员服饰

中国古代的服饰有很多，各朝各代官员的官服是对封建等级制度的最深刻的反映。在一些电影或电视剧中，我们经常看到很多官员穿的官服胸前都绣着各种各样的花纹，文官一般都是绣着禽，比如说仙鹤、锦鸡等；武官一般都是绣的兽类，比如说狮子、老虎和豹子等，这样进行区分比较明显。通过对各种各样的图案进行分析，我们能够看出各个朝代不同的官吏等级制度的差异性。

（1）官服的颜色

"品色衣"指的是，不同的官员如果其职位是不一样的，那么，所穿的官服的颜色也就各不一样。这一制度最初出现在北周时期，在唐朝逐渐成形，到了宋元明清时期仍然在使用，只不过在一些地方做了适当的修整。我们以唐朝为例子进行说明：唐朝时期的官员共分为九品，三品以上的官员穿的衣服是紫色的，四品穿的衣服是红色的，五品穿的衣服是浅红色的，六品穿的衣服是深绿色的，七品穿的衣服是浅绿色的，八品穿的衣服是深青色的，九品穿的衣服是浅青色的。穿着紫色和红色衣服的官员都是位高权重者，穿着青色衣服的官员都是比较低微的官职。

（2）官服的纹饰

官员穿的衣服的纹饰也体现了官员的等级。皇帝的龙袍上主要是日、月、星、辰、山、龙等，意思是九五之尊，这些都是一些比较高级的纹饰。明清时期的官员也会根据纹饰对其职级进行区分。文官一般都是比较儒雅的，其官服主要是用鸟类来进行等级的划分，这样才能显示出其贤德才能。一品官员用仙鹤，二品官员用锦鸡，三品官员用孔雀，四品官员用雁，五品官员用白鹇，六品官员用鹭鸶，七品官员用鸿鹕，八品官员用鹌鹑，九品官员用练雀。武官都比较强悍、勇敢，比较有气势，一般都是用猛兽进行纹饰绣图。一品官员用麒麟，二品官员用狮子，三品官员用豹子，四品官员用虎，五品官员用熊，六品官员用彪，七、八品官员用犀牛，九品官员用海马。

3. 平民服饰

在古代，由于绝大部分生产资料被掌握在以皇帝为核心的统治阶级手中，所以贫苦的老百姓是没有资格穿绫罗绸缎的，只能穿粗布麻衣。王公贵族、达官显贵才能身着锦帛。

（1）深衣

中国古代服饰千变万化，但是形式上无非两种：上衣与下裳分开或衣裳连为一体。"深衣"是上衣与下裳相连，合并为一件衣服，其特点是使身体深藏不露，雍容典雅。上自天子，下至庶人，都可着之。它是为官者最低一级的礼服，又是百姓最高一级的礼服。

（2）布衣

最早的时候，"布衣"指代的就是平民。布衣主要是用油麻、葛、毛及棉花等编织出来的衣服，其手感比较粗糙，但是价格非常便宜。"帛"与布衣相反，它是使用丝织出来的，手感非常细腻，但是价格比较贵。上古的时候，贵族才能使用丝帛制作衣服，普通的老百姓只能穿粗布的衣服，因此，慢慢地布衣成了普通老百姓的代名词，再后来指的是没有做官的读书人。

（3）白衣

"白衣"，本来的意思是白色的衣服，后来指代穿白色衣服的人，也就是那些没有官位的在朝廷中有一定职位的普通老百姓。白衣本来指的是贫贱的人穿的衣服，比如说奴仆等，后来指的是庶民，还可以被用来指代没有做官的读书人。

（4）乌衣

"乌衣"指的是下级的胥吏穿的黑色的衣服，其地位是比较低下的。三国时期，东吴禁军安扎在南京夫子庙文德桥的附近，其官兵穿的都是黑色的衣服，所以，这支军队被称为乌衣，这个地方就被称为乌衣巷。

（三）中国传统的饮食文化

中国饮食文化内涵比较丰富，历史比较悠久。随着时间的推移和时代的变化，在中国这片土地上，饮食已经不是本身的意思，其内涵和文化价值有了更加深入的发展。

1. 膳食结构合理，重视养生

进入农业社会以后，中国的主要食物就是粮食作物。在古代，我们把粮食作物统一称为五谷或者是六谷。五谷或者是六谷究竟有哪些粮食，说法各不一样，我们进行历史考察后发现，一般情况下，黍（也就是高粱）、麦（也就是麦类）、菽（也就是豆类）、粟（也就是谷子）、麻（也就是麻籽）是五谷，再加上稻就是六谷。在吃饭的时候，主要是吃一些谷物类，少吃肉类，多吃粮食，适当地补充一定的蔬菜，现在中国的饮食结构基本上就是这样的。饭是主要的，菜主要是为了帮助吃饭的。中国人对于营养的搭配很是看重，对于营养成分的搭配要合理和均衡，最终使得阴阳达到平衡，促进身体健康发展。

2. 五味调和，阴阳平衡

"五味调和"是中国饮食文化中一个比较突出的体现。"五味调和"是中国比较古老的一个调味理论。味在人体中具有非常重要的作用古人把这种作用作为"和"的前提。在这一条件下，李时珍做了进一步的研究，"肝欲酸，心欲苦，脾欲甘，肺欲辛，肾欲咸，此五味合五脏之气也"的"五欲"原则，使饮食对人体产生的影响得到了进一步的阐述，认为人和自然必须统一起来。五味调和的实质是讲究阴阳调和。五味、五脏归于五行，而五行学说只解释宇宙的结构，只有阴阳学说才能解释宇宙的起源，所以阴阳五行学说不可分离。阳本指日光，阴本指无日光。阴阳是世界万物得以发展的两个基本因素，阳代表主动、热、干、刚等，阴代表被动、冷、湿、柔等，阴阳相互作用产生宇宙一切事物和现象。五味中辛、甘为阳，酸、苦、咸为阴。饮食中，食为阳，饮为阴；用火烹熟的肉类食物多为阳，用水蒸熟的谷类食物多为阴；油炸食物、辛辣食物、油腻肥肉为阳，水生植物、贝壳动物、鸭子螃蟹为阴；花生、芝麻为阳，绿豆、绿茶为阴等等。由于自然界的阴阳消长的规律影响着人体阴阳之气的盛衰，人体必须以生活方式、饮食性味适应大自然的阴阳消长变化。

3. 注重健康，寓医于食

从古代开始，中国就有"食用、食养、食疗、食忌"的说法。古代时候人们比较重视吃饭必须和自然界的变化相一致，进行饮食的营养搭配也必须符合四季和环境的变化，适当的时候需要做出一定的调整。不同的季节，不一样的时间，吃的食物的性质是不一样的，即便是对食物的做法也是有季节和天气的变化的。孔子说过"不食不时"，其意思有两个方面按时吃饭；不吃反季节的食物。《黄帝内经》中也说过"饮食有节"，当人生病的时候，进行合理的饮食搭配能够促进人的恢复。

第三章　中华传统文化的传播

第一节　中华传统文化的传播价值

一、传统文化的特点与传播的意义

（一）传统文化的特点

文化是人们在长期的积累中形成的，具有一定的历史性，是人们精神创造的产物，是社会和历史的积淀物。文化的核心是精神，本质是传播。文化蕴含了一个民族或区域的人民长期传承的特质，各民族都拥有属于本民族的独特的文化形态，文化形态积淀深厚、博大精深，类型丰富多彩、各具特色。中国传统文化是中华文明演化而汇集成的一种反映民族特质和风貌的民族文化，是民族历史上各种思想文化、观念形态的总体表征，是指居住在中国地域内的中华民族及其祖先创造的、为中华民族世世代代继承发展的、具有鲜明民族特色的、历史悠久、内涵博大精深、传统优良的文化。简单来说，就是通过不同的文化形态来展示的各种民族文明、风俗、精神的总称。中国传统文化在历史的长河中不断演变，在现代社会依然存活并且发展，这背后的因素虽是复杂的，但却非不可知的，因为中国传统文化作为中国人思想创造力的结晶，蕴含了人类的思想精髓，是世界文化的重要组成部分，具有鲜明的特点。

1. 形式多样，内容丰富

中华文化形式多样，如音乐、舞蹈、诗词、绘画等等。人们在劳作间隙手舞足蹈，将有节奏的劳动号子渐渐编成歌谣，中华文化慢慢演变形成。在音乐方面不仅仅局限于乐曲的创作流传，还包括各式各样的乐器出现。如最先起源于夏朝而后兴盛于春秋战国直至秦汉时期的编钟，除了打击奏乐，它亦是等级地位的象征；再如古琴、古筝等丝竹乐器，亦是中华传统文化之精华，源远流长。古诗词也是中华文化中重要的组成部分。从先秦时期就朗朗上口的"诗三百"《诗经》，到清朝文人依旧大量写作的诗词，古诗词在一定程度上已经是中华文明的代表形式。诸如此类，皆是中华民族精神与文化的重要载体。

除此之外，中华民族传统文化涵盖的学科内容也是相当多样。整个中华传统文化体系极其庞大和富饶，包含了哲学、建筑、地理、数学等多方面的内容，如现在依然发人深思的、以朱熹和程颐程颢两兄弟为代表的"程朱理学"，中国特有的"榫卯"结构，北魏时期郦道元编写的《水经注》，明朝徐霞客著的《徐霞客游记》，著名的《九章算术》、杨辉三角等等。在科学技术匮乏的古代，依然出现了以上种种的伟大成就，这是求真务实的中华民族精神的砥砺，也是精神和物质层面的综合。

2. 民族融合，集体智慧

民族融合是中国传统文化多样化的重要原因。自古以来，中华民族都拥有广阔的疆土，是多民族的国家，历史上我国的少数民族有很多，如鲜卑族、女真族等，与少数民族和亲的故事亦浩如烟海，如我们熟知的文成公主入吐蕃、昭君出塞等等，而少数民族政权也不在少数，比方说元朝和清朝，这些都是我国多民族融合并存的见证。而中国之所以能保持统一和壮大，重要的原因之一就是长期稳定的民族心理，而恰恰就是这种民族心理是形成文化的核心源泉。

中国传统文化来自中华儿女的集体智慧。中华民族传统文化与中华民族同根同源，最早起源于部落文明。部落里出现了等级差别和不同的角色，原始的制度和语言开始形成。随着生产力的不断提升，社会进一步发展，就这样由我们所熟知的奴隶社会、封建社会向前推动，中华传统文化也在不停地演进。中华文化是与中华民族共同成长起来的，它是一个民族的精神产物，没有一个独立的人或"上帝"可以创造这一切，这是中华民族集体智慧的结晶。中国传统文化是在融合了众多民族文化的背景下形成的，具有鲜明的民族特色，是中华民族集体智慧的体现，是在中国本土的基础上创造出来的专属于中华民族的文化。

3. 包容开放，仁民爱物

包容开放始终是中国秉承的重要原则，虽然在历史上我们曾经历过经济和政治上短暂的"闭关锁国"时期，但从整个大的进程上来看，我们的文化始终是包容开放的。中华文化始终海纳百川，有着强大的包容性和开放性，古时的"丝绸之路"演化成了今天的"一带一路"，新时代的中国致力于全面深化改革，坚定不移地在各个方面坚持改革与开放，中华文化也闪耀着新时代之光。

仁民爱物是中国传统文化的核心价值导向。追溯中华文明的起源，纵观历史五千年发展，作为中国传统文化重要核心内容的儒家文化，起源于黄河流域的齐鲁大地。春秋战国之后，天下归一，封建社会由此开始。"仁政""仁者爱人"的思想一脉传承，从黄河流域到长江流域，农耕的百姓生活没有变，仁民爱物受到社会和文明的推崇，渐渐地，仁民爱物成为中华传统文化的鲜明特征，朴实勤俭也成为中华儿女绵延至今的传统美德。

（二）传统文化传播的意义

传统文化是一个民族或地区在长期生活过程中延续下来并约定俗成的现象，此种现象的衍生和发展使得人类的凝聚力越来越强。正所谓国民之魂，文以化之；国家之神，文以铸之。优秀的传统文化成为一个国家向前发展的不竭动力，与人类的生活始终保持密切的联系并产生深刻的影响。传播传统文化，在当今的新形势下仍然具有重要的积极意义。

1. 延续优秀传统文化，促进中西文化交流

中国传统文化是新形势下新文化发展的重要思想源泉。优秀的传统文化是我国文化软实力的核心与内涵，大力推广中国优秀传统文化既可以推动中西方文化的广泛交流，又可以提升中国的国际地位。中西文化由于有着历史、种族、地域等各方面的差异性，因此文化的特点也有所不同。但是两者没有优劣之分，文化是建立在一个民族上的精神现象。传播优秀传统文化是继承优秀传统文化的有效途径，也是促进中西文化互惠的桥梁和纽带。

2. 树立优质城市形象，推进全球化进程

在"地球村"这样一个全球化的发展进程中，各国之间的多领域合作交流不断扩大与加深，因此建设国际化城市也成为提升国家综合国力的必要条件。推进城市国际化的方法，就是开放和交流。承载着历史、价值观念、风土人情的城市文化，代表的是一个城市的形象，展现的是一个城市的独特面貌。因此，保留住优秀的传统文化根基，才能在国际化的浪潮中脚踏实地，树立具有自身特色的城市形象，提升城市文化软实力，增强我国总体文化软实力，提升我国的国际地位。

3. 提升国民文化素质，营造良好社会秩序

信息时代，传统的文字载体形态已经不能满足国民的文化需求。人类的生活里充斥着各种各样的信息，其中也不乏扰乱社会秩序的不良信息，信息技术的发达使得人们接受信息的渠道增多，内容的优质化就被提上了日程。中华民族是一个精神根基强大的民族，深厚的文化渊源为当今新文化的建设提供了范本。以优秀的传统文化为根本，融入当今先进技术，汲取外国优秀文化，这样才能不断地提升国民的文化素养，社会才会更加融洽，国民才能在良好的生活氛围中潜移默化地接受文化熏陶。

二、中华优秀传统文化发展传播的价值

中华优秀传统文化是中国历史文化的瑰宝，代表了中国人民智慧与精神的结晶。发展和传播中华优秀传统文化具有以下价值：

（一）传承历史记忆

中华优秀传统文化是中国历史的重要组成部分，通过发展和传播，可以帮助人们了解中国的历史和文化传统，传承历史记忆，保持对祖先智慧的敬仰与尊重。

（二）增进文化认同

中华优秀传统文化是中国人民的精神家园，发展和传播可以增进人们对自己文化身份的认同，培养民族自豪感和文化自信心，筑牢文化自觉。

（三）抵御外来文化冲击

中华优秀传统文化的发展和传播可以增强中国人民对自己文化的自信心，并对外来文化保持警惕，从而有效抵御外来文化冲击，保护和维护本土文化的独特性。

（四）提升国际影响力

中华优秀传统文化具有广泛的国际影响力，通过发展和传播可以提升中国在国际社会的声誉和地位，增进与其他国家和文化的交流与合作。

（五）培养人文素养

中华优秀传统文化蕴含丰富的人文价值观，包括仁爱、诚信、孝顺、忍耐等，通过发展和传播可以培养人们的人文素养，提高社会文明程度，促进社会和谐。

（六）推动创新发展

中华优秀传统文化源远流长，包含了丰富的哲学思想和审美观念，通过发展和传播可以为当代创新提供启发和激励，推动社会发展进步。

总之，中华优秀传统文化发展和传播的价值在于传承历史记忆、增进文化认同、抵御外来文化冲击、提升国际影响力、培养人文素养以及推动创新发展。这些价值将对中国社会的稳定与进步产生积极的影响。

第二节　中华传统文化的传播媒介

一、诗词类公众号——以"陆地诗词"为例

随着"互联网+"模式的日益推进和新媒体技术的不断普及，大众自媒体的发展也进入了最辉煌的阶段。琳琅满目的公众号、功能各异的小程序，飞速发展的快手和抖音等短视频应用层出不穷。这种传播大环境，无疑也为知识分子的个人智慧和才情提供了一个全新的传播平台和展示空间。随着微信用户的增加及微信客户端社交功能的完善，各类精彩纷呈的公众号不断进入受众视野。

（一）"陆地诗词"的传播特色

作为以传统文化为推送特色的个人公众号，"陆地诗词"自 21 世纪 10 年代运营至今，始终彰显着人文学者特有的精神品格，践行着诗词原创者"走遍千山万水，书尽画意诗情；茶煮春花秋月，笑看云淡风轻"的艺术使命和文化传播功能。其近年来的成功运营，当之无愧地开创了诗词类公众号在艺术传播领域的新局面。之所以作出这样的判断，是因为"陆地诗词"在传播内容上，涵盖诗词、节气、典故、民俗、历史等多种文化元素，信息形态丰富；在传播形式上，融合原创诗歌、音乐、舞蹈、书法、美术、双语朗读等多种传播媒介，表现形式独特；在传播功能上，该公众号所增设的"注释"和"延伸阅读"等版块，更是跨越了文学、艺术学、语言学、民俗学、历史学、地理学等多个学科，视野开阔，受众广博。此外，在传播理想上，它也实现了文化符号与艺术符号的巧妙融合。

质言之，以竭力主推传统文化为己任的公众号"陆地诗词"，不仅超越了文学自身的界限，自觉与新媒体融合，与多种艺术形式融合，而且跳出了诗词传播的诸多窠臼，在推送内容、传播策略和期待受众等诸多层面，皆呈现出与众不同的美学理想和艺术追求。尤其是它不仅能够以灵动、优美的诗词描绘中国的壮丽山河和人文之胜，而且还能够借助原创诗词的意象之真、意境之美、意义之善等鲜明的美学向度，成长为同类公众号中连续发布时间最长、影响力较大的个人公众号。这一地位当然与其"诗绘中国"的传播理想密不可分，其诗歌内容遍布全国各个省份和自治区，且集中选取典型城市和典型文化予以歌咏。

中华民族对待古典诗词，向来有一种说不清、道不明的深情。而且，这种幽微的情愫

犹如集体无意识的奥秘一般，流淌于每个读书人的血脉之中。正如古典诗词专家叶嘉莹先生所说："我是从内心喜欢诗词。我喜欢读诗词，我也喜欢把我所感受到的那一份诗词中的美好传递给年轻人，这就是我一生一世所从事的工作。"这朴素真挚的话语，道出了很多志同道合者的心声。如果说叶先生一生都在致力于将诗词的美好传递给年轻人，那么，公众号"陆地诗词"则可以看作是受其感召的一个典范。在相同的心境下，学者陆地在公众号中连续推送"诗绘中国、诗绘百城、节日特刊"等诗词专栏，且坚持每日一诗。这对很多学院派的杰出学者来说，也许都是一个极大的挑战。但对真正热爱古典诗词的知识分子而言，这既是一种快乐的坚持，也是一种发现美、感悟美、创造美、传播美的生命体验。而这种神秘的体验，既是探寻诗词类自媒体尝试艺术创新的基本路径之一，也是公众号"陆地诗词"最典型的美学向度。

具体而言，"陆地诗词"的美，用兰色姆（John Crowe Ransom）的"构架—肌质"理论来看，美在那些可以用文字表现的任何东西。它可以是一座城，一片山，一盘棋，一幅画，一池春水，又或者是淡淡的哀愁和灵动的哲思；也可以是一种道德情境，一种热情、一连串的思想，一朵花，一片风景，或者一件东西等。换言之，兰色姆的诗歌批评观念，旨在寻找诗歌之所以成为诗歌的那种东西。

按照这样的评判标准不难发现，陆地之诗对梅兰竹菊、山川河流等自然风物的吟咏，以及他对城市建筑、历史遗存等人文景观的把握，无不是"构架—肌质"理论观照下的优秀之作，充满了浓郁的文学性和鲜明的艺术性。而且，这种文学性主要体现为诗词中所蕴藏的情趣、意象、意境和风骨等美学范畴，以及诗歌在语言上的用典、对仗、讲求韵律等艺术技巧。而艺术性则体现为由这一系列的美学范畴构筑而成的审美情感和审美境界。显然，正是文学性和艺术性的混融，共同构成了"陆地诗词"最典型的"美在意象，悟在意境，思在风骨"的艺术特色。

这是因为，意象是作者个人主观情趣的外显，意境是由诸多客观意象组合而成的艺术空间，而风骨则是由意象和意境共同彰显的创作气质和创作格调，大致类似于诗品。"陆地诗词"作为一个以才思著称的个人公众号，其高雅的艺术表现和传播形式，无不秉承中国古典美学的传统思想，始终坚持"文与质的统一，诗品与人品的统一"等艺术标准。凭借其意象的客观、真实，意境的空灵、充实，以及风骨的刚健、质朴，"陆地诗词"精心打造出了"诗绘中国"的艺术版图，为读者在诗词世界的穿梭和知识海洋的遨游，提供了美的享受、诗的体验以及思的自由。

与一般重在强调审美愉悦的古典诗词相比，公众号"陆地诗词"有着与众不同的书写困境。在"诗绘中国"系列中，每一首诗词的取材都来自中国的城市、河流、节气和标志性建筑等客观真实之域，写实性极强。而其诗歌的立意格局却又力争高远宏大，言约旨远。但就是在这种真实和艺术的巨大张力之中，学者陆地硬是用形式极简、要求极高的格律诗，绘制了中国的文化地图，并倚靠其个人才思，轻松摆脱了客观意象之简和主观意图之繁所造成的双重羁绊，形成了艺术上独树一帜的审美理念和创作格局，吸引了无数铁杆粉丝持续关注微信公众号。

（二）"陆地诗词"的内容特色

朱光潜说：美感的世界纯粹是意象世界。宗白华说：主观的生命情调与客观的自然景象交融互渗，成就一个鸢飞鱼跃，活泼玲珑，渊然而深的灵境。这就是美，美在意象，悟在意境。以《咏雁门关》为例，诗人在沉静中写下了"青霜白草近黄昏，胡马追风过雁门。千载功名尘与土，今朝谁忆李将军？"的诗句。起句和承句分别用青霜、白草、胡马、雁门等意象，与"近黄昏"的时间节点和青、白、黄几种色彩，勾勒了雁门关周边的地理气候和胡汉交界的特殊环境，并与"追风""过雁门"形成动静结合的场面，营造了边塞辽阔、壮美与苍凉的意境。转句寥寥七字，带过了持续两千年之久的雁门关"内边"之战。表达了作者对千军百将在历史的长河里，在民族融合、疆域扩展的进程中，尘归尘，土归土，仅留下一段传奇故事与后人说的慨叹。合句则叩问：时至今日，还有谁会忆起曾经功勋卓著，令匈奴闻风丧胆的"飞将军"李广呢？至此，诗人的家国情怀和忧患意识跃然纸上，且诗风刚健、质朴，进一步表达了作者对民族英雄的缅怀和对历史的沉思，诗品、风骨可见一斑。

此外，诸如《咏孔府》《咏泰山》《咏微山湖》《咏长城》《咏红豆》《浣溪沙·无题》等咏物、咏史、咏情之作，均表现出了相似的创作气质和共同的美学风格。而这也正是陆地身为知识分子的情趣所在。只不过，诗的情趣都从沉静中回味得来。感受情感是能入，回味情感是能出。诗人于情趣，都要能入能出。能入而不能出，或者能出而不能入，都不能成为大诗人。因此，艺术要主观和客观相结合，才能创造美的形象，也就是化景物为情思的思想。值得注意的是，文艺表现情感，不能空洞地言悲言喜，它必须描绘情感所由生的具体情境。"陆地诗词"也不例外，它作为一个艺术气息浓厚的公众号，也同样需要借助诗歌意境的虚实相生，去表达诗人在山清水秀和鸟语花香之间所生成的那种主客交融的复杂情绪。正所谓"心之所动，物使之然也"。但如果"只是记叙风景的外表，没有你自身内心的感动，你就不能写出好诗"。因为，好的诗歌都要从感动中孕育而来，而感动也正是艺术创新的重要组成部分。

在艺术手法上，陆地尤擅以典入诗，寓情于典，点铁成金。不论是上述《咏雁门关》

中的李将军，还是《咏阿里山》中的姊妹潭，抑或是《咏山东》中的神仙，都是诗人化用典故的杰作。此举既可以让诗词的语言更加凝练，增加内涵，也可以引发读者的相关联想，营造艺术情境。当然，对陆地而言，更多的可能还是抒情言志，借古思今，并以此表达中国的壮美山河和传奇故事带给自身的触动与影响。以《咏微山湖》来说，首句"良禽择木到微山"同样借典咏史，引入微子逃离纣王的故事。"荣辱死生付雨烟"则赞颂了微子为大义、择良君，将个人生死荣辱置之度外的胸怀。尾句诗人采用拟人手法，以"水遇忠良难舍弃，风流四省五十川"托物言志。诗人借水对微子的难舍难离，高度肯定他择主而事、竭善尽贤的大义之举，间接表达了诗人见贤思齐的愿望和芳草美人的入世理想。

人生本就有情感，情感天然需要表现，而表现情感最适当的方式是诗歌，因为语言节奏与内在节奏相契合，是自然的，"不能已"的。故而，"陆地诗词"的美学向度，除了艺术手法的用典、白描、移情、托物言志等常规技法外，还集中表现在语言的押韵、合仄、对仗等音律方面的严谨。一般而言，格律诗对此要求较为严格，现代诗则相对自由。但总的来说，语言作为思想的外壳，在注重诗词音律的同时，还要更多地注重表达诗人的审美情感和哲思妙悟。正如《咏趵突泉》中"踉跄碧莲羞见客，殷勤岸柳借风搀"的惟妙惟肖和《咏佛光山》中"法水三千扑面绕，佛光一现万家灯"的顿悟一般。当然，还有一种禅悟的美。那是《咏白露》中"何惜北山无翠色，喜听秋雨细敲窗"的空灵、豁达与娴静。

不言而喻，如果说"诗绘中国"系列的格律诗，是诗人内心庄重情感的集中表达，且着重表现祖国山水的客观之美的话，那么，"陆地诗词"中的自由诗，则着重表现了诗人个体生命的感悟和性灵之思，且以日常生活的审美化作为创作的素材。这些诗歌在艺术风格上虽带有极大的主观色彩，却也记录了诸多妙趣横生的生活场景，再现了诗人的生活美学。

诗歌是中国人表达情感的最古老方式，一部中国诗歌史既是中华文明在语言文字上的浓缩精华，更是几千年来中国人精神风貌的展示。人是一种诗性的动物。反观公众号"陆地诗词"，它既有对亲情、友情和爱情的书写，也有对自然山水和人文景观的描摹，且大多率性本真。对诗人而言，那是一种不吐不快的酣畅；对读者而言，也是一种荡涤心灵的才情之作。可见，"陆地诗词"作为一种社交媒体，既可以勾连作者和读者，消除客观的传播距离，达到感情的共鸣；也可以不受时空的限制，在网络空间，以诗会友，增进交流。对于志同道合的性情中人来说，能够在诗词的唱和之中惺惺相惜，免除相见恨晚的平生之憾，何尝不是人生的一大乐事？当然，这也是"陆地诗词"有意识地与诗词类传统文化融合传播的创新之举。

（三）"陆地诗词"对其他公众号的启示

综上所述，从"陆地诗词"咏史、咏物、咏情的主客观变奏和随物赋形的潇洒，以及古典和现代两种诗词风格的自由切换来看，不论是构架还是肌质，也不论是内容还是形式，都是诗人对自然之声的倾听和人文景观的刻录，集中表现了艺术美和自然美的高度融合。对于美的追寻，诗人陆地也不例外。回看公众号"陆地诗词"推出的诗歌，俨然就是诗人带领读者同步进行的一场美的历程。而这种历程所指向的美学向度和传播理想，进一步聚合了人与人、人与信息、人与服务的关系，创造了一个规模空前的新平台，而如何利用好公众号这一新的传播平台，"陆地诗词"给出了可资借鉴的传播模式和运营策略。尤其是对诗词类公众号运营的综合创新而言，这值得推广。当然，该模式和策略对艺术学、哲学、社会学、传播学等诸多学者运营的专业公众号也有一定的启示意义。

首先，公众号要想做到综合创新，就必须注重对推送内容的原创性和美学向度的追求。就"陆地诗词"而言，它的成功显然离不开诗词的原创。这是因为，不论是古体诗还是自由诗，在取材炼意上，该公众号非但没有简单扮演搬运工的角色，而且还以高度写实的态度，着眼于祖国的一草一木一河山，真正效法古人，用诗来言志。此外，它还以中国地图为蓝本，以城市和地标为意象，以艺术思维营造诗词意境，旨在用诗歌描绘中国的文化地理版图。毋庸置疑，这种原创诗词跟一般的诗词类公众号的复制推送相比，在信息来源上有着不一样的内容选择，在艺术理想上有着不一样的美学向度。这种诗词，既保留了古法写作，又增添了时代气息，力争言人所未言。作为诗词类公众号独特的意象和意境，它们达到了受众期待的陌生化效果。而且，这种创新也是自媒体对"内容为王"原则的一种深度应用。对学者的专业公众号而言，虽然学术观点的原创性描述很重要，但也不能过度注重文字的表达和思想的传播。毕竟合适的插图、优美的配乐，以及一些网络热图的恰当引用，都能增加学术思想的趣味性和文章的可读性。

其次，公众号要想实现综合创新，就必须注重团队建设。以"陆地诗词"来说，在艺术把关方面，除了主要撰稿人陆地外，还有数位诗词素养极高的文化工作者，负责诗词的撰写、注释、书写、配舞、朗读和中英文翻译、技术支持等工作。这种团队合作的模式，既保证了公众号的持续更新和连续推送，也确保了推文的艺术媒介和文化内涵。总体上这种模式为公众号的艺术创新提供了最可靠的专业力量和最强大的传播力量。毕竟个人的智慧和精力较为有限，而团队的力量则不可限量。相比之下，一些专业学者的个人公众号就明显体现出了单兵作战的弊端，以至于在各种客观因素的制约下而不能及时更新或内容审查不够严谨，从而失去部分读者，甚至遭遇被封号的结局。倘若有一个强大的团队协同作战，这种局面大可避免。

再次，公众号要想实现综合创新，还需要注重运营策略上的周密安排。比如推送时间的选择、推送内容的专题性分区、推送过后的信息反馈、后台对读者留言的及时回复以及作者和受众的双向互动等，都需要相关维护人员的理性判断。然而，最值得注意的还是不同受众的文化层次和鉴赏趣味的差异性。因为，公众号的良性运营，既要维护好已有的粉丝群和固定的意见领袖，又要吸引潜在的读者和可能的受众，并充分借助这些可以运用的传播主体，实现诗词内容的人际传播、大众传播和组织传播，从而汇聚更多的志同道合者，确保传播范围的广泛性，增强影响力。对于专业学者的公众号而言，原创者也要注意与普通读者的互动和广大同仁的切磋。要知道，互动越频繁，学术思想的讨论就越深刻，受众的传播范围就越广泛，潜在的读者就越多。

最后，诗词类公众号要想实现综合创新，就必须注重诗词类公众号的传播价值和传承功能。因为诗词艺术本来就是中华文化的精华构成，如何借助诗、乐、舞的古典形式和新时代的艺术新媒介挖掘并再现诗词的神秘魅力，这是自媒体把关人不可或缺的内涵式思考。很显然，"陆地诗词"作为集原创诗歌、中英文朗诵、配乐、舞蹈、书法等多种艺术载体于一体的自媒体典范，超越了文学、艺术学、语言学、民俗学、历史学的学科边界，为诗词类公众号对传统文化的传播与传承，作出了跨学科的尝试和多向度的探索。在传播理想上，这也是更深层面的艺术创新。此外，对从事新媒体研究的诸多学者而言，个人的公众号既要秉承文化传承的时代使命和艺术精神，不断为其注入新鲜血液，也要注重互联网催生的新平台和新技术对运营策略的助力与干预。

综上所述，公众号"陆地诗词"运营以来，凭借鲜明的传播特色与内容特色，呈现出综合创新的特质。此外，它与艺术学、哲学、文学、社会学、传播学等诸多学科的不少专业公众号，也具有传播内容、传播渠道以及理想受众等不同程度的交叉。故而，"陆地诗词"在推送内容、团队建设、运营策略以及传播价值等方面呈现出的显著特色，对同类公众号以及其他专业公众号的传播与运营，具有一定的启示与借鉴意义。

二、文化类节目——以《经典传奇》为例

（一）故事讲解类文化节目概观

随着我国物质水平的提升，大众的精神生活日渐丰富。加之文化自信的倡导和中华文化的复兴，"文化热"逐渐成为一股热潮。在这种环境下，《百家讲坛》《经典传奇》等文化类节目应运而生。其中大部分节目为故事讲解类节目，也是基于讲好中国故事的大背

景。正因如此，该类节目相较于其他文化类节目而言，拥有较为广泛的受众基础，且市场需求不断扩大。尤其是在国家大力推动文化事业全面繁荣和文化产业快速发展，推动建设社会主义文化强国的政策导向下，故事讲解类节目更是凭借其浓厚的文化色彩而获得更多的发展机遇。

1. 以传承文化为己任

以《经典传奇》等为代表的故事讲解类文化节目具有明显的知识性，能够较大程度地满足受众需求。就现存的视频资料来看，两档节目绝大多数选题来源于历史事件，旨在凭借丰富的史料以讲故事的形式还原一段历史，再加上专业权威的研究与解说，既能为观众呈现一个个精彩的历史故事，也能使观众在听故事的过程中实现文化传承的时代重任。以《经典传奇》为例，该节目关于历史文化题材的节目就有一百多期左右。受众完全可以跟随"大顺政权""走进清朝的兴衰之谜"等历史故事的讲述，去了解一个时期的真实故事，并充分体验当时的社会文化。更是主打"尊重一段历史，讲好一个故事"的品牌特色，故而，它的节目选题紧紧围绕古代与近代的著名事件，并以近似电影的手法，带观众去重温历史。

2. 选题视角坚持陌生化

这两档节目经常从我们所熟知的人物出发，挖掘该人物不为大众所了解的一些故事，或者从一些众所周知的故事出发，去挖掘故事发生过程中不为大众所了解的细节。例如《经典传奇》有一期节目，"刘胡兰究竟死于谁手？"这样的标题一出，便足以激发受众的好奇心。毕竟刘胡兰的英雄事迹家喻户晓，但具体到死于谁人手下，却是一个不为大众所知的历史事实。显然，相较于受众完全不了解的历史事件而言，这类选题能够让受众在节目列表中迅速找到自己熟悉的字眼，却又是自己不曾知道的陌生点。这种选题的原则显然是在追求故事视角的陌生化效果。

3. 讲述风格统一，人物形象鲜明

《经典传奇》秉持故事讲解类节目的一贯特色，即采用传统讲故事的模式，依靠主持人的个人讲解来塑造鲜明的人物形象，并以此贯穿于整期节目的叙事线索之中。可见鲜明的人物形象是讲好中国故事的关键。基于此，这类节目一般由多个节点串联起来。其中"本期看点"作为节目开头主要用来吸引受众的注意力，中间设置的"下节看点"则负责抛出一系列疑点，以不断唤起受众的兴趣。在叙事手法上，主讲人在讲述故事时也多采用倒叙与插叙相结合的手法，并由一个疑点引入话题，开始故事的讲述。

此外，主讲人还多以主讲人提问和置入相应的背景音乐来强调故事的关键点，以令观

众沉浸节目中。当然，这种效果的营造离不开主讲人鲜明的讲述风格。这类节目对故事场景的复现，也是故事真实性的佐证，从而更好地保证了优秀传统文化的当代传播。总的来说，故事讲解类节目及其运营的公众号正凭借其自身的美学向度和多种艺术形式融合传播的内容特色，探索出了一个文化传播的新范式。

（二）故事讲解类文化节目现存的问题

作为一种全新的范式，在文化类节目同质化日趋严重的传媒语境下，故事讲解类节目由于节目性质和播出模式的限制等因素，也表现出了一些较为明显的问题。

1. 内容繁杂，定位模糊

故事讲解类节目作为新时代的一种文化传播新形式，既要主动承担起新时代文化发展的重任，又要在娱乐至死的浪潮中把握好自己的风向标。然而，观察《经典传奇》不难发现，该节目的选题更多地关注"奇"与"疑"，而忽视了一个总的节目定位。这是由于该节目除了讲述历史事件和社会时事问题，在选题上还有类似于科学揭秘类的故事，令受众很难感受到统一的思想主题。毋庸置疑，作为文化类节目理应不忘自己的节目定位，培塑灵魂，否则就会陷入内容繁杂，定位模糊的窠臼之中。

2. 互动性较差

在媒介使用上，故事讲解类节目本身较为依赖传统的电视媒介，这在新媒体时代显然不利于节目与受众的互动。其中，深受好评的《经典传奇》与同样也没有摆脱这一困局。故而，二者平台的前期宣传与后续互动都不尽如人意，且缺乏与受众及时有效的互动。置身于自媒体时代，竟然没有官方的微信公众号，只有一个屏幕上方的二维码，而扫码进入后也不过是湖北卫视的微信公众号。《经典传奇》虽然开设了微信公众号，但其设置的《故事回顾》栏目所讲述的多为自行虚构的故事，一定程度上影响了节目的权威性。此外，两档节目的官方微博粉丝数量也较低。相较之下，热门娱乐综艺节目的官方微博粉丝数量竟达上百万。差距之大，一目了然。

可见，传统电视节目的转型发展需要社交思维在电视与新媒体间发挥连接作用。只有不断重视自媒体的自我宣传，不断加强节目与受众的互动，故事讲解类节目才能不断提升市场竞争力。

3. 主持人更换频繁

由于故事讲解类节目形式的限制，节目主持人尤为重要。主持人既是整个故事的讲述者，也是各个部分的连接者，推动着节目流程，把握着故事进展。同时，主持人的讲述风格也影响着整体故事的氛围。不得不说，《经典传奇》的主讲人水准、素质都较高，但两档节目的共同问题就是时常更换节目主持人。通过弹幕不难发现，多数网友反映主持人更换太过频繁。受众刚刚适应一个主持人的讲述风格，却又换了另外一位，这让受众忍耐度直线下降。事实上，一档优秀的节目完全可以利用主持人的独特性，形成属于自己的节目风格，甚至形成自己的品牌。

（三）针对现有问题提出策略

1. 明确定位，加强品牌塑造

品牌被视作一种与竞争对手进行区隔，并在组织层面上进行自我定位的方式。这种定位方式不仅有助于媒体生产者进行内容把关，也有助于受众形成对于媒体内容的预期。显然，故事讲解类节目也要明确市场定位和文化定位，并构建自身独特的节目发展目标，从而担负起文化传播的使命，打造节目品牌。具体如下：

（1）注重优秀传统文化的继承

在故事讲解类节目中，我们需要提高传统历史故事的占比。因为，历史文化既是一个民族的灵魂，也是一个民族的血脉。今天我们发掘和传承传统文化，归根结底重在发扬诸子百家的文化。诸子之学才是我们民族传统文化的真正源头，才是我们的文化之根。儒家、道家、法家，尧舜禹时代的禅让贤士，西周时代立法宗族，三国时代的狼烟烽火，大唐帝国的开放繁荣……浩瀚历史烟海中有太多需要我们去传承与寻找的文化"珍珠"。只有文化延绵不断，民族才有希望。

（2）注重国民素质的提升

作为一档文化类电视节目，在内容上注重国民素质的提升，在选题上注重故事的专业性、真实性与知识性，无疑是故事讲解类节目的媒体责任，也是继续发展的必由之路。随着整个社会的进步，受众对节目的专业性和知识性需求不断提高。因此，只有高质量、专业性强的文化节目才能够取得长足的发展。

2. 注重选题的专题化、系列化

随着人们受教育水平的不断提升，观众在观看节目时越来越清楚自己需要什么，只是难以预料屏幕上会展现什么。基于此，节目组在选题方面就应该尽量以专题化、系列化的方式呈现，以便于受众进行针对性选择。具体而言，既可以在选题上取材于更多历史故事，也可以在现有模式下挖掘更加成熟的专业化故事去讲述。而《经典传奇》由于节目内容繁杂且缺少规划，在选题上常常被受众质疑为"炒冷饭"。《经典传奇》之所以被如此诟病，显然是因为该节目没有注重所讲故事之间的关联，即没有专题性意识。一言以蔽之，故事讲解类节目所讲述的每一个故事，所面向的每一个群体，都应该做好质量与深度的挖掘，并力争以专题化和系列化的方式还原一段历史，传播正能量。

3. 加强多媒体互动，做好权威回应

在自媒体不断发展的时代，多媒体互动是满足受众互动需求的方法之一。基于《经典传奇》的共性问题，应该加强与受众的互动性。尤其是充分利用好微博、微信、抖音等自媒体平台做好延时互动与跨屏互动的工作，以便更好地提升用户体验。就网上播放而言，节目组可再次加工，并嵌入互动视频，即在播放过程中弹出问题，受众可自行点击回答进行互动；也可以推出以主要人物作为视角的互动视频，便于观众进行视频跳转。此举意在将受众带入主讲人正在讲述的故事之中，在满足受众好奇心的同时，也能够通过即时地互动，提高受众黏性。

4. 注重主持人的职能性

众所周知，电视节目主持人是沟通节目与观众的重要中介，且优秀的主持人能够缩短"观众与传播者的心理距离"。故而在故事讲解类电视节目中，传播内容本身的专业性与知识性势必要求主持人具有相应的专业性与权威性。专业性要求主持人应全面熟悉所讲的故事，并把握整个故事的讲述进度与风格；权威性要求主持人应了解相关史实和事实，或者邀请相关领域的专家一起解答受众在平台上所提出的问题。当然，还要加强主持人风格的一致性，使得在更换主讲人时能够给受众一定的适应性。尤其是当主持人已经形成自身独有的特色时，受众会因为喜欢某种风格而有意识地去观看节目。基于此，故事讲解类节目不应该频繁更换主持人，否则就有可能失去相当一部分粉丝，降低节目的影响力。

总的来说，故事讲解类节目是我国文化益智类节目中的重要组成部分，在讲好中国故事的大背景下具有自身独特的发展优势。而《经典传奇》与作为此类节目的代表，尽管在节目定位、讲述风格、选题原则等方面已经形成了独有的特色，但在与受众互动、内容选择等方面还有一定的提升空间。这类节目在同质化严重和娱乐至上的电视节目中，只有明确定位、塑造品牌，并以专题化的形式和主持人相对稳定的讲述风格去呈现中华民族的优秀故事，才能进一步赢得受众的认可。此外，以历史题材为讲述主体的故事讲解类节目也只有尊重传统、大胆创新，才能在如火如荼的文化益智类节目中找到自己的立足之地，并获得持续的生命力。也唯有如此，中华民族的好故事才能走出国门，进而让世界人民更多地了解中国文化，并正确地认识中国。

第三节　中华传统文化的传播渠道

一、新媒体——以"陆地诗词"的传播为例

唐诗宋词作为中国传统文化的精髓，古往今来，滋养着无数知识分子的精神空间。历代先贤在诗词的濡养中，诗意地栖居于审美的世界，享受着灵魂的自由。但在网络时代，越来越多的快餐式文本铺天盖地地袭来，越来越多的媒体人开始推崇技术，越来越多的新媒体都聚焦在前沿和热点上，传统文化似乎在与这个时代渐行渐远。即便如此，也没有人能够抹杀传统文化曾与日月争辉的光华。因此，在媒体不断商业化的现实境遇中，如何让传统文化在新媒体一统天下的趋势中绽放出绚丽之花，如何让新媒体在传统文化的涵养中永葆青春，这是学界和业界应该共同思考的重要议题。换言之，实现新媒体与传统文化的互动与共赢，这是每一个学者和媒体人义不容辞的责任。

（一）陆地与"陆地诗词"

北京大学学者陆地教授，早年先后就读于安徽大学中文系、中国人民大学新闻学院、复旦大学新闻学院；到高校任教时，亦是先清华后北大。这种丰富的经历让陆地成为不一样的媒体人。他只对人物专访、纪录片和专题片等能够允许想象和发挥的领域感兴趣。而这种兴趣，多半源于陆地对文学的钟情。虽然他大学毕业时没有去成文学杂志社，但"文学的梦像云一样始终在心灵的天空时散时聚，时浓时淡"，这就为陆地成为一个有情怀的学人和有温度的媒体人打下了基础。

现在看来，也许正是当年的"一不小心"，成就了今天这样一个才华横溢、视野开阔的业界精英和学界专家。也正是当年那个"一不小心"带来的遗憾，让至今不能以文学为业的陆地，将蕴含诗词情愫的传统文化和风头正盛的新媒体这两大新旧更迭的领域交融在一起。无论传播形式怎样变换，陆地用诗歌来绘制中国版图、用文学讲述中国文化的初心依然可见。而且，用新媒体的思维助推传统文化的传播，既是陆地以学者的身份对新媒体的传播内容做的一次探索，也是他找寻新媒体与传统文化实现互动的有益尝试。

纵观"陆地诗词"这一公众号，自推送第一首《临江仙》以来，该公众号集原创诗词、中英文朗诵、背景音乐、插图、名人书法于一体，可谓综合调用了多种媒介和资源。作者的风神、诗词的意境、画面的动态，辅之以声情并茂的朗诵和原汁原味的英文翻译，

在新媒体的综合运用之下，让诗词这一典型的传统文化样式，瞬间从对纸质媒介的完全依赖与单向传播中解脱出来，摇身一变为集诗、乐、画、书等多种艺术门类于一体的双语视听盛宴。这一精神领地的打造，不仅为广大热爱诗词的受众营造了绘声绘色的鉴赏情境和如在眼前的接受语境，而且为以古典诗词为代表的传统文化走向与新媒体的融合做了一次积极尝试。

（二）"陆地诗词"中的传统文化

传统文化作为中华民族的精神瑰宝，早已植入每一个中华儿女的集体无意识之中。然而究竟何为传统文化，它的内涵和外延至今都无法完整界定。但琴棋书画和诗词歌赋一定位列其中，因为这是古已有之的高雅文化。如果说前者较为注重个人的修身养性，那么，后者则是每一个怀揣文学梦的人共同的雅兴。诗词歌赋千百年来与知识分子形影不离。但随着网络时代的到来，以纸质为媒介的单向传播在新媒体时代则面临着历史性的挑战。这不仅仅因为传统媒体总体的文化特质是一种高高在上的"庙堂式"文化，而且它是集权的、唯我独尊的，而对受众，是俯视的、教化的。而新媒体，特别是在其进入社会化媒体的时代后，其文化更多的是建立在以"人"为核心的基础上。正是这种鲜明的对比，使得传统文化在新媒体时代逐渐落寞，甚至在快餐式文化和碎片化阅读中逐渐失去光彩。

也许正是这种落寞的境遇，让有着丰富经验的业界精英和具备担当精神的学界专家，开始思考传统文化何去何从。尤其是在当下的复杂语境中，陆地从传统文化体系中选择了"诗言志"，而且师法唐宋，以律诗、绝句的形式去摹写祖国的大好河山。从燕园、故宫、长城等极具文化价值的人文景观，到湖南、湖北、海南、甘肃、新疆、巴马等地区的自然景观，作者信笔所至无检束。每到一处，作者都特别注重将当地风俗和原生态风光熔铸到诗文之中，以此绘制诗中帝国。不言而喻，律诗、绝句作为古体诗中要求最高的艺术样式，若无格律方面的精深造诣，想做到押韵、合律实属不易，更遑论情景交融、追求意境之空灵了。

但正是这样一种艺术追求，使得陆地的诗歌读起来往往一唱三叹，抑扬顿挫，韵味十足。除此之外，他的不少诗作还大量融合了文学典故和历史故事，彰显了诗人的古今情怀。

且以《咏荆州》为例：江腰汉腹楚文头，几度得失意未休。浪打洪湖云梦远，风催渔鼓动莲舟。该诗以春秋战国时期楚国都城所在地荆州这一楚文化的源头和三国文化的中心城市为题眼，首句用拟人手法生动地道出了荆州的地理位置和文化地位，接着用"大意失荆州"这一典故突出了荆州在历史上的军事地位，融入了历史视角。最后两句则让人天然地联想到"气蒸云梦泽，波撼岳阳城"的波澜壮阔，以及"竹喧归浣女，莲动下渔舟"的清新活泼。只不过陆诗重点还是以写实的笔法，记录湖北的壮丽风景和民俗风情。类似这样的诗作在"陆地诗词"中可谓俯拾皆是，《咏故宫》《咏长城》《咏敦煌》《咏棋》《咏酒》《咏琴》等诗作，充满了浓重的文化气息。

这一系列的创作，无不以传统文化为传播主体。因此，古体诗词作为传统文化的集大成者，在"陆地诗词"中自然是不可或缺的传播内容。但作为新媒体的研究专家，作者不可能以单纯的诗词推送为旨归。因此，琴、棋、书、画、诗、酒、茶作为传统文化的象征，在陆地的公众号中频繁出现。只不过这些文化，或以诗的形式表达，或以音乐的形态出现，或以朗诵的情感传递，或以注释的文字表现。虽然形态各异，但"陆地诗词"整体上浸润着传统文化的基因，焕发着新媒体的活力。尤其是微信公众号这一传播平台，它就像是一个媒介的万花筒，各种艺术形式和文化元素几乎都可以"装"进来。正因如此，微信平台上的"陆地诗词"显然已经成为一个名副其实的多媒体，而且正在被越来越多的受众关注和喜爱。

（三）新媒体传播：传统文化的新常态

在移动互联网时代，微信这一传播平台已经进一步聚合了人与人的关系、人与信息、人与服务的关系，创造了一个规模空前的新平台，如何利用这个平台进行信息传播，成为传统媒体的新挑战。而如何弘扬传统文化并加以新的传承，则必须从正视这一挑战开始。因为新媒体在社会的变革中已经扮演了越来越重要的角色，在这一过程中，它们自身也超越了单纯的媒体而演变为新的社会形态。这个社会形态与现实社会形态的交互，也进一步影响到人们的生存状态。对于陆地而言，也许正是看到了自媒体时代的势不可挡，他才试图将原创诗词制作成微信公众号文章，并以新媒体的思维加以运营，以期开创传统文化与自媒体和谐共融的新常态。

当然，这种新常态要以传统文化为根基，并把传统文化的精髓融入自媒体的传播，以此酝酿一场新媒体文化。而所谓新媒体文化，本质上则是一种竞争性的"江湖式"文化，表现出较强的开放、分权、共享、容错、戏谑、多元等特点。开放性不仅带来了内容的多元，也提高了用户的参与度，更改变了整个传播的格局。这也是传统文化之所以在新媒体时代落寞的原因。当内容不再是唯一的"王"时，媒体人就必须用更加开放的心态和眼光去寻求业界之中可能的合作伙伴，形成共谋，实现共赢。在这样的形势下，陆地探索了诗词传播的新模式，在微信上实现了诗词、朗诵、书画等多种媒介的融合。作为会写诗中最懂自媒体的，玩自媒体中最会写诗的两栖精英，陆地当然能够轻而易举地做到新媒体与传统文化的兼容。因为他既有出色诗才，又是杰出的媒体学者。这种得天独厚的跨界优势，恐怕非陆地莫属。

然而，想要让新媒体真正为我所用，首先就必须清楚何为新媒体。实际上，它主要是指基于数字技术、网络技术及其他现代信息技术或通信技术的，具有互动性、融合性的媒介形态和平台。在现阶段，新媒体主要包括网络媒体、手机媒体及其两者融合形成的移动互联网，以及其他具有互动性的数字媒体形式。从这一概念的界定来看，新媒体的主要特征就是数字化、融合性、网络化和互动性。而且互动性成为区分传统媒体与新媒体的主要特征之一，这是因为传统媒体与新媒体相比，前者的受众反馈机制较为被动。而且，纸质媒介传播范围十分有限，读者与作者之间的距离相当遥远。相较之下，利用微信进行的诗词传播就有了受传双方"面对面"的感觉。尤其是线上精选留言的发布，不仅有利于作者能够及时地看到作品的传播效果，也有利于读者之间的交流。总之，新媒体传播的双向性是传统媒体无法企及的。

这就启示我们，在无网不在的社会生活中，要想让信息实现更持久、更广泛地传播，就必须充分利用新媒体。更何况，国家所大力倡导的"互联网+"时代，是一个去中心、去垄断的时代，是一个参与、互动与分享的时代。这既是新媒体文化应运而生的大环境，也是传统文化走向新常态的契机。这是因为新媒体文化具有一定的平民性与非主流性，对过去一直占据主流地位的主流文化、精英文化形成了一定的冲击。正是这种冲击，使得传统文化的主流特质和精英气质遭到冷遇。然而，"陆地诗词"的成功运营，充分说明了传统文化在新媒体时代依然可以保留精英气质，只是一定要以一种平民化和非主流的方式，并辅之以新媒体的思维加以传播。这就要求媒体人需要有正确的价值观，而且要利用好自身的经验。尤其是在如火如荼的自媒体时代，人的经验，有着不可替代的作用和力量，关键是要珍惜、充分运用并聚合这些宝贵的经验。如此，才能在新媒体时代让传统文化重出江湖。

简言之，公众号"陆地诗词"的运营，是乘着移动互联网的东风，装着传统文化的博雅，穿着新媒体的花衣，听着意见领袖的高歌，走向大众、走向精英、走向主流文化的尝试。它综合运用多媒体手段，充分调动读者的多感官参与，使得"诗好、翻译好、朗诵好、书法好、配图珍贵"的好评不断。而这种精心设计的多感官体验，既是媒介融合的典型体现，也是传统文化走向新常态的可行性借鉴。此外，公众号惊人的订阅数量和热情的用户反馈已经证明：在新媒体的传播下，传统文化同样可以拥有巨大的威力和无限的魅力。当然，新媒体传播的开放性、多级性和复合性等特点，也在为传统文化的新常态传播保驾护航。

综上，面对传统文化和个人兴趣，陆地以媒体人的担当做着思想者的功业。公众号"陆地诗词"作为一种新媒体文化现象和文化行为，顺应了传播的趋势，并借助微信平台，探索出了其与传统文化互动的道路。而这一探索正是学术理论自信、拥有理论创新思维且不乏"跨界的学术眼光与深厚的知识积淀"的文化自信。

二、声音平台——以中央广播电视总台"云听"为例

随着5G时代的到来，广播作为传统媒介的传播功能还在，但在新的传播生态下，声音的传播形式与传播渠道，乃至传播效果都发生了翻天覆地的变化。中央广播电视总台作为党和人民的喉舌以及最具影响力的平台，顺势而为，在继央视频的成功运营之后，接着又推出了以5G作为技术支撑的声音新媒体平台——"云听"。该平台在坚守与创新中，直面技术带来的挑战和用户消费升级的双重压力，不仅走出了一条媒介融合的创新路径，也为广播在新时代的新发展提供了可资借鉴的新模式。

（一）5G与"云听"

众所周知，近年来，移动音频行业快速发展，用户对音频内容的需求和使用场景均发生了巨大的改变。"云听"的上线既是总台传统广播战略转型的重要体现，也是国家主流声音媒体在移动音频领域的重大创新。"云听"全面聚焦移动音频领域，紧盯移动音频发展趋势，丰富和满足广大人民群众的精神文化需求，打造自主可控、具有强大影响力的新媒体平台，以期生产出更多让用户眼前一亮、闻之一振、爱不释手的移动音频内容产品，从而进一步提升主流媒体的传播力、引导力、影响力和公信力。概言之，云听是继央视频上线之后总台推出的基于移动端发力的声音新媒体平台。它是按照"台网并重、先网后台、移动优先"原则，主动适应广播听众向声音用户转变的趋势，稳妥推进广播频率改版升级的积极实践。

显然，这种实践离不开5G与"云听"的内在契合。第一，二者拥有共同的用户基础。第二，二者拥有共同的实践基础。当下，社会各组织机构提供的各种移动信息服务层出不穷，并且不断完善服务种类和方式，实践内容极其丰富。就央视频而言，它充分运用了"5G+4K+AI"等新技术，不仅打造了一个"有品质的社交媒体"，也为主流媒体与广大用户提供了沟通的桥梁。毋庸置疑，央视频强大的用户黏性已经为5G技术与"云听"的融合发展提供了实践基础。此外，5G为"云听"提供了强大的技术支撑，而"云听"充分应用5G技术，拓展了5G技术的使用边界。在"高速率、低延迟、大容量"的优势特性加持下，声音新媒体平台可以使伴随性音频快速及时地传达给每一位听众，并给他们

带来舒适的具身体验和极大的精神愉悦。

概言之，"云听"有四点突出的优势：第一，内容优势：拥有大量的自有存量版权，盘活总台音视频资源。第二，资源优势：总台拥有几百位名主持、名记者、名编辑，可联合全国广播联盟形成合力。第三，制作优势：拥有专业的制作团队、成熟的声音产品制作人以及周边专业制作机构。第四，渠道及营销优势：从线上向线下导流，形成中央人民广播电台（央广）+中央电视台（央视）+中国国际广播电台（国广）+央广网+央视网+国际在线+央视频等的媒体矩阵，并成立国内最专业的音频广告营销团队。基于以上优势，"云听"在纯声音领域不断取得新突破。

对于媒介形态演进与通信技术的发展而言，5G 与"云听"之间存在较为密切的相互促进关系。随着通信技术的发展和升级，媒介形态也随之产生了相应的变革，从而逐渐实现对媒介生态格局的重塑。从这一角度来看，5G 的发展与应用不仅提高了主流媒介融合转型的可能性，而且还对其产生了一定的推动作用，从而进一步彰显了 5G 的使用价值。遗憾的是，"云听"作为总台新近打造的一个声音新媒体平台，学界对它的关注与研究还相当有限。然而，"云听"的价值却毋庸置疑，尤其是它对广播传统功能的坚守与打造声音新媒体平台的创新，更是值得探究。

（二）坚守与创新

1. 声音新媒体平台的坚守

（1）始终追求高品质

随着科技与网络的快速发展，大众对生活品质的要求也越来越高。因此，人们不再仅仅满足于信息的获取，而尤为注重信息的可靠性和服务的高品质。这是由于新媒体时代传播主体日益多元，随之产生的则是娱乐化、低俗化的内容日趋增多。可见，对于拥有信息传播权和选择权但却没有受过专业训练的普通公众而言，很难从事实判断和价值判断的角度对信息进行筛选。他们中的大多数只是基于个人的直觉和情绪去选择想要的信息。因此，以中央广播电视总台为代表的主流媒体有义务制作高品质的内容并予以传播，从而为公众提供更好的信息服务。

"云听"在内容选择上，始终坚持挑选高品质且充满正能量的传播对象，故而知识类、资讯类占比较大，当然也包含公众喜欢的娱乐类内容。只是"云听"的娱乐类内容并不杂乱低俗，而是以引导大众树立积极向上的价值观为旨归。此外，在多数以声音作为传播媒介的平台中，言情小说往往是提高受众黏性的重要传播内容。因此，在诸多音频 App 中，言情类作品所占比例相对较大。而"云听"为了保证内容的高品质，在减少庸俗言情小说占比的同时，也增加了世界名著的比重。这在保证符合节目定位的同时，也兼顾到用户的审美习惯和接受心理。

在听觉效果上，相较于当下较为流行的喜马拉雅 FM、蜻蜓 FM，"云听"的听觉效果更好。这是因为喜马拉雅 FM 的有些主播并非科班出身，在普通话的标准程度、朗读的情感表达以及对故事节奏的把控等方面都有所欠缺。因此，部分听众就有可能会因为听觉效果不佳而不愿继续收听，尽管他们并不否认节目内容很好。相较之下，"云听"则很好地弥补了主播专业素养不过关的缺陷。该平台的主播多为职业播音员，在专业方面始终坚持精益求精。尤其是他们在语速、语调、感情色彩等方面的精准把握，在带给听众听觉愉悦的同时，也能让他们理解节目的传播内容和背后的文化价值。

（2）始终坚持积极的文化导向

一进入"云听"的界面，受众就可以感受到节目的精神文化导向。它的界面以简单的白色为底，简洁清新。每个音频节目的配图或充满阳光，或幽默有趣，或饱含书香，以细节体现节目的精神定位和价值引领。"云听"从不以刺激性、暴露性的图片来吸引公众眼球，在我们浏览界面的过程中，既不会有广告弹窗，也不会有诱导性的消费信息提示。与其他受经济利益驱使的新媒体平台相比，这些特点更是难能可贵。殊不知，许多公众对于广告弹窗等信息深恶痛绝，但又苦于无法将其屏蔽。相较之下，"云听"就给公众提供了良好的搜索体验。显然，这些特点都得益于"云听"始终坚持积极的文化导向这一创设初心。

置身在信息大爆炸的社会中，人们面临的往往不再是信息的缺失，而是信息的泛滥。尤其是当媒体混淆视听，信息真假难辨时，大众不得不陷入后真相的困扰之中，甚至偏听偏信，以致丧失正确的判断。可见，媒体的责任与初心何等重要。"云听"作为国家级的5G 声音新媒体平台，旨在为受众提供伴随式收听体验，并致力于真实信息的有效传播。"云听"的产制内容不仅丰富了人们的日常生活，还为受众提供了更好的信息服务，保持对人们精神世界的文化引领。只有坚持正确的文化导向，才能令公众在错综复杂的信息海洋和众声喧哗的各类观点中做出正确判断，从而促进整个社会思想文化的健康发展，承担起媒体责任。

2. 声音新媒体平台的创新

（1）健康多元的内容格局

在短视频如日中天的传媒生态之下，"云听"依然以"听精品""听广播""听电视"三大板块为主，全心全意为移动互联网用户提供高品质的声音产品。其中，"听精品"板块包含有声阅读、知识付费、头部 IP 等内容，从市场热点及用户需求出发，进行内容定制生产及版权引入；"听广播"板块则主要聚合全国电台直播流，并提供广播节目的碎片化点播收听服务；而"听电视"板块则主要是对"央视频"的优质视频内容进行音频化呈现，通过叠加音频、视频形成"合力效应"，实现音视频价值的最大化。此举在建设总台音视频移动端"一体两翼"的同时，也呈现出了健康多元的内容格局。

第一，在"听精品"这一板块中，"云听"设置了党建、资讯、听书、文化、历史、评书、情感、教育、音乐、社会、财经、军事等多个频道。在"听广播"板块，"云听"分设了国家台、地方台、本地台、电波寻声、直播互动等几个部分，对文化、娱乐、财经等内容均有涉猎。而"听电视"则包括荧幕精选、品质剧场、万象纪实、岁月留声等主要内容，雅俗共赏的栏目意在兼顾大众文化与精英文化。

第二，"云听"不仅打破了常规广播以讲述小说、新闻等文本内容为主的特性，而且还尝试将热播的电视剧作为主打内容。这对于许多容易产生视觉疲劳的受众来说无疑是一大福音，在解放双眼的同时，听众还可以通过音频及时了解剧情，满足休闲娱乐的需要。虽然视频的优点在于视听结合，具有丰富的画面感，但画面的多姿多彩同样会分散人的注意力。相较之下，音频虽然无法像视频一样调动人们的多种感官，但却可以让听众将注意力集中在声音的传递上。观众对于剧情和台词的审美把握，在某种程度上会比视频更精准。

（2）交互共融的产品形态

广播无论是在传统媒体时代还是在新媒体时代，都不曾失去其"主流媒体"的地位。而且声音的伴随性特点也决定了广播是一种易于接触和互动的媒介。当互联网兴起后，唱衰广播的言辞虽然不断涌现，但实际上互联网也同样具备广播的即时性、伴随性和互动性等几大特点。因而，广播天生具备网络化的能力和潜力。一旦平台和体制得到进一步优化，广播的融合过程会更加被看好。当下广播正在从纯粹的调频模式变得愈加互联网化。正如"云听"作为主流媒体中的第一个"音频社交媒体"，在互联网的助力下，不但打破了广播的单一发布模式，而且还将总台既有的音频优势与用户喜爱的社交方式相结合，在产品形态上成功破除了节目的简单拆解和内容迁移等问题，并以"年轻态、新表达"的交互共融理念作为节目的推行宗旨。

（3）自主可控的技术架构

基于"5G+4K/8K+AI"等新技术的产生，"云听"着重将人工智能、5G网络等技术运用到平台的开发建设中。5G普遍商用带来的技术加持也为总台广播频率的改版及传统广播向移动音频的转型奠定了基础。有了技术的助力，"云听"打破了数据壁垒，实现了全方位的资源共享。"云听"与"学习强国"合作建设音频内容共享通路，上线"云听"

内容专区，开展深度合作以及同步创作相关音频内容，扩大了主流媒体的影响力。此外，"云听"除对总台央广、国广的优质音频资源进行收录、分发以外，还打通了 5G 智能新媒体平台，对央视视频内容进行音频化再生产，极大地开发了总台播音员、主持人、资深编辑、记者、制作人以及总台的独家版权资源。在产品功能方面，以"云听"为代表的 5G 新媒体平台能够提供收录编单、音频微编、节目审查、统一认证、音频处理与水印等多种功能，充分体现了总台自主可控的技术架构能力。

（4）合作共赢的商业模式

"云听"通过知识付费、听众打赏、广告营销等互动功能，既推动了产品逐渐向商业化方向运营，也使得优质的声音产品实现了价值最大化。"云听"虽然是中央广播电视总台推出的新媒体平台，但其收益却并不依靠政府的资金支持，而是在广告营销和知识付费的基础上，引入了直播常见的互动打赏功能。这种社会化的运营方式既能使总台获得收益，也能与听众进行及时互动。同时，这种运营方式更能增强用户黏性，从而进一步提升受众打赏的积极性，促进商业运营的良性循环，打造合作共赢的商业模式。

此外，与主流汽车厂商合作开发的"云听"车联网产品也将陆续推出。在车联网领域，"云听"采用大数据分析和 AI 内容推荐技术，基于驾驶场景和用户偏好，为车主推送新闻、天气、路况、音乐等适合车载场景的电台流内容，同时提供精品专辑提供车主点播。"云听"的加入会让车联网产品更加优化，合作共赢的商业模式优势明显。

（三）"云听"带来的启示

1. 打造优质产品，不断创新节目形态

为了坚持高品质，"云听"首先在内容方面进行了必要的选择，其次在制作上也尽量创新。例如"听书"频道大多会选择具有知识性、文学性、思想性的书目，当然也包含玄幻、言情小说等广受青少年喜爱的书目，但往往也都是选取励志奋斗、青春向上的内容作为广播题材。同时，节目邀请作者做客直播间，以便听众更好地了解作者的写作意图和创作历程，从而更加深入地理解作品。在时长上，"云听"一集节目大多在十几分钟到五十分钟之间，比较符合新媒体环境下公众利用碎片化时间获取信息的习惯。然而，要想将精品内容在有限的时间里展示给听众，势必需要对内容精挑细选，并不断创新已有的节目形态。

2. 传播优秀的精神文化

新媒体平台对精神文化的注重，既不能只空喊口号，也不能过于直白地表达，而是要蕴含在广播的节目内容中。只有让听众自己去领悟其中的思想内核，节目才能用优秀的精神文化去潜移默化地影响听众的生产生活和思想境界。故而，在"云听"的诸多节目中，主播和嘉宾一般不会直接告诉听众本期节目想要传达怎样的思想观念。他们最多只是将自己的想法与广大听友分享，并强调这仅仅是一家之言，希望听到听友不同的声音。这种注重多元并存、不设定框架、不局限受众思考、鼓励个性化创新的互动，本身就是一种春风化雨的精神引领方式。新媒体平台在激烈的市场竞争中追求利益无可厚非，但应秉持社会效益经济效益双丰收的原则。毕竟，传播优秀的精神文化，既是媒体平台的功能，也是其责任。即便从商业发展的角度看，也只有蕴含优秀精神文化底蕴的媒体平台才会赢得大众的认可，进而获得更大的发展空间。

3. 运用技术提高产品的场景应用价值

随着5G时代的到来，技术作为一种思维已经深入人心；而声音作为万物互联的一个重要媒介，在技术的加持下也正在呈现出越来越重要的场景应用价值。"云听"率先将声音视为一种媒介，应用到多种场景之中。在万物互联的居家环境内，声音可以帮助我们操控各种电子应用，而我们的信息获取也需要智能语音设备来提供。从亚马逊、谷歌、阿里巴巴、百度、小米等互联网巨头公司近些年迅速布局智能音箱的形势来看，由音频创造的场景智能应用前景可观。随着5G技术的日益成熟，智能音箱可运用的场景将会越来越广。现阶段，因网络延迟和带宽的限制，这些设备需采用Wi-Fi或者蓝牙进行连接，不能独立运行。而5G成功避免了这一缺陷，未来在体育、健身、医疗及公共安全等领域必将被大范围使用。故而，运用技术不断开发产品的应用场景是诸多新媒体平台的首要任务。

总的来说，"云听"是继央视频之后的又一个标杆。在如何让互联网这个最大变量转化为推动声音新媒体平台发展的最大增量这个问题上，"云听"做出了示范。作为一个声音新媒体平台，"云听"始终坚守内容的高品质，坚持文化引领的新方向，打造健康多元的内容格局，形成交互共融的产品形态，尝试自主可控的技术架构、提高产品的应用价值等一系列努力，在创新中有坚守，在坚守中有创新。概言之，5G时代技术发展突飞猛进，各种智能化应用层出不穷。广播媒体应充分借助技术的发展，突破声音媒体单一属性的限制，提升其更为交互、更加精准的社交功能，拓展更多智能化生活的场景应用。只有这样，广播媒体才能在未来的激烈竞争中获得一定的市场份额，并保持主流媒体不可撼动的地位。

第四章　中华优秀传统文化传承路径

第一节　新文创视域下中华优秀传统文化传承路径

一、新文创相关概述

新文创的出现是文化体制变革和文化事业繁荣的一大产物，对进一步推动社会主义文化大繁荣大发展有一定的积极作用，同时也强调了文化在社会发展中的重要地位。

（一）新文创提出的背景

当前社会加速发展，思维迭代加速，文化形态演变亦在加速。新文创的产生有一定的时代背景，中国作为文化大国，进一步增强文化自信，对中华优秀传统文化的传承与挖掘是符合时代发展的。社会主义文化强国的实现得益于对中华优秀传统文化的弘扬和传承，也离不开对中华优秀传统文化的继承与创新。通过结合当前社会现状，并采取新时代我国青年、中年群体易于接受的方式以进一步扩大宣传，通过加大投资以进一步促进新文创的发展。中国传统文化不仅是一种文化，也是一种知识体系。新文创得益于文化的发展可以带动经济发展，提升中国在国际社会中的影响力。

从目前中国发展的现状来看，中国的发展面临着来自于世界各国的挑战，中国的文化发展也面临着被盗取的危机，传承和弘扬中华优秀传统文化迫在眉睫。将中华优秀传统文化以民众喜闻乐见的形式呈现在大众面前，不仅符合新时代条件下大众对于美的追求，也符合现阶段社会民众对于精神层面享受的要求。所以，新文创正是在这种情形之下出现在公众视野，成为新一轮传统文化消费的热点。同时，将中国传统文化鲜活的营养变为现实精神产品的文化产业，也有利于传播正价值、正能量，寓教于乐。

（二）新文创的内涵及特点

所谓新文创，就是强调以 IP 构建新的文化生产方式，倡导内容与科技、文化与科技的融合创新，通过更广泛的主体共同推动文化价值和产业价值的相互赋能、有机统一和互相助力。新文创的出现使得历史与现实之间的距离进一步拉近，也让我们更好地从文创作品和文创理念背后去理解优秀传统文化所蕴含的丰厚的实用价值和共享价值。同时，新文创利用科技创新手段对实物进行包装，以文化产品的形式呈现在公众视野，从而获得一定的使用价值和观赏价值，赋予文化产品以新的生命且符合当代人的审美观念，从而实现对中华优秀传统文化的传承和发扬。新文创是大众的新文创，也是新时代的文化复兴，正在创造中国人的数字美好生活。新文创通过融合线上线下中华优秀传统文化资源，并通过技术的连接使传统文化具有人文温度，让昔日被埋没的中华优秀传统文化走入日常生活，也让年轻人所喜闻乐见的传统文化源源不断出现在公众视野。

新文创的提出最初是从泛娱乐转变而来的，泛娱乐在发展过程中容易受到市场自发性的影响，出现"娱乐过度"的现象，从而弱化了社会价值的导向功能。在有关部门的管理下，互联网媒体功能实现创新发展，"新文创"应运而生，并加快实现了传统文化的创造性转化和创新性发展。新文创适宜的载体有生活中常见日用品、传统服饰、历史建筑、文创节目及创意游戏等，其形式主要表现为文创作品、游戏产品、动漫音乐等，表现形式丰富，种类多样，易于年轻群体接受并喜爱。目前，中华优秀传统文化的传承和弘扬在新文创的助力下取得了显著的成效，并形成了众多文化 IP，较为典型的有故宫博物院、陕西历史博物馆、敦煌研究院等。新文创强调科技与文化相互融合、相互赋能、相互赋值，具有强化媒体与受众正向共鸣、提升文化自信培育张力的多重功效。

新文创的特点主要体现为：

第一，平民化，即大众化。新文创视域下对于中华优秀传统文化的创新注重创意理念，所以对从业人员的专业要求相对较低，对参与文化设计的准入门槛低，人人都可以参与其中。这样来说，对创意的要求会比较普遍利于调动社会公众的积极性，激发社会公众的参与性和创造性。因此，中华优秀传统文化也可以用通俗易懂的方式呈现出完全不同的实际效果。

第二，重在体验，即生活化。新文创的中心在于以"内容为王"，重视对中华优秀传统文化的感同身受，以亲身体验中华优秀传统文化的博大精深，即"实践出真知"。通过实际生活可以使公众易于对文创产品所表达的理念产生共鸣，以加深社会公众对于传统文化的印象和体会，在一定程度上有利于中华优秀传统文化的传承和发展。

第三，文化与社会和谐共生，即生态化。在新时代中国特色社会主义的发展过程中，进一步促进文化与经济、政治共生共荣，提升全体人民的综合素质和营造和谐共生的社会氛围，实现人民对于美好生活的追求和向往。

二、新文创视域下传承中华优秀传统文化的现实意义

实践是检验真理的唯一标准。把握新文创视域下对中华优秀传统文化的传承要从实际出发，充分考虑其现实意义，为进一步深入研究做准备。

（一）有助于增强全民的文化底蕴

新文创视域下实现对中华优秀传统文化的传承不仅对于提升我国国际地位具有重要作用，也可以潜移默化地提高全民族的文化知识水平和涵养，并在一定程度上增强国人的文化底蕴。第一，为应对当前国际社会政治冲突、恐怖主义、文化多元的现实境况，必须认识到传承传统文化的重要性。中华优秀传统文化作为中华民族的共同财富，至今都对我们的生活、工作和学习有一定的指导和借鉴意义。第二，新文创视域下对传统文化进行创新是从青年一代开始着手，青年一代相对来说接受新鲜事物和外来事物的能力较强，对传统文化中的精华易于吸收和了解。另外，能够起到承上启下的作用，青年一代更具影响力，推广范围更大，受众人群更广。第三，新文创视域下加强中华优秀传统文化的传承对传统文化资源的保护与开发有一定的促进作用。文化本身有着润物细无声的效果，在潜移默化中能够实现对人的熏陶和感染。由此可见，新文创视域下对传统文化的创新与传承对培育中国人民的民族自尊心和自信心都大有帮助，也可以进一步提高我国在国际社会中的话语权。

（二）有助于增强中华民族凝聚力

中国的传统文化当中有着充盈的中华文化和厚重的中国智慧，在国际社会中具有一定的影响。一方面，新文创视域下对于中华优秀传统文化的传承不仅要加强对优秀传统文化的挖掘，也要充分利用当前新文创视域下的网络环境和科学技术。实施中华优秀传统文化"走出去"战略，进一步通过文化"润物细无声"的渗透力，实现增强中国人民的民族凝聚力和认同感，并以其自身的文明性、亲和力和感染力提升中国的国家形象。另一方面，要深入挖掘中华优秀传统文化的思想价值，使中华优秀传统文化成为建设中华民族共有精神家园的重要支撑，成为新时代鼓舞人民前进的精神力量。中华优秀传统文化中独具魅力的价值观念和道德情操是中华民族屹立于世界民族之林的文化之根。因而，作为中华儿女的新一代社会主义接班人更要从内心深处强烈认同中华优秀传统文化所承载的价值理念，共同维护民族的团结统一。

（三）有助于提高国家文化软实力

伴随着经济全球化、政治多极化和文化多元化的时代背景，当前全球时代的主题已经转变为和平与发展，各国之间综合国力的竞争转向了国家文化软实力的竞争。由此，文化软实力成为彰显国家的民族凝聚力、生命力的独特表现，并且在国际文化与交流中被作为衡量国家综合国力的重要因素。面对当前现状，提升我国的文化软实力迫在眉睫，充分发挥中华优秀传统文化在提升国家文化软实力中的作用更是刻不容缓。

中国自古以来就是四大文明古国之一，凝聚了中国先祖丰富的智慧和充盈的知识涵养。中国经济地位当前位居世界第二，同时中国又是最大的发展中国家，中国的一举一动都吸引着世界人民的目光。新文创视域下对中华优秀传统文化的传承一方面对于宣传中国的文明古国形象有一定帮助，提升我国在国际社会中的知名度；另一方面可以维护全球语境下我国的安全，提升我国的文化软实力，扩大中华文化国际影响力。新文创视域下对于中华优秀传统文化的传承，不仅提升了中国在国际社会中的话语权，也对进一步传播中国的大国形象奠定了坚实的文化基础。由此可见，文化同样也是彰显综合国力的重要指标之一。新文创的出现为今后打造有中国特色的东方美和文明大国的形象提供了有利条件，也为国际社会传递中国声音和塑造中国形象奠定良好的基础。

三、新文创与中华优秀传统文化传承之间的内在联系

（一）新文创为中华优秀传统文化的传承提供载体

新文创的出现为优秀传统文化的传播和弘扬提供了新的载体和方式，同时也为中华优秀传统文化的"走出去"提供了更为多样、新颖和独特的途径，"科技+文化"、"内容+形式"战略的出现为新文创视域下传承中华优秀传统文化提供了前所未有的观感体验和精神享受，同时也让更多中国观众对传统文化产生敬畏之情和民族自豪感，是新文创视域下呈现的一种崭新状态。

1. 新文创扩大中华优秀传统文化的影响力

随着新媒体时代的到来，娱乐的功能被发挥到前所未有的高度，在经济飞速发展的现代社会无不充斥着"娱乐至上"的口号，并扩散到社会全范围。中华传统文化是保证中华民族经久不衰的内在动力，是实现中华民族伟大复兴的支撑力量。一方面，新文创助力于中华优秀传统文化的传播，将中国以更加真实、立体、全面的形象展现给世界。新文创本身具有强大的传播效应和无穷大的网络号召力，充分利用互联网技术平台将科技与文化相

融合，二者相互赋能、相互赋值，创造出更多具有活力的文化产品，加强深度传播和智慧传播，为新时代网络强国战略贡献力量。另一方面，新文创着力于打造更为先进、科学的传播手段和传播能力，激发全民族的文化创新创造活力，向世界讲好中国故事。新文创视域下对中华优秀传统文化的传承是一种全新的基于网络条件下文化生产和传播方式的创作，这种文化创作是以科技和文化的智能融合与相互赋能作为主要驱动力，同时更注重人文关怀。

2. 新文创助推中华优秀传统文化走向世界

中华优秀传统文化最具吸引力的原因就是其深厚的文化底蕴，当然这也是中国传统文化最具辨识度的一个部分。新文创与中华优秀传统文化的有机结合不仅能够挖掘更多的技术资源，而且对中华传统文化资源的利用率也大幅度提升。新文创视域下中华优秀传统文化的传承有利于发扬中华民族的优良传统美德，向世界展示出独具中国特色的东方美，进而让全体中国人民更加自信。

一方面，随着孔子学院在世界各地的兴起，进一步将中华文化博大精深、源远流长的文明传递给世界上每一个国家和民族，并在不断地发展和进化过程中，出现了以儒家、道家、法家、墨家等为主要代表的思想价值体系，向世界人民展现出中华民族的血魂，同时也证实了中华民族与世界其他民族的本质区别。新文创视域下对于中华优秀传统文化的传承与创新更是以一个全新的视角将传统文化映入世界人民的眼帘。另一方面，针对当前我国加强对外话语权建设的趋势，推行构建"一带一路"建设，共同打造各国文化相互包容的命运共同体。实现新文创视域下中华优秀传统文化的繁荣发展，促进文化的繁荣，加快中国文化走向世界，实现新文创的愿景。依托于"一带一路"建设，进一步让经济带动文化，文化反作用于经济，二者共同发展，实现经济让文化更繁荣，文化也让经济更有温度。这样做不仅可以让中华优秀传统文化获得新生，同时也对扩大中华文化的影响力有一定积极意义。

3. 新文创拓展中华优秀传统文化传承的路径

根据需求层次理论，人们对客观事物的需求都是不断递进的，并伴随着需求层次的提升而产生新的、更高层次的需求。即在物质生活极为丰富的前提下产生更高水平的追求，如对精神层面的愉悦享受和对美好生活的向往，都是在需求发生转变和对精神追求发展到一定阶段而发生的必然结果。新文创则在这种背景下应运而生。如何让中华优秀传统文化与时俱进，走入现代人的日常生活，那就需要对中华优秀传统文化进行文化创新，以实现中华优秀传统文化的现代传承。

新文创通过让传统文化焕发生机，实现文化的传播与创新，不仅能够提升国民的文化素养，而且对于宣传中国的国际大国形象和促进中外文化交流有一定的积极作用。第一，新文创更加突出技术性。利用数字技术和互联网技术将中华优秀传统文化推向新媒体时代，将中国的文化精神与生存哲学传授给世界。通过5G网络的推广与普及，并联合人工智能、大数据和云计算等技术优势，将虚拟与现实连为一体，使大众获得沉浸感和体验感，并为文化产品的多元创新开发带来新的惊喜。第二，充分利用"每一个消费者都是生产者"的理念，使新文创视域下生产的文创产品在操作层面能够满足消费者的个性化需求，并将大大拉近生产者和消费者之间的距离，增强二者的互动性，为拓展中华优秀传统文化传承路径提供保障。第三，新文创增加产品的文化含量，促进了中华优秀传统文化的传承发展。正是因为中华优秀传统文化能够在历史的浪潮中延续至今，足以彰显出其生命力之顽强，所以新文创视域下传承中华优秀传统文化的意义重大。

（二）中华优秀传统文化为新文创发展提供内在动力

文化是可塑的，是不断发展和变化的，可以适应不同时代的需求和变化，并被注入新的活力。新文创视域下更是启用了现代的科技和创意让中华优秀传统文化焕发出新的生机，同时也让中华优秀传统文化走进生活，走进更多年轻人的身边。

1. 中华优秀传统文化筑牢新文创的社会主义核心价值观

中华优秀传统文化是体现中华民族精神的最具价值内涵的本质。可见，传统文化资源是中华民族共有的精神财富和道德财富。一方面，中华优秀传统文化在新文创的加工下实现变革和创新，并筑牢新文创的社会主义核心价值观。有利于打造更多具有"中国味"的文创作品，拓宽新文创视域下中华优秀传统文化的传承路径。目前新文创视域下所开发出来的中华优秀传统文化只是凤毛麟角，其中成功的案例以故宫博物院和敦煌博物院为代表。但在实际生活中，还有很多非常有代表性的传统历史文化未被挖掘出来。另一方面，中华优秀传统文化实现创新发展也对新文创提出了更高的目标和要求。新文创在创作之初就把向消费者和全体社会公众提供正能量、积极向上的中华优秀传统文化产品作为目标，从内在提升公众的审美水平和道德文化修养，营造和谐美好的文化环境。而中华优秀传统文化正是滋养新文创的核心所在和关键所在，只有牢牢把握中华优秀传统文化对新文创的核心领导作用，筑牢新文创的社会主义核心价值观，才能生产出更多针对性更强、目标定位更明确、得到公众认可和喜爱的文化作品和文化产品。

2. 中华优秀传统文化丰富新文创的思想内容

中华优秀传统文化在新文创的浪潮中如何做到坚持本心，把优质的传统文化内容通过新文创传递给中国人民和世界人民是未来文化创意工作的重要内容。新文创从中华优秀传统文化中取材用材，中华优秀传统文化同时也为新文创提供更多高质量的思想文化内容，实现以中华优秀传统文化提升新文创的文化价值。中华优秀传统文化具有顽强的生命力和博大精深的传统内涵，这些文化精髓都是未来新文创需要开发的对象。新文创的灵感离不开对中华优秀传统文化的深入挖掘、选择定位、设计理念等具体步骤的考量，更离不开对中华优秀传统文化的自信和尊重。新文创视域下对中华优秀传统文化的解读更具通俗化、大众化和平民化，使得大众更加易于理解和认可中华优秀传统文化的精华所在，有利于中国文化大国形象的塑造，有利于世界文化交流与合作的推进，有利于加快中国文化的传播。由此可见，中华优秀传统文化为新文创提供了丰富的思想内容和更具价值的文化资源。

3. 中华优秀传统文化赋予新文创厚重的文化底蕴

中华优秀传统文化自身厚重的文化底蕴对于新文创的发展而言也是一剂良药。第一，新文创自身的创新性、灵活性和自主开发性在传承中华优秀传统文化过程中发挥着重要的作用，而中华优秀传统文化也为新文创的丰富和发展奠定基础，并赋予了新文创厚重的文化底蕴。第二，中华优秀传统文化不仅可以促进新文创产业的快速、健康发展，同时也为新文创今后的开发和挖掘提供优质的文化资源。新文创是在新的历史条件下产生的创新方法，独具文化特色和魅力，也让中华优秀传统文化获得新的生机与活力，实现新的发展与创新。第三，新文创是一种体系化、创造性的数字文化生产，而当前国家在监督和机制管理方面起步较晚，没有形成完备的监督体系，也没有从根源出发对从事文化创意的从业者具备高水准的道德文化素质和水平。而中华优秀传统文化在进行创造性转化和创新性发展的同时会对新文创产生潜移默化的影响，可以帮助新文创实现又好又快地发展，让新文创视域下的中华优秀传统文化实现高质量的传承和发展。第四，新文创与中华优秀传统文化互为表里，中华优秀传统文化为新文创赋予底蕴深厚的精神内核，新文创为中华优秀传统文化重焕生机开辟新路。

四、新文创视域下中华优秀传统文化传承的有效路径

(一) 丰富新文创视域下中华优秀传统文化传承的形式

现阶段，加强群众的文化建设，进一步提升全民的文化素质已然成为当下传承中华优秀传统文化的重要任务之一。我们要从中汲取更多有价值和正能量的文化资源，赋予中华优秀传统文化新的时代特色，不断加强和重视中华优秀传统文化的传承和弘扬。

1. 用现代的方式解读中华优秀传统文化的精髓

新文创视域下传承和弘扬中华优秀传统文化最首要、最根本的就是用现代化的方式解读中华优秀传统文化的价值所在，充分利用现代科技手段和技术彰显中华优秀传统文化的魅力。第一，要借助新文创提供新的洞察力，提升马克思主义指导思想的创新创造能力。不仅要对中华优秀传统文化当中丰富的价值资源加以合理运用，也要通过数字化的技术让用户得到良好的实际体验，实现人人都可参与，人人可创新。作为连接传统与现代的桥梁和纽带，新文创让文化符号不断释放能量，从而实现扩大中华优秀传统文化的影响力和提升全民的整体文化素质。第二，塑造中华优秀传统文化的马克思主义话语体系。学会树立正确的文化价值观，不断提高自身的文化自觉和对文化的选择和鉴别能力，并在深入了解中华优秀传统文化所蕴含价值资源的基础之上，根据实际需要进行创新。第三，建立健全马克思主义传播的新机制，使理论更加通俗化、生活化、大众化。对传统文化进行有效归类，针对不同的群体设计不同元素的文化，比如，孝道文化、和合文化和人本文化等。在给予大众更真切的直观体会和更独特的亲身体验的同时，也要善于挖掘中华优秀传统文化中的精髓，准确把握受众群体对传承内容的学、懂、悟。

2. 传承中华优秀传统文化开发遗产资源

中华民族有着悠久的历史和灿烂的文化，并在此基础上形成了独特而极具人类智慧的中华古老文明。对于每一个民族而言，真正意义上的文化自信就是认知和把握本民族文化的精神标识、当代价值和实际意义，并将其世代传承下去。对于文化遗产进行活化，化无形为有形，使文化遗产变得可感知、可利用、可传承，并发挥其文化价值效益。一方面，对于遗产资源我们要给予正面阐述，让世界领悟经典的"精彩"。众所周知，中华优秀传统文化是一个巨大的文化资源宝库，是取之不尽的"文化宝藏"。所以，这就要求我们在实践范围内对中华优秀传统文化进行系统性的研究和整理，深入挖掘其中的时代价值和历史韵味。用现代化的方式解读中华优秀传统文化的"奥秘"，并用新文创的方式和手段赋予传统文化以新的生命，最终实现中华优秀传统文化的传承。另一方面，文化遗产资源是一种不可再生资源。作为中华儿女，我们有责任也有义务去传承和弘扬文化遗产资源，实现文化遗产的经济价值、社会价值和文化价值。传承和保护中华优秀传统文化和开发遗产资源是新文创视域下我们实现传承和弘扬的前提条件和重要举措。所以，我们必须通过深挖中华优秀传统文化中的精神内涵和教育价值，不断激励新时代大学生为实现中华民族伟大复兴的中国梦而努力奋斗。

3. 扩大中华优秀传统文化的国际化传播

当前东西方文明乃至世界主要文明不仅仅只有交融和融合，亦或是借鉴、吸收其他民族优良的传统文化，反而附带着价值观和信仰的冲突与矛盾。只有在辨清中国文化的各种传播资源、潜力的基础上，合理搭配，灵活调动，才能形成有效的合力。由此，如何扩大中华优秀传统文化在国际社会的传播是当前亟须解决的问题之一。第一，要正确合理看待中国传统文化与国际化之间的关系，就要用客观的角度审视中国与世界的关系，切勿主观主义。第二，中华民族要想始终保持自身的独立性和自强不息的品格，就必须在多元文化冲击的大潮中保有自身文明的独特生命力和适应现代化的节奏，而新文创正是在传播文化价值方面以更加有效和直观的方式将中华优秀传统文化推广到世界各个角落。第三，鼓励民众关心和重视地方文化特色，整合地方文化资源，营造地方文化特色环境。实现并提升地方文化在文化特色产业中的竞争力和影响力，扩大地方特色文化的知名度和影响力，将其推广到世界舞台，带动地方经济、政治、文化、社会的全面发展。

（二）创新新文创视域下中华优秀传统文化传承的方法

面对当前文化霸权主义和"西方中心论"的影响，传承中华民族的传统文化迫在眉睫。加快推动中华优秀传统文化走出去，并在世界文化体系中占有一席之地至关重要。新文创视域下中华优秀传统文化传承的方法要继承传统，推陈出新，依托于新文创手段将中华优秀传统文化传递到世界各地，以增强中国在国际社会中的话语权。

1. 创新故事形态建立互动机制及用户体验

在高科技信息时代生产和制造的文创产品要趋向于现代人的需求，同时更加注重实用性。现代人不仅对文创产品有着装饰和收藏的要求，而且也有精神追求和享受方面的要求。一方面，文化工作者在设计文创产品时注重创新故事形态，围绕传统文化设计特定的故事内容，并通过独具一格的设计理念赢得公众的认可。此外，新文创视域下中华优秀传统文化的传承应该包含互动分享的实现途径。在具体的故事形态中要注重用户之间的交流和互动，为其营造融洽的欣赏气氛，让用户在获得良好感官体验的同时达到身心的和谐共处。这样做不仅有利于受众群体之间互相交流和沟通，也有利于促进新文创产品自身的革新和完善。另一方面，要注重对用户体验的反馈信息进行收集、归纳和整合，并进一步针对受众群体的价值取向和兴趣所在对反馈信息进行调整和优化。文化作为思想认识层面的内容，只有不断加强实践探索的步伐，才能将其真正融入到生活之中。在实践过程中不但可以检验已取得的文化成果，而且可以进一步优化和丰富中华优秀传统文化的内容，不断为其注入新鲜血液。实践出真知的同时也为进一步打造良好的用户体验奠定基础，为促进新文创视角下故事形态的建立和互动效果的呈现提供帮助。

2. 采取引发共鸣的叙事和话语方式

当前国际形势复杂，文化霸权主义盛行和国际局势动荡不安的局面正在弱化中华传统文化的影响力。我国文化发展的迫切任务就是在国际上获得更多的话语权，并采取引发共鸣的方式让传统文化更具时代性和大众化，以实现对中华优秀传统文化的传承。一方面，针对当下社会热点问题引发关注，要站在普通大众的角度去设计，提升故事的可读性、可信性和可感性，以便于在读者群体中引发共鸣。调查研究得出，共鸣的产生有助于民众情感的维系，有助于加深对新文创的理解和接受，也有助于发挥自主创造的积极性和主动性，并进一步实现中华优秀传统文化感染力的优化。另一方面，立足于创新故事话语表达，注重对传统价值观的传承和发展，让中华优秀传统文化富有现代感、价值观和生命力。加快对中华优秀传统文化的继承和发展，让新文创真正发挥其独特的影响力和生命力。加强对中华优秀传统文化的引导，在引导中融入思想政治教育内容，使之形成独具中国特色、中国风格和中国气派的文化话语体系。构建一个贴近实际、贴近生活、贴近群众的全方位网络思想政治教育体系，以思想的智慧、文化的力量和人格的魅力来教育、感召和吸引网络在线民众。

3. 实现民族文化资源的大众化创新

中华民族是由五十六个少数民族共同组成统一的多民族国家，每个民族都有自己民族独特的物质文化和精神文化标识。新文创视域下对中华优秀传统文化的传承和弘扬离不开对各民族文化的继承和保护，将各少数民族文化进行新时代文化创意产品的研发和宣传不仅可以保护民族文化的多样性，而且可以加强各个民族之间的交流和融合。通过使用个性化和本土化的语言，拉近与受众之间的距离，达到良好的传播效果。在一定程度上对巩固民族团结、维护国家统一和构建社会主义文化强国具有重要的作用。此外，独一无二的地域特色文化也使中华文化博大精深，源远流长。将独具地域特色的中华优秀传统文化通过新文创转化成为中国人民熟知的民族文化，加深对民族文化的培育和认识，同时培育自身的民族自豪感和自信心。

4. 合作国际媒介平台助力推广中华优秀传统文化

对于新文创视域下传承和弘扬中华优秀传统文化，合作国际媒介平台加快传统文化"走出去"战略步伐，主要有以下几个方面：第一，要站在一个客观的角度分析和运用中华优秀传统文化当中的优质文化资源，并将文化资源嫁接到新文创这趟文化创意快车，加快将中华优秀传统文化的创造性转化和创新性发展，并以世界性的眼光创造和开发更多文化创意产品，以供多种需求的满足。第二，加大宣传力度，充分利用媒体平台将独具中国魅力的传统文化推广到世界各地，加快中国建设文化大国的步伐。同时，也要从实际出发拓展传承中华优秀传统文化的渠道，合理利用国际和国内知名度较高的网络媒体平台，帮助提高传统文化的相关话题，构建全面、整体、细化的媒体格局。第三，开展中国文化与世界文化的合作共赢，并实现在合作中谋发展，在发展中促合作。中国传统文化之所以能够绵延数千年而不间断就是因为其强大的生命力和兼收并蓄的独特魅力。让中华优秀传统文化与世界文化在新的时代节点共同展现各自独特的文化魅力，不断增强民族文化的自信心。

（三）丰富新文创视域下中华优秀传统文化传承的载体

针对新文创视域下关于中华优秀传统文化传承载体是从以下几方面展开论述的，分别是：人才、数字文化、文化精品和国际合作办学四个方面提供可行性的措施。借助载体和平台开展传承传统文化的活动，有助于丰富新时代传承中华优秀传统文化的形式，提升社会整体义化价值的认同。

1. 培养创意人才鼓励原创作品

提高中华文化在世界民族文化中的核心竞争力就要从思想政治教育的角度出发来培养一支坚定理想信念、明确政治方向和具备创新能力的队伍。思想政治教育通过培养具有创造精神和创造能力的人才，就能有力地推动文化的创新。第一，文化创意高端人才作为文化创意产业的核心竞争因素，从根本上决定着文化创意产业发展的方向和速度。发展文创产业最重要的就是要加大对创意人才的培养和对引进人才的投入，科学地进行重新调配和管理，集中培养复合型人才。通过围绕人才培养、引进和就业各个环节，发挥政策的最大效应，达到资源的最佳合理分配。第二，同行业之间要加强合作和交流，合力举办大型创意活动和比赛，推进文化创意人才重点项目，实现同行业之间联合创作。通过举办文化人才对接会，整合各方资源激发本行业人才的积极性和主动性，不断加强自身团队建设，为提升组织吸引力和凝聚力发挥好桥梁和纽带的作用。第三，新文创要注重"原创"。注重原创是对创作者的尊重与支持。从审美价值看，原创是一种来源于实践的审美创造能力。马克思主义美学论中曾提到，艺术家也是按照美的规律进行创作的。所以说，原创来源于生活实践，并在实践中将所获得的审美经验与感受表达出来，进而完成新一轮的创作。

2. 依托于数字文化产品进行创新

随着物质生活水平的提升，社会公众对文化产品的需求更加注重文化创意和技术进步，并为其提供全新的体验感和获得感。由此，要更加注重对前沿科技进行革新和创造和对数字化技术的全面运用。此外，通过借鉴文化创意产业的先进理念、先进创意，让传统文物活起来。在这方面，故宫博物院的文创事业独具代表性。新文创视域下中华优秀传统文化依托于数字文化产品的传承不是将文化产品以生硬的形式转化为文创产品，而是一种体系化的数字生产方式，让数字文化产品承载着中华优秀传统文化的价值理念和时代内涵。可以说，新文创同时具备了在传播知识和讲述故事时更具亲和力，从而在宣传和阐释中华优秀传统文化时更具便捷性和主动性。

3. 打造文化精品彰显文化特色

中华优秀传统文化作为中华民族的精神财富，是经过长期的积淀而逐渐形成的。新文创是通过对历史文化资源进行开发并将其转化为文化产品，以实现拉动产业发展和扩大国际影响力的目的。通过打造文化精品来实现保护传统文化的特色。第一，针对目前国内的几个已经取得成果的 IP，比如故宫博物院、敦煌研究院和陕西省历史博物馆等这些具有文创代表性的精品文化，以它们为学习和借鉴对象，学习其成功的文创模式和概念，吸收和采纳其突出的优点，以便输出更多的优质文创产品，扩大对文化创意产品的宣传，以达到期望的效果。第二，打造文化精品要从生活入手，以各种具有影响力和代表性的文化 IP 资源为立足点，开发品种更多的文具、家居、服装等日常随处可见的文创产品，此外，还要与知名品牌联名合作，以提高文创产品的知名度和影响力，如五粮液、稻香村、亚马逊、可口可乐等品牌公司，开发更多具有创意的原创产品，完美实现"把传统文化带回家"的机会。第三，在科技日益发达，互联网时代的充斥下，文创行业要结合时代和大众的需求，生产出更多受众、更高科技含量的产品，满足不同消费群体的消费需求，并进一步满足消费者内心对传统文化的渴望和喜爱之情。

4. 创新对外合作办学模式

新文创视域下对中华优秀传统文化的传承不仅要扩大到世界各地，也要充分利用新文创的方式把中华文化带到世界，提高中国文化的知名度。推动中华优秀传统文化在国际社会中的传播，不仅能够加强中华文化的国际交流，更能彰显我国的文化软实力。对于对外国际合作办学模式，比较有代表性的就是孔子学院在世界各地的创办和发展。孔子是中国传统文化中儒家文化的代表人物，以孔子命名的孔子学院，在传递中华优秀传统文化的内涵和价值方面发挥着重要作用。以孔子学院为代表的国际合作办学模式，以其独有的优势和特色立足于世界各地，因地制宜地将中华优秀传统文化融入世界各地的特色文化，让更多的国外学子感受中国文化的魅力。此外，依托国际合作办学模式在海外设立的有助于中国传统文化宣传和发展的基金会，吸引更多的外国人了解和学习中国文化，并鼓励他们宣传中国文化。新文创视域下对中华优秀传统文化的传承和弘扬更要适应时代发展的要求，创新对外合作办学模式，依托于新文创将五千多年的中华文明带给世界人民。

（四）加强新文创视域下中华优秀传统文化传承保障机制建设

新文创视域下中华优秀传统文化传承的保障，主要是对媒体传播进行监督和管理、创意人才结构合理化和管理科学化并存、政府及企业助力文创产业发展和保护文创产品的知识产权四个方面入手，在体制机制建设上加强保障和维护。

1. 对媒体传播进行控制和监督管理

众所周知，媒体作为文化传播的主要途径并在文化传承和弘扬的过程中发挥着不可替代的作用。文化传承机制的革新，重在治理效能的提升。对媒体传播进行控制和监督管理要从两方面入手：一方面是从信息源头采取措施。政府成立相关部门对于媒体网络的源头进行检测和筛选，把不合理的或者不利于传播客体的传播内容扼杀在摇篮里，充分保证传播内容的有效性和实用性。同时，要针对未成年人群体实施重点保护，确保其接受的传播内容符合其正确价值观的需要。另一方面，从接收末端把控传播内容。在传播过程中往往会掺杂很多不良信息，这就给传播速率和效果带来了很多不便，造成个别接受群体之间的分辨信息的能力减弱，影响媒体传播的有效性。而从接收末端进行监督和控制会大大提升文化产品传播的效率，给文创事业和文创产业的兴起和发展带来不同的际遇。总之，对媒体传播进行控制和监督管理要双管齐下，不仅要从传播源头阻断不良信息的来源，也要对接受末端进行严格把控，这样既有效地促进了传播速度的效率，同时也对传播的有效性起到良好保证。

2. 人才结构合理化与管理科学化并存

发挥创意人才对于传承新文创视域下中华优秀传统文化的主导作用，不仅可以保证人民群众对文化需求的多样性的实现，也可以进一步丰富人民群众的精神生活。其中，创意人才作为表达人民群众主体地位的代表人物，对传承传统文化有着重要的作用。第一，对创意人才的管理要始终坚持党的领导地位，切忌勿过度夸大文化多元化和多样性。有针对性地对人才加大培养力度和扩大培养的范围，形成一支专门技术性的创意人才队伍。第二，对创意人才的管理要从实际出发，对创意人才实施科学化管理。加强人才之间的交流和沟通，重视对创意人才的管理和培育。第三，整合设立相关部门，对文化创意人才设立奖励资金，极大地调动创意人才创作的积极性。并对参加各类高端创意比赛或者获得相应奖励的创意人才给予精神奖励和物质奖励。根据其研究方向和内容进行分类，这样不仅便于管理，同时也大大加快了创意人才之间有效的合作。第四，在管理过程中要充分注重人文关怀。充分发挥党、政府和行业组织在文化监管中的主导作用，采取由"显性"转向"隐性"过渡的管理手段。通过建立文化预警机制，努力营造人性化的文化生态，使网络平台成为引导社会热点、疏导公众情绪的"防火墙"、"安全阀"和"减震器"。

3. 政府及企业助力文创产业发展

随着社会范围内文创产业如雨后春笋般的出现，政府部门在文创产业的规范性和有效性管理方面扮演的角色尤为重要。一方面，政府要积极引导，为文化创意产品保驾护航。第一，政府有针对性地调查市场情况，具体地出台政策措施，发挥推动、支持和保护的作用。进一步扩大中华优秀传统文化在全社会范围内的传播，推动我国优秀传统文化走出国门，走向世界。第二，政府要大力发展公益性文化事业，增加对社会公益性文化事业的投入，并给予相应的政策支持。在兼顾社会效益和经济效益的同时要满足广大人民群众对文化的多样性需求。第三，要不断发挥政府的公共服务职能，优化社会公共服务，加大公共文化服务的力度与广度。在充分发挥好公益性文化事业的作用的前提下，在社会上形成良好的文化生态环境，为社会公众营造和谐美好的文化生活。另一方面，有关企业应充分发挥各自在行业内的领导和带头作用，打造优质的、高端的文化产品。此外，根据文化市场的自发性和多变性及时调整企业的商业定位、目标受众、产品方案和营销策略等，开拓新的市场领域，实现中华优秀传统文化的数字化转变和创意化转型，为传承中华优秀传统文化提供可行性方案。

4. 保护文创作品的知识产权

文化创意产业是以知识产权为核心的提供精神产品的生产和服务的产业。知识产权保护作为权益保护的共识，成为文化创意产业发展当中所面临的最为棘手的问题。近两年来，文创产业的发展引发了业界的持续关注，同时也强化了知识产权的保护力度。第一，加快建立关于知识产权保护权益相关的专项资金。政府及其管理部门通过成立知识产权保护责任中心，要做到对专项资金的全力监测、实时管理和有效支配。做到支持和引导资助创新，为文化创意企业和个人提供知识产权相关方面的维护。第二，切实保护知识产权，建立知识产权服务平台。政府部门要批准各个区域开展知识产权试点率先示范，集中开展知识产权密集型产业研究，大力推动创新要素向其靠拢。学校或企事业单位在学校或本单位内开展创意设计大赛，激发社会公众和学生的主动创新，并带动更多的人参与其中。第三，引导文化创意企业建立知识产权管理制度，进一步健全和完善知识产权相关法律体系。政府通过统一采购、合理控制预算、特殊补贴保护等形式为新文创视域下文化创意产业的发展提供优质的专业配套服务。

第二节　文化自信视域下中华优秀传统文化传承路径

一、文化自信的深刻底蕴

（一）中国特色社会主义文化

文化是一个国家、一个民族的灵魂。文化自信是一个国家、一个民族发展中更基本、更深沉、更持久的力量。没有高度的文化自信，没有文化的繁荣兴盛，就没有中华民族的伟大复兴。

如果把一个民族比喻成一棵大树，那么文化就是这棵大树的根。可见文化对于人类社会是多么重要。如果一个民族被异族侵略占领，但文化没有断，那么这个民族就还有机会复兴，还有机会复国。如果这个民族的根基被挖掉了，文化断掉了，就等于这棵树被连根拔起，那这个民族才叫被彻底毁灭了。中华文明之所以经久不衰，是世界四大古代文明中唯一没有中断的文明，就是因为没有抛弃传统，没有割断精神命脉，其"根"其"魂"一直延绵至今。中国幅员辽阔，中华民族历史悠久，在古老的华夏大地上所创造的具有恒久生命力的文化要不断地被继承和发扬，才能使我们的这棵"大树"葱郁茂盛，恒久不枯。

中华文化，不仅仅谈到的是中华优秀传统文化，应该更多涉及的是中国特色社会主义文化，那么什么是中国特色社会主义文化？

文化自信作为"四个自信"中更为基础的自信，其实质是中国特色社会主义文化自信。那什么是中国特色社会主义文化呢？应当这样来概括，所谓中国特色社会主义文化，就是坚持以马克思主义为指导，面向现代化、面向世界、面向未来的，民族的、科学的、大众的社会主义文化，这里面的每个词都有着丰富的内涵。

比如说，坚持马克思主义为指导，因为文化是属于上层建筑。任何国家、任何民族的文化，其实都和自己国家的特定的历史、特定的制度有着不可分割的联系，如果说自然科学是一加一等于二且全世界都说对，那么人文社会科学往往是仁者见仁、智者见智，而且它总要和特定的国家的制度，政治取向是密切相关的，那么中国特色社会主义文化很明确，就是要坚持马克思主义为指导，因为只有坚持马克思主义为指导，我们才能够沿着社会主义道路胜利前进，才能最后一步一步地实现共产主义远大理想。

那么面向现代化、面向世界、面向未来，这里讲到了三个面向，马克思主义需要发展，我们的文化也需要向前发展，比如说，中华优秀传统文化中有很多文化，过去是喜闻乐见的，但是现在它的观众，它的受众好像越来越小了，越来越萎缩，为什么呢，那就是时代问题，时代发展了，人民的欣赏水平，欣赏的角度，欣赏的价值追求变化了，如果不能与时俱进，渐渐就会被冷落、被忽略，比如戏曲艺术昆曲，以前广受欢迎，但随着影视等多元文化的发展，它的受众越来越少，后来我们将它搬进苏州园林进行实景演出，可谓"不入园林不知春色如许"，它展现了传统戏曲文化的现代魅力，从而广受大众的好评与欢迎。所以要面向现代化。

面向世界，中国的发展离不开世界，世界也离不开中国，如今经济全球化进入世界多极化，各个国家密切往来，我们不能把自己封闭起来，所以我们要面向世界，当谈到中国文化和世界文化的关系问题时，说要各美其美，美人之美，美美与共，世界大同，这是什么意思呢？意思就是我们每个国家每个民族都应该相信自己的文化是好的、美的，美人之美，但是同时也不要骄傲自大，要尊重别人，要赞美别人，美美与共，我们相互之间赞美、尊重，那么就世界大同了，就不会再有什么战争矛盾了，这句话讲得很有道理。所以中国特色社会主义文化，也要面向世界，也就是学习世界各个国家先进的好的东西，吸取人家的优长之处。面向未来，世界都是要向前发展的，那么世界的未来是什么样子的，我们要有发展的眼光来发展我们的文化，这样中国特色社会主义文化才能够始终保持立于时代之潮头。

那么无论面向现代化、面向世界、面向未来都应该是民族的、科学的、大众的社会主义文化。民族的，指的是只有是民族的才能是真正成为世界的，要具有自身特色，才能在世界上赢得自己的地位和尊重。科学的，我们的文化不能够宣扬迷信，所以我们的文化应该是科学的文化。大众的，也就是人民群众所喜闻乐见，所欢迎的，也是大众能够享受到的这样一种文化。那么性质是社会主义文化。

（二）文化自信的基本内涵

中国特色社会主义文化有三大支点，源自中华民族五千多年文明发展历史所孕育的中华优秀传统文化，熔铸于党领导人民在革命、建设和改革中所创造的革命文化和社会主义先进文化，植根于中国特色社会主义伟大实践。一方面，中华优秀传统文化是革命文化和社会主义先进文化的根基与源泉。革命文化和社会主义先进文化继承了中华优秀传统文化的基因。无论是革命文化，还是社会主义先进文化，都基于中华优秀传统文化的滋养，是通过对传统文化取其精华、去其糟粕的扬弃而形成的。另一方面，革命文化和社会主义先进文化是对中华优秀传统文化的继承和发展。中华优秀传统文化奠定了文化自信的根基，历史是一脉相承的。

中华传统文化是人类文明演化汇集而成的具有民族特征和印记的文化，是基础、落脚文化，是一个民族区别于其他民族文化特质所在。在五千多年的历史进程中，中华民族创造了辉煌灿烂、博大精深的优秀传统文化，涵盖语言文字、文学艺术、科学技术、道德伦理、法制制度、哲学、风俗等诸多领域，凝结着中华民族认识自然、改造自然社会的思考和智慧。中华文明是世界上唯一没有间断的文明，也是世界文明起源的中心之一。

中华五千年，文化精深博大，经世致用，修己安人。先人们的思想文化中体现的行为准则和道德规范，以及在科技、农耕、政治、军事等诸多方面的伟大成就，对今天提高民族综合素质乃至治国理政都有现实和深远意义。中华民族文化自信植根于中华文化的精神沃土，壮大于生生不息、不曾断流的中华文明的历史长河中，内化于中国人的傲气和傲骨。

当代文化赋予了文化自信的时代特征。中华人民共和国成立后，"两弹一星"奠定了我们的强国地位，大庆精神谱写了一代中国人自力更生、艰苦创业的光辉诗篇。改革开放以来，文化的多元性、大众性、商业性增强，文化概念增加了更多开放、追求、向往、阳光的因素，文化形态、载体、形式发生了巨大变化。以科学的理论武装人、以正确的舆论引导人、以高尚的精神塑造人、以优秀的作品鼓舞人是一个时期对文化发展的思想保证。以互联网为主要特征的文化传播形式的普及，让人们不知不觉地进入信息文化时代。

"四个全面"战略布局、"一带一路"建设、航空航天领域的重大突破、女排精神等，再一次向世界证明中国人行。中华民族伟大复兴的中国梦、中国特色社会主义核心价值观不仅传承了中华优秀传统文化，也体现了科学与民主精神，我们党一直倡导的爱国主义、社会主义，凝结了改革创新的时代精神。不断完善创新的新时期文化体现了鲜明的时代特征，对坚定信心、鼓舞士气、凝心聚力都是不可或缺的精神因素。只要我们坚定正确的文化发展观，以社会主义先进文化为方向、以优秀传统文化为根基、以吸收世界优秀文化为我所用，就能为社会发展提供正能量，发时代之声，立民族之心。

中国特色社会主义文化融合了中华优秀传统文化、革命文化、社会主义先进文化，是对三种具体文化内容的整合统一，而追根溯源，中国特色社会主义文化源自优秀传统文化。中华优秀传统文化是构筑中国特色社会主义文化自信的重要基础。只有处理好继承和发展的关系，做好创造性转化和创新性发展，做到以古鉴今、古为今用，做到中华优秀传统文化与中国特色社会主义发展相契合，弘扬优秀传统文化对增强中国特色社会主义文化自信才能产生积极作用。

（三）文化自信的生成逻辑

"自信"是一个心理学概念，包含个人的自我认知与评价、情感体验等因素。当自信的对象指向道路、理论、制度、文化时，就构成了治国理政的重要精神内涵与心理支撑。

文化是一个民族得以传承与延续的基因与血脉，深入一个国家和民族的骨髓。文化自信坚持唯物史观和科学辩证法，将文化置于治国理政、民族复兴和新时代中国特色社会主义建设的语境下审视其功能与作用。

文化自信是一个国家和民族生命力的重要表征。文化自信以一种软性、潜隐的力量，对主体价值观的塑造发挥着更基本的作用，更为深入地提升主体的民族认同与国家认同，对主体精神世界的影响更为持久。

1. 文化自信的历史传承

"文化自信"继承了马克思主义的文化理论，结合了中国革命、建设与改革的时代语境与发展诉求，体现出国家对繁荣与发展社会主义文化的重视，显示了建设文化强国的坚定决心，夯实了实现中华民族伟大复兴中国梦的文化基础。

"文化自信"继承了中国共产党重视文化建设的基因，并做了更全面、系统、科学的发展与阐释。在五千多年文明发展中孕育的中华优秀传统文化，在党和人民伟大斗争中孕育的革命文化和社会主义先进文化，积淀着中华民族最深沉的精神追求，代表着中华民族独特的精神标识。

"文化自信"承继了唯物论、辩证法、唯物史观等马克思主义基本原理和几千年中华民族文化传承的精神血脉，将中华优秀传统文化、中国革命文化、社会主义先进文化接通于新时代中国特色社会主义建设，指向实现中华民族伟大复兴这一根本目标。

2. 文化自信的发展逻辑

文化相对于经济、政治而言，是人类全部精神活动及其产品。文化绵延持久地建构意义世界，呈现了风俗习惯、法规制度等多种形式。文化供给着社会权力运行的不竭活力源泉，支撑起整个社会权力大厦。

中国特色社会主义文化自信思想的提出，继承了历代以来重视文化建设在政治生活中发挥重要作用的一贯逻辑，同时对其进行了系统化的总结与提升。

文化不仅是中国古代社会政治生活的最核心逻辑，同时也是中国近代以来的改革和革命的重要推动力量。中国共产党从诞生之日起，就非常重视文化建设在政治生活中不可取代的重要作用。

文化自信存在于文化作用政治、经济、社会生活及国际交流等的基本逻辑中，也是"软实力"提升的当代选择，并逐渐明确为新时代中国特色社会主义建设的内在构成，作为治国理政的基础性力量。

3. 文化自信的内在演化

中国特色社会主义这条道路来之不易，它是在改革开放多年的伟大实践中走出来的，是在中华人民共和国成立多年的持续探索中走出来的，是在对近代以来中华民族发展历程的深刻总结中走出来的，是在对中华民族五千多年悠久文明的传承中走出来的，具有深厚的历史渊源和广泛的现实基础。这种理论逻辑和历史逻辑的统一，决定了中国特色社会主义文化建设的出发点与前进方向。变迁性与时代性是文化的本质属性。文化自信思想延续了理论与实践相互促进的发展逻辑：既历史性地纵向观照，又时代性地横向考量文化建设。

目前，我国已经彻底摆脱了积贫积弱的时代，综合国力和经济实力稳居全球第二位。时代的变迁，对文化提出了新要求。文化自信正是基于变化了的现实和新的时代需要而提出的。文化自信是一种精神力量，它只有在物质领域发展的特定阶段上才会得到高度的凝聚；但它一经形成，便会成为一种贯穿于各种认识和实践活动的支配力量。因此，文化自信的意义在于：它是一种普遍的自信，一种普遍的精神力量，它从根基上全面地影响、提升并巩固我们的各种自信，从而成为推进我们事业的强大动力。正是在这个意义上，坚定中国特色社会主义的道路自信、理论自信、制度自信、文化自信，说到底是要坚定文化自信。文化自信是更基本、更深沉、更持久的力量。

中国特色社会主义道路、中国特色社会主义理论体系和中国特色社会主义制度，精神源头是五千多年文明发展中孕育的中华优秀传统文化，是党和人民在伟大斗争中孕育的革命文化和社会主义先进文化，积淀着中华民族最深层的精神追求，代表着中华民族独特的精神标识。文化自信中的"文化"是由中华优秀传统文化、中国共产党革命文化和社会主义先进文化共同组成的"复合文化"。

实现中华民族伟大复兴的中国梦，需要充分挖掘中华文化几千年积累的聪明智慧，在新的历史条件下进行创造性转化与创新性发展。任何一个时代的文艺，只有同国家和民族紧紧维系、休戚与共，才能发出振聋发聩的声音。因时而兴、乘势而变、随时代而行、与时代同频共振是文艺的规律。

从文化自信的提出，到"四个自信"理论的形成，这是一个逐步发展和完善，逻辑逐层深入，进而形成体系的过程，具有丰富的政治内涵和历史特性。文化自信思想从经验与教训交织的历史中演变而来，呼应新时代中国特色社会主义现代化建设需要，指向中华民族伟大复兴中国梦的理想追求，从理论和实践结合上系统回答了新时代我们需要什么样的文化内容、秉持什么样的文化态度、坚持什么样的文化使命、承担什么样的文化责任。

（四）从文化自觉到文化自信

文化自觉和文化自信之间既有联系又有区别。文化自觉不仅包括对自身文化的了解，还包括对其他文化的认知，对于文化自觉还有一个要求，要做到有"自知之明"，就是要知道自己文化的好和不足，给文化本身一个恰当的定位。为什么说文化自觉是重要的呢？因为要谈文化自信，就不得不形成自身的文化自觉，如果没有对自己文化的清晰、客观的认知，没有与其他文化进行对比，没有准确的定位，自己本身就糊里糊涂，何谈自信呢？所以文化自信根植于文化自觉，而文化自觉贵在有"自知之明"，强调自我认知要客观准确。

文化自觉是一个复杂的认识过程和艰苦的探索过程，是在人类文明发展中逐渐提升的。从中国近代文化自觉的艰难认识和探索历程中我们可以比较清楚地认识到这一点。近代以来，中国闭关自守的大门在西方文化的冲击下逐渐被打开，无数志士仁人开始对中华传统文化进行反思和反省。一个独立的民族文化，与另一个不同类型的文化相遇，应主动吸取外来文化的积极因素，取精用宏，使民族文化更加壮大。中国文化前进的唯一出路是综合中西文化之长以创造新文化。"综合创新"论不仅指出了文化自觉的路径，而且提供了文化自觉的立场、观点和方法，使我们在纷繁复杂的文化论争中明确了方向，明确了中华文化发展的基本道路。

从事实层面看，无论是文化自觉还是文化自信，都必定是一个历史过程，因此也必定存在着相互交织的状况，而这也是文化自觉与文化自信常常被并列起来提及的根本原因。从逻辑层面看，文化自觉是文化自信的前提。文化自觉，包含着对文化在历史进步中地位和功能的深刻认识，包含着对文化发展规律的正确把握，包含着对发展文化历史责任的主动担当；文化自信，则是我们对理想、信念、学说、优秀传统有一种发自内心的尊敬、信任和珍视，对我们核心价值体系的威望和魅力有一种充满依赖感的信奉、坚守和虔诚。换言之，如果说文化自觉更多的是指对本民族文化的一种觉醒意识，是对传承与发展本民族文化的历史责任与使命，那么文化自信则是一种更为坚定的信念，它需要将文化自觉的责任意识落实到行动中，落实到文化传承和创造的具体实践中。文艺工作者要善于从中华文化宝库中萃取精华、汲取能量，保持对自身文化理想、文化价值的高度信心，保持对自身文化生命力、创造力的高度信心，使自己的作品成为激励中国人民和中华民族不断前行的精神力量。从文化自觉到文化自信，不仅使我们对中国特色社会主义文化有了更深刻的认识，而且进一步坚定了我们实现中华民族伟大复兴的决心、信心，是中华文化发展的重要路径。

（五）文化自信与道路自信、理论自信、制度自信之间的辩证关系

坚定道路自信、理论自信、制度自信、文化自信，归根到底就是坚定文化自信。将坚定文化自信落实到具体而切实的社会实践之中，具有对内和对外两个重要维度。

从对内维度来看，坚定文化自信，其核心就是要落实文艺创造，通过文艺作品呈现社会主义核心价值观，彰显中国精神，凝聚中国力量。之所以要培育和践行社会主义核心价值观，因为它是当代中国精神的集中体现，是凝聚中国力量的思想道德基础，凝结着全体人民共同的价值追求。坚定文化自信，就是要立足于中华优秀传统文化来培育和弘扬社会主义核心价值观。如果说"道"代表着中国古代政治传统和文化传统中的主流思想观念和精神价值，那么"社会主义核心价值观"就代表着当前中国特色社会主义文化的时代精神。社会主义核心价值观作为一种时代精神，既需要经过一段历史发展过程，又离不开中华优秀传统文化、革命文化和社会主义先进文化的涵养，最终通过强化教育引导、文艺创作的生产和传播逐渐融入社会发展的各方面，并转化为人们的情感认同和行为习惯。

社会主义核心价值观构建，是社会普遍精神价值重建的重大工程。社会普遍精神价值的重建离不开中华优秀传统文化的涵养，一方面是因为改革开放以来，中国在走向现代化、工业化的过程中，也面临与西方工业文明发展同样的弊端，比如物质主义的泛滥、拜金主义的盛行、道德体系的解体、生态环境的污染等。而中华优秀传统文化所蕴含的人本精神、道德伦理、生态自然观等，恰好可以有效地应对工业化所带来的人的异化和物化等弊端。另一方面，中国特色社会主义建设事业的发展进程，伴随着经济的快速发展、外来文化的冲击、社会结构的矛盾、文化观念的多元等，也恰好是在社会快速发展、急速变革与转型过程中，人们才更加渴望回归传统文化，渴求重新建立稳定而普遍的道德体系和价值规范。

因此，不仅要号召全社会行动起来，通过教育引导、舆论宣传、文化熏陶、实践养成、制度保障等，使社会主义核心价值观内化为人们的精神追求、外化为人们的自觉行动，同时还强调社会主义核心价值观必须通过文艺创作实践呈现出来。文艺工作者应继承"文以载道"的文化传统，将弘扬"社会主义核心价值观"作为自身的使命和责任，把社会主义核心价值观生动活泼、活灵活现地体现在文艺创作之中，用栩栩如生的作品形象告诉人们什么是应该肯定和赞扬的，什么是必须反对和否定的，做到春风化雨、润物无声。以文艺创造来承载社会主义核心价值观，就是要发挥文艺以情感人、以情化人的重要功

能，通过传承中华优秀传统文化、弘扬民族精神与时代精神促进人民文化素质的提高，促进人格的全面发展。坚定文化自信，就是要在具体的文艺作品中融入社会主义核心价值观，创作出具有中国精神、中国风格、中国气派、中国审美的优秀文艺作品以不断增强社会主义核心价值观的生命力、凝聚力和感召力。

从对外维度来看，坚定文化自信就是以社会主义核心价值观为基础，不断增强中国文化软实力，为中华民族复兴注入强大精神力量，让中华民族以更加自信、更加自强的姿态屹立于世界民族之林。在走向中华民族伟大复兴中国梦的过程中，我们要坚定道路自信、理论自信、制度自信、文化自信。同时，我们的自信心跟一百年前我们在闭关锁国状态下的闭目塞听、骄傲自负、洋洋得意是完全不一样的。中华民族伟大复兴事业必然是在全球一体化趋势以及世界性视野中推进的。在国际外交中，要在世界文化激荡中站稳脚跟，我们需要告别冷战时代的文化对立思维，通过增强自身的文化感召力和吸引力来加强中华民族在世界上的影响和地位。因此，中华文化的特点在于它不具有扩张性和侵略性，而更强调文化的多元性和包容性。所以说，只有坚定文化自信，构建国家文化软实力，我们才能真正获得国际社会的广泛认可。

增强文化软实力，首先需要加强与国际社会的沟通和对话，要不断加强国际传播能力建设，加强中国主流文化与世界的沟通能力，增强对外话语的创造力、感召力、公信力，让国际社会充分了解"中国崛起"背后的发展理念和价值主张。世界多极化、经济全球化深入发展，文化多样化、社会信息化持续推进，国际格局和国际秩序加速调整演变。世界各国正抓紧调整各自发展战略，推动变革创新，转变经济发展方式，调整经济结构，开拓新的发展空间。同时，世界经济仍处于深度调整期，低增长、低通胀、低需求同高失业、高债务、高泡沫等风险交织，主要经济体走势和政策取向继续分化，地缘政治因素更加突出，局部动荡此起彼伏，恐怖主义、网络安全、能源安全、粮食安全、气候变化、重大传染性疾病等非传统安全和全球性挑战不断增多，南北发展差距依然很大。

正因如此，构建人类命运共同体对于推进人类和平与发展的崇高事业有着任重而道远的作用和责任。要更大程度地促进中国与世界不同文化之间的相互了解和交流，还要发挥文艺和文化的重要作用。在文化交流中，文艺创作其实就是最好的沟通桥梁。在过去，为扩大中国文化在国际社会的知名度，我们其实已经开辟了很多的官方途径，比如与其他国家共同举办旅游年、文化节、汉语年等活动，又比如在全球范围建设孔子学院以传播中国思想和文化。

因此，文艺要塑造和传播好中国形象，就要讲好中国故事、传播好中国声音、阐发中国精神、展现中国风貌，让外国民众通过欣赏中国作家、艺术家的作品来深化对中国的认识、增进对中国的了解。要向世界宣传推介我国优秀文化艺术，让国外民众在审美过程中感受魅力，加深对中华文化的认识和理解。从现实角度看，实现中国梦，离不开和平的国际环境和稳定的国际秩序，离不开各国人民的理解、支持、帮助。加强文艺输出和文化自信，提高中国在世界范围内的接受度与认可度。

总而言之，中国特色社会主义的建设过程同时也是在为世界提供"中国经验"，而中国经验的形成，同样伴随着文化自信的不断增强。文化自信实际上是更基础、更广泛、更深厚的自信，是更基本、更深沉、更持久的力量。因为只有文化自信真正树立起来了，中国特色社会主义文化才能拥有广泛的群众基础，并能够获得世界各国的认同，才具有深厚持久的影响力，才有我们的道路自信、理论自信、制度自信和文化自信。我们的文化自信建立在中华文化源远流长的历史传统的基础上，又有近现代以来的革命文化与社会主义先进文化作为支撑，还有最广大的人民群众积极参与实践作为辅助，再加上广大文艺工作者将艺术理想投身于中国特色社会主义建设实践，我们的文化自信必将成为实现中华民族伟大复兴中国梦的强大精神力量。

（六）增强文化自信的现实意义

1. 文化自信是增强中华民族文化软实力的源泉与动力

随着当今世界经济全球化、政治格局多极化和文化信息多元化趋势向纵深发展，全球性的文化交流、碰撞和融合更加频繁，文化在综合国力竞争中的地位和作用日益明显。

文化作为一个民族的灵魂和血脉，凝聚着这个民族对世界和生命的历史认知与现实感受，积淀着其最深层次的精神追求和行为准则，并承载着民族自我认同的价值取向。从国家和民族发展的角度而言，文化软实力主要表现为一种精神上的向心力，它有利于国家凝聚力的形成和民族性格的养成，有助于促进国家统一、民族团结和国民精神上的自信。

文化自信是一个国家、民族和政党对自身文化价值的充分肯定，对自身文化生命力的坚定信念。对国家、民族和政党而言，它是文化软实力的重要标志，是国家综合国力的重要构成要素，而且是民族自尊心、自信心和自豪感的集中体现。对个人而言，文化自信实质上是一种价值自信，体现了文化主体对所属国家（或民族）核心价值的认同，作为精神层面的价值观念可成为推动中华民族文化软实力不断发展的源泉与动力。

2. 文化自信是应对世界异质文化冲突与融合的心理支撑

自从民族历史向世界历史转变以来，伴随着经济全球化的进程，各国在思想文化、价值观念等领域的冲突与碰撞不可避免，西方文化价值观的渗透越来越多地对我国社会生活产生深刻的影响。在信息高度发达的现代社会，外来异质文化与中华民族文化之间的冲突与碰撞将会愈演愈烈，严重影响我国文化主体地位和国民价值观念，造成思想上的多元化与文化自信的缺失。

文化本质上是人的精神追求及其创造的产物，人的主体精神和本质力量的自信构成文化自信的核心和根本。因此，面对世界异质文化之间的碰撞与冲突、强势文化的冲击与渗透，为了维护我国的文化主权与安全，掌握文化上的话语权，需要我们正确处理与世界多元文化的关系问题。

对待异质文化，应该是以客观的态度审视自我，以积极的姿态学习，既不故步自封，也不盲目崇拜，在坚持民族文化主体性的前提下，积极吸收异质文化中的精华，在文化的交流、碰撞、冲突中，进行文化的认知、比较与反思，逐步掌握文化交流的主动权，而文化自信则是应对世界异质文化冲突与碰撞，维护国家文化安全的有力心理支撑。

3. 文化自信是实现中华民族伟大复兴的精神支柱

中华民族的伟大复兴必然蕴含着中华文化的繁荣与发展。纵观中华民族几千年的悠久历史，以东方文明著称的中华文化对世界的感召力和影响力不仅曾经独领风骚，甚至在当今仍然具有深远的影响力。博大精深的中华文化为建设社会主义文化强国提供了丰富的思想文化资源，是实现中华民族伟大复兴的宝贵精神财富。

在我国全面建设社会主义现代化国家进程中，推进社会主义文化改革与发展的进程中，文化自信应成为衡量国民素质和精神文化的重要指标。文化自信通过对文化的自觉认知、反思、批判和认同等机制，彰显文化主体性批判、扬弃、认同的社会实践过程，逐步构建民族文化价值观念。文化自信为中华民族的伟大复兴和中国梦的实现提供了一种思想价值资源和心理依托，必将成为实现中华民族伟大复兴的精神支柱。

二、文化自信视域下中华优秀传统文化传承路径探析

文化是民族的血脉，是人民的精神家园。文化自信是更基本、更深沉、更持久的力量。中华文化独一无二的理念、智慧、气度、神韵，增添了中国人民和中华民族内心深处的自信和自豪。国人的自信，民族的自豪来源于文化的自信，来源于中华优秀传统文化的"源头活水"对文化自信的给养。只有以追本溯源的执着定位中华优秀传统文化在文化自信中的地位，以一脉相承的牵绊，厘清中华优秀传统文化与文化自信的关系，才能道清中华优秀传统文化现代性传承的路径，以自信的魄力实现中华优秀传统文化的现代化融合。

（一）概念锁定传统文化地位，内涵划定传统文化圆周

1. 定位传统，厘清源头

概念梳理，文化定位。文化是一个生生不息的运动过程，任何一种民族文化，都有它发生、发展的历史，都有它的昨天、今天和明天。中华文化是以文化的民族性和国度性为依据，以地理环境为依托划定的文化概念。中华传统文化则是融合了地理性和历史性进而在时空中划出的一片文化领域。中华传统文化是我们先辈传承下来的丰富遗产，是历史的结晶，并不只是博物馆里的陈列品，而是有着鲜活的生命。传统是社会的一种生存机制和创造机制，借助于它，历史才得以延续，社会的精神成就和物质成果才得以保存和发展。

把握优秀，厘清源头。中华传统文化源远流长、博大精深的特质不仅给文化继承提供了丰富的资源，而且也给文化传承带来了因袭的负重。由于对自身的传统认识和外部环境的客观把握都不够透彻，这样一年年、一代代的传承难免泥沙俱下、良莠不齐。中华优秀传统文化概念的提出，让探索文化的眼光从纷繁、迷茫中定位到优秀的内核，既能来龙去脉地了解传统文化的发展历程，又能避免被无法穷尽的枝节材料所淹没，量上的减少为找寻最核心的质节省了精力。外延的收缩、内涵的提炼，让我们认清了中华优秀传统文化是现时代国家、社会、个人应该忠实坚守的文化自信的"源头"。

2. 认识内涵，划定圆周

文化有广义和狭义之分，隐性和显性之别，中华优秀传统文化是中华传统文化的组成部分，它既有文化的共性，也有自身的个性。因此，在探讨其内涵时，可以从共性角度对中华优秀传统文化进行显性和隐性两方面的考察，从而划定优秀传统文化的圆周，在既定的范围内给文化自信输送"活水"。

一方面，显性文化是人的本质力量的对象化。首先，表层显性文化特指器物层面的文化实体，即由"物化的知识力量"构成的物态文化层。它是人的物质生产活动及其产品的总和，是可感知的、具有物质实体的文化事物，构成整个文化创造的基础。其用途能满足人类最基本的衣、食、住、行的生存需要、生产生活的劳动需要以及休闲娱乐的精神需要。其材料是人类主体通过社会实践活动，利用、改造自然界客体而创造出来的包含人的价值取向的产品。其次，中层显性文化指在人类社会实践中形成的各种社会规范和社会组织，即制度文化层。物的文化生产过程形成一定规模进而成为一种社会的活动，必然会结成一定的社会关系。人类高于动物的根本之处在于人不仅只进行满足直接肉体需要的生产，而且进行摆脱这种需要支配的真正的生产。在对对象世界的改造中，使自然界表现为

他自身的创造物和他的现实性，从而创造出一个属于他自己、服务于他自己，同时又约束他自己的社会环境即"人化自然"，这便是人通过不断反观自身的实践达到的"自然人化"过程，创造的"人化自然"结果。人在"人化自然"中创造准则，并将其规范为社会制度，固化为社会组织，上升为政治制度。最后，深层显性文化即精神文化层，包含社会意识和社会思想。

另一方面，隐性文化是人的本质力量的内在化，体现在心理潜意识和符号上。第一，人类社会实践和意识活动中长期孕育出的思维方式、价值观念、审美情趣以及由心理动机而产生的行为模式均属于心理文化层的范畴。第二，符号中的言语符号包括声音言语、文字言语、图形言语和非言语符号中的情态言语、体态言语既为人类文化的传承提供了载体，又是人类文化的重要组成部分。特别是汉字作为文字言语同中华传统文化有着极为密切的关系。它既是中国文化的重要文化事项之一，又是中华文化中其他文化项的载体。通过对中华优秀传统文化显性和隐形内涵的范畴界定，我们便能在既定的文化圆周中甄别文化自信建设的营养成分，清除源头的污染物，从而保证汇入文化自信的中华传统文化的优秀纯洁。

（二）面对传统文化现代化危机，树立传统文化塑造性意识

传统文化是文化自信的"活水"还是"死水"？这类问题，是大而无当的假问题，真正该探讨的问题应该是传统文化的某一部分是否，以何方式、在多大程度上影响，制约着我们今天的生命活动？我们应该怎样去塑造新的传统？为此，我们将所探讨的文化定位于中华优秀传统文化，在这样的大前提下回答传统文化是文化自信的"活水"还是"死水"的问题就显得有话可说、有理可持。

"活水"既有流淌之势，又有动态之感。中华优秀传统文化的"活水"在"过去"往"现在"流向"未来"的历程中，我们不仅看到文化基因的悠久沉淀，更体会到传统文化血脉如水般难以割断。因此，当传统文化遇见现代文化自信时，不同支流的活水是泾渭分明还是兼容并蓄？这个问题在中华优秀传统文化与文化自信的融汇中难以避免，面对传统与现代的张力，两种不同的表现形式让传统文化存在着"活水"变成"死水"的危机。

1. 破除投鞭断流式全盘否定，寻找自身传统的自信曙光

中华优秀传统文化的"活水"经过几千年的流淌进入了现代化的大门。在现代化的进程中一些学者倡导"冲击—反应"论，认为以儒学为核心的中华优秀传统文化是一个内部缺乏活力的惰性体系。它长期停滞不前，只有在西方文化的冲击下，才被迫做出反应，被迫向近代转变。这一观点虽肯定了近代西方文明对中国近代化进程的历史推动作用，但也

具有一定的片面性，它仅看到传统文化在这一进程中的消极阻碍性，从而单方面认定传统文化是中国近现代发展中的阻碍。在片面性思想的发酵下易产生"全盘西化论""彻底重建论"等投鞭断流式的对中华传统文化全盘否定的倾向。"全盘西化论"认为西方皆优，自身皆劣，对传统文化怨天尤人、满腹牢骚，在妄自菲薄中丧失了民族自豪感和文化自信心。"彻底重建论"则认为必须对中华传统文化进行全力的动摇、震荡，使之彻底解体、尽速消亡，倡导想要建设中国新文化，"必须进行彻底的反传统""断裂传统""以反传统来继承传统"，甚至宣传反传统是"永远不悔的旗帜"。

无论是"全盘西化论"还是"彻底重建论"都是对自身文化的不自知、不认同、不自信。"人贵有自知之明"，民族也是一样，唯有客观把握自己的缺点，才能舍旧取新，大步前进，唯有了解自己的优良传统，才能保持高度的文化自信。优良传统中的家国天下的经世理想、穷变通久的变易哲学、民贵君轻的民本意识、自强不息的进取态度都是连接中华优秀传统文化与文化自信建设的纽带。这些传统文化内在的活力因素必然唤醒文化的自信。把握你自己的文化，认识到传统文化本身内在的活力因素，这是中华优秀传统文化在面对历史和时代的阻碍时，冲破窒息流淌的束缚，寻觅传统现代化发展的曙光、建设文化自信的希望所在。

2. 冲破泥沙俱下式全盘接受，恢复文化传统的自信信念

泛化优秀，全盘接纳。对中华传统文化不加辨识，夸大传统文化内部的优秀成分，以偏概全，只看到其丰富的精神内涵，忽视其中的荒杂内容。将中华优秀传统文化泛化为中华传统文化的文化保守主义者倡导复兴儒学，认为中国社会出路的解决在于文化出路的解决，而文化出路的根本解决在于儒学的复兴。但是作为中华传统文化核心的儒学思想本身并非尽善尽美的，更不是包治百病的良方。从儒家思想本身的优劣不齐来看，如果说完全恢复儒学的地位，充分恢复传统文化在中国的统治地位并指导中国的文化建设，这无疑会给文化自信本身带来不自信。若中华传统文化是文化自信的优良补给，必然会因源头的不纯洁而污染文化的自信，从而窒息文化自信的活力，动摇文化自信的信念。

把握"传统"与"文化传统"，澄清全盘接受的误区。从传统角度看，"传统"本质首先是"传"，它应该是动态的、富有生命力的东西，因此具有"传下去"的合理性和必然性。凡是现实的都是合理的。这里的"理"也昭示着一种文化传统，即符合社会规范之理。合理的文化是时代选择的结果，是文化内在机制调节的结果。在历史演变的大叙事下，中华优秀传统文化是时代"合理性"积聚的结晶。从文化传统角度看，所谓文化传统，就是受特定文化类型中价值系统的影响。经过长期历史积淀而逐渐形成的、为全民族大多数人所认同的思想和行为方式上的难以移易的心理和行为习惯。当文化传统这种事实

判断的范畴与民族文化的"基本精神""民族精神"相结合时，在价值指向上，就有优秀与否之分。因此，只有优秀的传统文化才能指引文化传承的现代性路径，才能是文化自信最深厚的文化基因。

（三）四维度建构传承网络，三立足夯实传承基石

对于文化研究来说，"古今"就是从时间角度把文化及其传统看作是历史地发展着的；"中外"就从空间角度正确处理民族文化和外来文化的关系。

因此，对中华优秀传统文化，在讴歌中探索，在自豪中反思，在固守中并蓄，在传承中创新。我们要树立四个维度：古、今、中、外；坚守三个立足点：建筑、活动、精神。只有这样的传承拓展，才是丰富中华文化，建设文化自信的王道。但是百年实践探索中仍存在建筑单一趋同化，教育机械形式化，精神空洞亵渎化的趋向。毫无疑问，没有中华传统建筑就没有中华文化固化。没有生产教育宣传就没有中华文化活化。没有传统敬畏精神就没有中华文化神化。

1．四个维度构建，古今中外贯穿

（1）探古寻根，清澈源头

讲清中华优秀传统文化的价值理念、深邃内涵、鲜明精神，探清中华优秀传统文化的历史渊源、发展脉络、基本走向，在探古寻根中增强文化自信。

横向领会中华优秀传统文化内涵，在浩瀚广博中树立自信。中华优秀传统文化实质上是民族精神的具体表现。从中华文化基本精神的主体内容方能领会传统文化的丰富内涵。"天地与我并生，万物与我为一"的精神境界，"人事为本，天道为末"的人本意识，"苟利国家生死以，岂因祸福避趋之"的报国情怀，"富贵不能淫，贫贱不能移，威武不能屈"的浩然正气等，都体现了中华民族的优秀传统文化和民族精神，都是不应该忘却的"本来"和"初心"。我们要扩宽传统文化的圆周，在更广阔的天地感悟文化的广博，坐井观天、一叶障目只会滋长自负的情感，唯有眼界开、认识深、站得高，方知宇宙之大，人之渺小，从而端正对中华优秀传统文化的态度，树立文化自信的信心。

纵向探寻中华优秀传统文化根源，在历史流动中沉淀自信。只有确切了解人类全部发展过程中所创造的文化，只有对这种文化加以改造，才能建设无产阶级的文化。没有这样的认识，我们就不能完成这项任务。我国现今建设文化自信，必须对中华传统文化的历史进行科学的考察和分析，从而对传统文化史作出科学的总结，端正对传统文化的看法。文化史探究中，中华文化从古至今的纵向流动中，其创造性、延续性、兼容性的特点让中华优秀传统文化焕发出不懈的动力，凝结着历史的精华，它并不是博物馆里的陈列品，而是

有着活的生命。历史探究，让我们认清现实发生的合理性和存在的必然性，即使局部存在着中华优秀传统文化与文化自信的碰撞，我们依旧会信心满满地进行先进文化建设。

（2）守望今朝，坚守活水

重视传播手段，加快传统文化现代化。我们大多数都感到"时代变了"，特别是当我们把自己和父母的生活相对比的时候，这种感觉便是我们对近代文化变迁最切身的感受。文化变迁并不仅仅出现在我们的文化中，在整个人类历史上，随着人们需要的变化，传统行为不断地被取代或被改变。中华传统文化在几千年的文化变迁中传承至今，眼下的中华优秀传统文化仍然面临着变迁，面临着现代化的问题。自身文化通过创造性转化，创新性发展实现文化自立、自强。优秀文化只有借助传播手段才能让国人接受，让世人尊重。文化传播不仅在传播方式上存在着"地理文化中心论"即以一个地理文化中心（埃及），随后，在其他各民族与其接触中，传播扩散到世界各地，与"平行传播论"即认为世界上存在着一道传播着几个不同的文化复合体，而且在传播内容上也形式多样，不管是打上文化烙印的实体还是无形思想的传播都属于传播的对象。

传播社会主义核心价值观须立足中华优秀传统文化。因为优秀传统文化是中华民族的精神命脉，是涵养社会主义核心价值观的重要源泉，也是我国在世界文化激荡中站稳脚跟的坚实根基。成体系的社会主义核心价值观有其固有的根本。抛弃传统、丢掉根本，就等于割断了自己的精神命脉。新时代提出的社会主义核心价值观，把涉及国家、社会、公民的价值要求融为一体，既体现了社会主义本质要求，继承了中华优秀传统文化，又吸收了世界文明的有益成果，再现了时代精神。社会主义核心价值观传承着中华优秀传统文化的基因，寄托着近代以来中国人民上下求索、历经千辛万苦找寻的理想和信念。我们要在全社会广泛传播社会主义核心价值观，积极吸取中华优秀传统文化中与时俱进的新内容，不断补充价值观的建设，让社会主义文化更加自信，让中华民族更加自信、自立、自强。

（3）立足中华，捍卫清流

清理失衡环境，捍卫文化自信。文化是民族进步的灵魂，文化软实力是国家精神的纽带。中国文化经历了20世纪以来的辛酸历程。当今中国倡导文化自信的首要一步便是肃清文化生态环境。文化生态环境是指由构成文化系统的各种内、外在要素及其相互作用所形成的生态关系。中华文化发展的堪忧现状表现为文化生态的失衡—民族传统文化常常被误解，高雅文化、精英文化市场日渐萎缩，而娱乐文化则大行其道。培育良好的文化生态最有效的措施是政府发挥激浊扬清的作用，肃清文化生态环境，为文化自信保驾护航。

首先，组织领导统帅传统文化传承路径。各级党委和政府要从坚定文化自信、坚持和发展中国特色社会主义、实现中华民族伟大复兴的高度，切实把中华优秀传统文化传承发展工作摆上重要日程。其次，政策保障捍卫传统文化传承路径。加强中华优秀传统文化传承发展相关扶持政策的制定与实施，注重政策措施的系统性协同性操作性。加大中央和地方各级财政投入力度，支持中华优秀传统文化传承发展重点项目建设，制定文物保护和非物质文化遗产保护专项规划等都是传统文化发展必不可少的政策性路径。最后，文化法治环境护航传统文化传承路径。文化自信离不开传统传承、现代规划的引导，更离不开文化法律建设的推动和保障。立法的宗旨是为了加强公共文化服务体系建设，弘扬社会主义核心价值观，增强文化自信，提高全民素质，营造健康文化法治环境。第一，立法保障。逐步建设中国特色社会主义法治体系和制定一系列与之配套的制度与机制，为文化市场、文艺创作、遗产保护、文化安全提供重要保障。第二，执法监督。提高文化系统的依法行政能力，满足人民的文化权益，加大文化执法行为的监督，对涉及保护传承弘扬中华优秀传统文化的相关法律法规的施行力度进行重点监督检查。第三，法治宣传。在全社会宣传营造守法光荣、违法可耻的氛围。增强全社会依法传承发展中华优秀传统文化的自觉意识，形成礼敬守护和传承发展中华优秀传统文化的良好法治环境。

（4）放眼国外，百川汇海

开放世界的八面来风驱散了曾经笼罩在民族心头的封闭阴云。人类各民族相互交流的深度和广度都在不断拓展。在这样的时代大潮中，中华优秀传统文化将以怎样的姿态参与世界文化的合作、交流，即中华优秀传统文化的适应性问题。相比其他国家的文化开放程度，中华文化的适应能力是比较弱的，在中国地理环境，经济方式和制度传统的影响下，产生了强烈的文化优越感和自我中心的文化心态。在文化自负心理的发酵下，这种自我本位，视"华夏"文明高明而精微，"外来"文化低劣而粗浅。近代的落后挨打，让一部分国人改变了这一看法，但是，时至今日，仍然存在着对中西文化融合道路的分歧。就文化本身，中西文化无优劣之分，即使评判高低，中华文化悠久的历史，渊源的内容也更胜一筹。之所以在传统文化与世界文化交流适应中表现出弱势和消极之感，这并不是文化本身造成的，而是取决于文化背后的经济因素。这其中最关键的便是科学技术的作用。

（5）科技助跑，自信交往

科技创新推动的首次工业革命，诞生了大工业，孕育了现代市场。在发达国家和落后国家的文明冲突中，落后国家必然会主动或被动地学习先进国家的科技成果，甚至产生崇尚西方文明、贬低自身传统的不自信思想。因此，中西文化应秉承平等交流的理念，强化自身开放和适应性。不仅需持有平等观念，全球观念等现代意识，而且需发展科学技术，赶上西方科技的步伐，用硬实力支持软实力的建设，在中西文化交流中彰显自信的民族文化。

2．三立足回归文化初心：建筑固化、活动活化、精神神化

（1）建筑：固化文化，积淀自信

建筑是凝固的艺术，是固化的文化。建筑的本质是为了栖息，但是人们在生产过程中会不经意留下自己文化的影子。中国古代建筑从有据可依的西安半坡圆形和大方形住房，就一直同自身文化观念和与之相适应的审美趣味相联系。中国建筑的根本特色是由中华文化的特点决定的。建筑提倡"透风漏日"，从门窗到亭台廊榭的设计均得自然之动景，感宇宙之情韵，体现了中华文化气化流动，衍生万物的宇宙观。宫殿建筑的阳刚和园林建筑的阴柔生动凝练了儒家阳刚和道家阴柔之美。建筑的最高境界"和"是艺术家将中华文化"和"的基本精神运用到固态艺术上的再现。

秉承保护方针，建设城镇文化。建筑文化遗产的价值，根本在于它能见证历史，即它的历史价值。我国保护传承文化遗产秉承着"坚持保护为主、抢救第一、合理利用、加强管理"的方针，积极做好文物保护工作，加快新型城镇化进程。因此，我们要坚守传统文化遗产保护原则，加强传统文化建筑群的保护，建立历史文化名城、名镇、名村等特色文化传承区域，进行集中重点完善，发展文化特色区域旅游产业。目前，城镇化发展的蓝图依旧在更加清晰和细致地描绘，城镇化"望得见山、看得见水、记得住乡愁"的美好愿景也有很大推进。但是，城镇化高楼大厦平地起的光鲜外表下，人们在眼花缭乱中总是感到冰冷与陌生。工业文明标准化的追求，容易导致城市建筑的千篇一律、千城一面，城市发展中个性的缺失、文化的缺失让人们失去了熟悉的味道。"钢铁+混凝土+玻璃幕墙"的冰冷让建筑急需灵魂的注入，急需传统文化的支持。文化是一座城的灵魂，只有文化的浸润，城市建筑才能彰显其魅力。因此，城镇建筑的建设必须与传统文化相结合，将文化元素、文化脉络融入建筑之中，搞好城镇文化生态，使建筑有灵魂，使城市有传统，使文化有自信。

（2）活动：活化文化，激发自信

传统是社会的一种生存机制和创造机制。借助于它，历史才得以延续，社会的精神成就和物质成就才得以保存和发展。正因为如此，文化传统并非仅仅停滞于博物馆的陈列品和图书馆的线装书之间，它还活跃在今人和未来人的实践中。

首先，文艺创作实践活跃传统文化传承。善于从中华文化资源宝库中提炼题材、获取灵感、汲取养分，把中华优秀传统文化的有益思想、艺术价值与时代特点和要求相结合，运用丰富多样的艺术形式进行当代表达，推出一大批底蕴深厚、蕴育人心的优秀文艺作品。只有自觉投身人民生产生活的伟大实践中，才能从最真实的人民生活出发，发现人民喜怒哀乐，创作出持续满足人民精神文化需求的良作。传统与现代结合的文艺作品才是不

失本来又能开拓未来的精品，才能成为宣传文化自信的号角。

其次，教育、宣传实践搞活传统文化传承。第一，国民教育贯穿始终。围绕立德树人的根本任务，将中华优秀传统文化在广度上融入思想道德教育、文化知识教育、艺术体育教育各环节，在深度上贯穿启蒙教育、基础教育、职业教育、高等教育各领域。第二，宣传教育全面覆盖。综合运用报纸、书刊、电台、电视台、互联网站等各类载体，融通多媒体资源，统筹宣传、文化、文物等各方力量，创新表达方式，大力彰显中华文化魅力。家庭教育中广泛开展文明家庭创建活动，挖掘家训、家书文化，为青少年营造良好家庭文化环境。社会引导中重视承接传统习俗、符合现代文明要求的社会礼仪，形成言行恰当、举止得体、礼让宽容的社会风尚。国家战略上加大对国家重要礼仪的教育宣传力度，彰显中华传统礼仪文化的时代价值，树立"文化大国"、礼仪之邦的自信形象。

最后，生产生活实践激活传统文化传承。一方面，用中华优秀传统文化的精髓涵养企业精神，培育现代企业文化。静态企业文化管理中重点组织企业文化的培育和养成。组织内在精神的提升及展示，组织规章制度的制定和明示，组织文化设施的建设和维护，组织经营文化的设计与传播。动态企业文化管理中重点组织文化的传播和弘扬。开展技术技能型文化活动增加工人劳动技能；开展生活福利型文化活动增加工人劳动保障。开展文体娱乐型文化活动增添工人劳动乐趣。开展制度创新型文化活动保障工人劳动公平。另一方面，深入发展传统体育，抢救传统体育项目，把传统体育项目纳入全民健身工程。组织培育健身意识，形成个人良好健康头脑；组织体育制度建设，完善体育竞赛、运动的法律法规。组织体育行为习惯，形成持久、有序、渐进的健康行为。在个人中营造健康体魄生态，在社会中形成健身文化理念，从而丰富文化自信的内容，彰显更广泛的文化自信。

（3）精神：神化文化，敬畏自信

传统敬畏涵养对中华优秀传统文化的敬畏之心。敬畏在一般意义上表达的是人们对社会生活严肃、谨慎和认真的态度，是人在面对庄严崇高事物时所产生的带有害怕、尊敬的感受，是对文化超然性的意识。对传统文化的敬畏之心是人类最可贵的自信。因为人是文化的存在方式，任何人都无法回避"我从哪里来"这一形而上的问题，都强烈渴望"安身立命"的根性回归，而这一问题在个体生命中是不能充分被说明的，只有从世代延续的人类发展历程中才能有效地回答。传统保护着我们，划定人性的圆周。基于民族传统的认同，我们才有安身的可能，才有自己的"文化身份"，基于社会生活，传统更维系着基本的社会秩序。因此，对自身民族文化传统保持敬畏之心是文化自信最难得的初心。

自信缺失弱化文化自信底气。中华优秀传统文化当今面临的最大困境就是对传统文化本身自信的缺失。中华文明历史悠久，这种传统的厚重感让我们身居其中而不自知，历史的飞快向前更淡化了对民族传统的自觉意识。20 世纪至今的百年流变中，中华优秀传统文化并没有在自觉中得到很好的传承，不可否认，文化建设依旧是我们的短板。我们时常感叹：中国是一个文化资源大国，却是一个文化产业小国。

文化自信首先来源于信仰，因相信而有敬畏之心。只有拥有敬畏之心，才会有虽不能至，然心向往之的敬仰之情，才会有摒弃糟粕，坚守底线的畏惧之情。当今的部分民众缺少对传统文化的敬畏之心，这种自信的缺失会弱化优秀传统文化作为中华民族精神血脉、文化基因的价值，甚至丧失整个民族的独特性和存在的现实性。

在文化自信建设中，我们不仅要脚踏实地，将传统文化放于实践生活中，着眼于具体政策的实施，具体方案的出台，而且要仰望星空，置传统文化于浩瀚星空，心存敬畏，做到口诵而得其教，心维而得其旨，体行而得其道，才能在文化自信建设中有所为有所不为，坚守道德底线，呵护文化操守，从而坚守恒定的文化价值。

因此，我们要心中存敬畏，视传统为"立命"之根，在文化自信建设中以神话般的敬畏尊重传统，严肃对待传统，这样才能找寻到传统文化传承发展的明确路径，这样我们的文化自信建设才不会迷失方向，我们的步伐才会更加矫健。

第五章　红色文化的传承与发展

第一节　红色文化的认同

一、提升红色文化认同的关键因素

（一）能否满足社会实践发展的现实需求

统治阶级的思想在每一时代都是占统治地位的思想。这就是说，一个阶级是社会上占统治地位的物质力量，同时也是社会上占统治地位的精神力量。20世纪上半叶，尽管整个中国为殖民文化、封建文化、官僚资本主义文化所牢牢"统治"，但马克思主义一经革命先行者和思想先驱引入中国，便如星星之火般在被统治阶级心中点燃。日渐觉悟的民众迫切要求用一种新的文化形态来表达自身的情感、思想和精神，迫切要求用一种新的文化形态来作为投向反动势力的投枪和匕首；革命队伍迫切要求用一种新的文化形态来伸张革命活动的正义性，在推翻反动的物质统治力量的同时推翻反动的精神统治力量。人民群众阶级意识、革命觉悟悄然萌生，革命活动由自发走向自觉的过程，恰恰是红色文化形成发展、逐步被认同和接受的过程。

从性质上看，红色文化与反动的帝国主义文化和封建文化形成鲜明对比，它由新的阶级力量所造就，是一种进步的、为旧时代所不容的新质文化。它与资产阶级革命派所宣扬的资产阶级文化也有很大不同，是一种彻底的、革命的文化，是一种代表群众利益、为人民说话的大众文化。从功能上看，红色文化既有直斥社会现实的责任担当，又有对群众诉求的如实表达，更有大众化的表现形式，它极大地鼓舞了人民群众的革命热情，给予了中国人民克服困难、战胜敌人的信心和勇气。

今天，当救亡图存的民族危机代之以民族复兴的历史使命，当和平与发展成为时代主题，为生存而呐喊、为革命而奔走的红色文化是不是该退出历史舞台？我们认为，之所以有人产生这种疑问，是因为他们对红色文化的理解过于片面和狭隘。作为一个发展的、开放的体系，红色文化及人民群众对红色文化的认同既有坚持又有发展。一方面，红色文化的主体产生形成于革命建设年代，有其特定的时代背景和社会条件。另一方面，历史又不断赋予红色文化以具有时代感召力的新思想、新内容，而革命传统、革命精神作为红色文化的内在基因和核心要素，则贯穿于这一文化发展的长流之中，沉积于我们的民族血液之中，构成红色文化，同时也是民族精神永恒的、深层次的、经典性的价值和意义。

在社会主义市场经济条件下，市场规则不可避免地延伸到精神文明建设领域，物质主义、消费主义、实用主义思想在一定程度上膨胀。一些地方和部门过度强调红色文化的产业化、市场化，做法上有功利化、行政化的倾向，使得红色文化的思想政治教育功能严重萎缩；一些党员干部消极腐败、只谋其位不谋其政，红色文化所塑造的党和政府的良好形象在一定程度上受到损害；一些人举着娱乐至上的幌子戏谑庄严，使革命英雄主义的精神内涵无端消泯。这种情况下，红色文化价值意义的回归显得尤为重要。因为老一辈革命家、革命先烈、革命烈士和时代英模背后，无数红色历史遗产和具有标志性意义的红色文化遗迹背后，包含着中国共产党人矢志不渝坚持的马克思主义科学理论和共产主义远大理想，包含着中国人民矢志不移追求国家富强、民族振兴和人民幸福的坚定信念，包含着党和人民为着理想信念不懈奋斗的价值追求和精神境界。人民群众渴望从那些物质贫乏但精神富足，有理想、有信仰和富有献身精神的革命者身上发现人生的价值和意义，渴望建党精神、红船精神、井冈山精神、苏区精神、长征精神、延安精神、西柏坡精神等红色基因能在党员队伍中薪火相传、发扬光大。这些现实需求使得红色文化认同成为新的可能。

（二）能否实现工具性价值和目的性价值的有机统一

文化是工具性价值和目的性价值的统一。新时期，红色文化能否为人民群众所认同，依然要看其工具性价值与目的性价值能否在中国特色社会主义发展事业、中华民族伟大复兴梦想中实现有机统一。也就是说，只有当红色文化成为党同人民群众情感的共鸣点、事业的交融点、命运的交汇点，成为党同人民群众保持紧密联系的情感桥梁和思想纽带，它才能为广大人民群众所认同；只有不断培育人民群众在红色文化中的主体意识，巩固人民群众在红色文化中的主体地位，发挥人民群众在红色文化中的首创精神，它才能被称为是真正的、人民的文化。如果红色文化旗帜上只书写着一党之利益、一党之诉求，而忽略了人民群众的利益诉求；如果红色文化只是局限于反映党在理想信念、价值诉求、作风气派上的先进性和代表性，而忽视了人民群众的高尚道德品质及其在红色文化中的主体地位和首创精神，红色文化就无法根深蒂固于群众的土壤，人民群众也不可能成为红色文化的忠实创造者、建设者和认同者。

（三）能否认识和把握红色文化认同的多重性构成

红色文化认同的产生及发展与红色文化的内在构成有着直接关联。红色文化是政治因素、历史因素和价值因素的有机统一。这就意味着，红色文化认同必须从政治认同、历史认同和价值认同三个维度展开。只有准确把握其内在联系和内在逻辑，结合时代发展主题和文化发展实际来理解红色文化，对红色文化的认同才能真正实现。

首先，要把握三个认同的内在联系和内在逻辑。三个认同不是独立存在的，而是彼此紧密联系的。不能孤立地看待某一个认同，不能只认识到其中一种而忽略其他。不能用其中一个认同掩盖另一个认同，也不能出现三个认同的相互否定。从历史来看，三个认同之间是缺一不可、相互依存、共同促进的关系。其中政治认同是方向，是主脉，指的是人们对红色文化所体现的党性、人民性、阶级性和政治性的认同和在此基础上形成的政治观，以及对政治道路、政党执政的认同。历史认同是基础，是主体，指的是对红色文化所反映的革命、建设历史的认同对在此基础上形成的历史观，以及对历史人物、历史事件等的认同。价值认同是灵魂，是本质，指的是对红色文化所承载的文化传统、生存条件、活动方式、利益需求等的认同以及对在此基础上形成的价值观的认同。从一定意义上说，脱离政治认同的红色文化将失去前行的正确方向，脱离历史认同的红色文化将陷入虚无化、碎片化而为人们忘却或篡改，脱离价值认同的红色文化，则将陷入意义的抽象化而失去其存在的必要性。

其次，要结合时代主题的变化和文化发展实际来理解三个认同。在革命年代，文化直接配合阶级斗争的现实需要是一大特点，从这个意义上说，革命文化主要表现为对革命思想和革命运动的宣传。这一时期红色文化宣传的目标，就是要使人民群众产生对中国共产党、中国革命道路的政治认同。在社会主义改造和社会主义建设道路探索过程中，依然突出强调红色文化为无产阶级政治服务，强调红色文化政治认同的唯一性。在某些特殊历史时期，甚至出现背离文化发展客观规律，把文化问题无限上纲为政治问题的做法。经过改革开放几十年的发展，我们国家已经形成马克思主义一元指导地位下的多元文化格局和文化多样化发展的态势，对红色文化的地位、本质与功能也有了新的、更加全面的评价。在认识上，我们在坚持红色文化政治认同的同时，更加强调红色文化建设发展的根本目的是实现人的全面发展。在方法上，过去依靠行政权力干预和暴风骤雨式群众运动形成红色文化认同的做法，逐渐由文化自身发展的内在力量即价值认同而取代。在内容上，既有经过长期历史积淀形成的精神内涵，又赋予了具有时代感的新思想、新内容。

（四）能否以红色文化的先进性要求自己，代表红色文化的发展前进方向

人民群众对红色文化认同与否，也主要是看它的创造主体之一——中国共产党能否始终以红色文化的先进性要求自己，能否始终代表红色文化的前进方向，做到在理论上开拓创新、实践中担当有为、道德上砥砺境界、政治上纪律严明。

一是理论上开拓创新。中国共产党是一个由科学理论孕育催生并用科学理论武装起来的马克思主义政党。改革开放以来，党围绕什么是社会主义、怎样建设社会主义，建设什么样的党，怎样建设党，实现什么样的发展、怎样发展，新时代坚持和发展什么样的中国特色社会主义、怎样坚持和发展中国特色社会主义等基本问题，进行了新的理论探索，形成了中国特色社会主义理论体系，坚持以毛泽东思想、邓小平理论、"三个代表"重要思想、科学发展观、习近平新时代中国特色社会主义思想，为改革开放提供了科学的指导思想和强大的精神力量。当前，我国正处在经济全球化、政治多极化、文化多元化深入发展的世界格局之中，来自国内外的新情况、新问题、新矛盾、新挑战层出不穷，只有结合本国的历史传统与发展实际、结合人民的真实诉求和发展要求不断创新发展理论、提高理论水平，党的理论才能赢得老百姓的认同，与其紧密相连的红色文化才能赢得老百姓的认同。

二是实践中担当有为。从新民主主义革命到中华人民共和国成立，从社会主义改造到社会主义制度确立，从改革开放到中国特色社会主义阔步前进，中国共产党领导中国人民克服一个又一个困难，战胜了一个又一个敌人，取得了一次又一次胜利。红色文化在党领导人民群众进行革命、建设和改革的伟大实践中形成发展，又反过来推动和促进这一伟大实践，成为革命、建设和改革事业发展的"助推器""催化剂"和"黏合剂"。然而，实践的发展总是日新月异，发展的要求也总是日新月异，中国共产党不可能永远躺在功劳簿上。中国特色社会主义新时代，人民群众不仅要通过中国共产党领导人民进行革命、建设和改革的伟大历史认同共产党、认同红色文化，更要通过带领人民群众攻坚克难，在全面深化改革中能否始终坚持开拓创新，在全面依法治国中能否始终坚持人民至上，在全面从严治党中能否始终对贪腐问题真查真办，在朝着第二个百年奋斗目标迈进的进程中能否始终不忘初心、牢记使命来认同中国共产党、认同红色文化。

三是道德上砥砺境界。红色文化是高扬在党的精神境界中的一面旗帜，它集中体现了中国共产党全心全意为人民服务的道德追求，集中体现了中国共产党毫不利己、专门利人的道德判断，集中体现了中国共产党自力更生、艰苦奋斗、开拓进取、勇于创新的道德风尚。然而，思想道德总是受到特定时代经济、政治、文化和社会发展总体状况的制约和影

响。当前，社会转型引起的一系列深刻变化从客观上给广大党员的思想道德带来了影响，文化价值观的多元化倾向在一定程度上对党员的道德观念产生了侵蚀，经济全球化发展对党员队伍带来了政治、思想、道德、信仰等多方面的冲击。从一个革命的党向一个长期执政的党的转型过程中，共产党人只有始终以红色文化所倡导的道德情操要求自己，始终以红色文化所涵括的革命精神要求自己，始终以老一辈无产阶级革命家的高风亮节为典范，才能赢得老百姓的真心拥护和认同，红色文化才能深入人心。

四是政治上纪律严明。今天我们讲严明政治纪律，就是要求我们的党员干部在污水浊流、大风大浪和大是大非面前，坚守政治信仰，坚定政治方向，坚持政治立场，明确政治态度，保持政治清醒，在长期执政的现实中不断加强和改进党的自身建设，在红色文化的影响下不断增强创造力、凝聚力、战斗力，成为中国特色社会主义事业的坚强领导核心。

（五）能否适应和引领人民群众阶段性、层次性、多样性文化需求

文化建设服务于中国特色社会主义事业，但归根结底是为了满足人民群众日益增长的精神文化需求。红色文化要永远扎根于人民这片土壤，为人民群众所接受和认同，就必须适应和引领人民群众阶段性、层次性、多样性的文化需求。

首先，要适应和引领人民群众对红色文化的阶段性需求。从当前来看，人民群众对红色文化的"生存性需求"已转变为"发展性需求"，对红色文化安身立命的"刚性需求"已转变为满足日益丰富的精神生活的"改善性需求"，对红色文化改天换地的"政治性需求"已更多地转变为实现人的全面发展的"价值性需求"。"发展性需求""改善性需求""价值性需求"的提出，意味着我们应当着力解决好红色文化发展与时代主题变化相适应的问题。当前主要是解决好主旋律引领与文化多样化包容发展的问题，解决好严肃的文化主题与喜闻乐见表达方式相对接的问题，解决好坚持红色精神教育与制造更多红色文化消费热点有机结合的问题，解决好思想教育与政治自觉、历史反思和价值关怀相融合的问题。只有这样，红色文化所蕴含的精神内涵、道德品质、价值理念才能为人民群众所接受，红色文化认同才能成为可能。

其次，要适应和引领人民群众对红色文化的层次性需求。在社会主义初级阶段，人民群众的文化水平、思想观念、价值取向、理想追求等呈现出复杂多变的特点，其觉悟程度、认识能力乃至道德水平、精神境界均处在不同层次上。我们不能用一把尺子去衡量不同个体，也不能用行政力量命令大家"齐步走"，更不能用"大跃进"方式拔高人民群众对红色文化的"需求"。对于人民群众中存在的基础性的、普遍性的红色文化需求，应通过整体构建、共享发展的方式来满足，比如构建红色文化资源共享网络，开放各类纪念场

所，提供与时俱进的红色文化作品和产品等。对于更高层次的红色文化需求，则应通过深度挖掘、层次递进的方法来满足。同时，还要营造社会氛围，创造发展条件，树立先进典型，使部分群众对红色文化较低的需求向较高层次的需求转变。

再次，要适应和引领人民群众对红色文化的多样性需求。红色文化本身是多样的，人民群众对红色文化的需求也是多样的。从红色文化来看，它的多样性体现在它内涵的丰富性上，即它将党的利益与人民的利益紧密连接在一起，将政治追求、理想信仰、道德情操紧密连接在一起；体现在它的创造主体的多元性上，即它将人民群众的文化主体性和革命领导阶级的主体性紧密连接在一起；体现在它的理念的多维性上，即它将文化的政治观、历史观、价值观紧密地连接在一起，当前尤其强调政治自觉、历史反思和价值关怀的重要性；体现在它的功能的多样性上，即它将思想导引、政治驾驭、道德示范、法纪教育、历史教育等功能统合在一起，提供历史、文化、新闻、教育、军事、政治等多个教育维度。人民群众对红色文化的需求更是多样的。既有政治的，又有经济的；既有知识的，又有审美的，更有价值的。要实现人民群众对红色文化的认同，就必须从红色文化的供给侧出发，充分考虑和满足人民群众对文化需求的多样性，在深度挖掘红色文化资源、生动塑造红色历史人物、真实反映红色文化史实、科学阐释红色文化理论、多渠道多角度多方法宣传红色文化上下功夫。

二、提升红色文化认同的现实策略

（一）提升红色文化认同须巩固"存量因素"

要教育、引导学生正确认识世界和中国发展大势，正确认识中国特色和国际比较，正确认识时代责任和历史使命，正确认识远大抱负和脚踏实地。从中我们看到，没有比较，就无法对事物的性质、事物发展所处的发展阶段给出正确判断。无论是在高校思想政治教育工作中，还是在面向全社会的宣传思想工作中，都应注意引导青年学生及广大人民群众正确认识世界和中国发展大势。加强中华优秀传统文化、革命文化、社会先进文化教育，加强党史、新中国史国史、改革开放史、社会主义发展史宣传。要引导青年学生和广大人民群众从我们党探索中国特色社会主义历史发展和伟大实践中认识和把握人类社会发展的必然性，把理想信念建立在对科学理论的理性认同上，建立在对历史规律的正确认识上，建立在对基本国情的准确把握上，坚定理想信念，不断加深对中国特色社会主义的思想认同、理论认同、情感认同。以中华人民共和国成立多年来的新旧对比，以中西发展的起点、方式、速度、成就等的对比，来客观评价中国特色的社会主义道路、中国特色社会主义理论、中国特色社会主义制度和中国特色社会主义文化，增强道路自信、理论自信、制度自信和文化自信。

（二）提升红色文化认同须树立"正面因素"

一种政权为了维持其利益或是为了实现政权的政治目标，往往需要一种文化认同上的支持，这样可以使政权获得稳定并具有凝聚力。因为一种政权所要维持及倡导的认同与其政治内涵及需要是一致的，因而，当人们认同了一种政权所倡导的认同后，那么也就有可能顺从这一政权。进一步来说，人们要认同由某一政权所倡导的文化形态，也必然是以对这一政权、这一政权的核心、这一政权实现的政绩及其执政形象的认同为前提和基础的。也就是说，代表中国先进生产力的发展要求、代表中国先进文化的前进方向、代表中国最广大人民的根本利益，是中国共产党的历史使命；不断加强自身建设，是中国共产党的现实要求。中国共产党只有在完成这一历史使命、遵循这一现实要求的过程中，不断提升其社会发展（老百姓的获得感、幸福感、安全感）的说服力、文化创新（能满足老百姓多样性文化需求）的吸引力、执政为民（惩贪治腐、清正廉洁）的公信力，用善政、良政、法政、德政取信于民，他所倡导和以之为代表的文化形态才能为老百姓所认同。无论是"三个代表"还是"打铁还需自身硬"，所要说明的，无非是两点：第一，执政党只有加强自我要求，加强自身建设，不断提升执政能力，树立清正廉洁的形象，才能赢得民众的支持。第二，认同一个政党和政府倡导的文化形态，是以对这个政党政府的得失成败认同与否为前提和基础的。

（三）提升红色文化认同须消解"负面因素"

文化认同不是一劳永逸的。在文化认同形成、发展、巩固的过程中，总会遇到这样或那样的干扰。这种干扰既有客观的，也有主观的；既有物质的，也有精神的；既有政治的，也有经济的。既有长期的，也有短期的。积小力为大力，负面因素如果不能得到及时有效的消解，则会对文化认同产生不可估量的后果。

第一，要注意克服"强制认同"带来的负面影响。一般来说，文化认同可以通过自然生发、文化接触交融、民族分化融合、主体文化辐射、强制认同等途径达到。其中，强制认同是指在强权干涉（行政命令）之下所达到的认同。我们知道，文化传播是通过言语或姿势、表情、图像、文字等符号系统，传递或交流知识、意见、情感、愿望等信息，并使一定的传播者得到影响的过程，对于处于这一过程的传播者和受播者双方来说，传播过程应当尽可能做到自然隐性、润物无声；对于受播者来说，也应当是自觉自愿。但事实上，每一种政权体制之下，都有很多源自政权的对于认同发生影响的强制性因素。无论在什么时候，用简单粗暴的方式强制认同都是不可取的。强制认同隐含的是与这一政权密切相关的政治目的，暴露的是当政者强化自身执政权威的目的和对自身的极不自信，久而久之，非但不能产生共鸣，相反会引发老百姓的反感和排斥。

第二，要注意克服腐朽落后思想对红色文化认同的销蚀。思想这个阵地，你不占领，别人就会占领。红色文化是社会主义先进文化的重要组成部分，但是在社会主义市场经济条件下，实用主义与功利主义的价值取向也占有很大的市场，这种社会心理和价值观念必然会对包括红色文化在内的社会主义先进文化产生一定的冲击。同时，封建迷信思想在党员干部队伍中也有一定的市场。党员干部的迷信行为不仅反映了当前主流价值体系的滑坡，也折射出整个中国社会转型的复杂思潮。

（四）提升红色文化认同须管控"变量因素"

文化认同是一个与社会发展相伴随的动态概念，即随着社会的发展变迁，民众对某种文化形态的认同也会发生一定的发展变迁。这个发展变迁，既有政治的，又有经济的；既有技术的，又有非技术的；既有积极的，又有消极的；既有有益的，又有有害的；既有正向的，又有反向的。这就需要我们在这一过程中，积极管控好这些"变量因素"，化被动为主动，变不利为有利，化有形为无形，使那些在社会发展变迁中出现的、与红色文化认同有直接关联的"变量因素"朝着有利于红色文化认同的方向发展。

首先要善用网络媒体。近年来，随着互联网技术的快速发展，新媒体介质层出不穷，从门户网站到微博信息，再到视频直播，新闻信息载体从文字更多地过渡到影像，民众了解新闻的途径由报纸、广播、电视向移动客户端转移，传统的文化生态随之发生了变化，文化与信息的传播越来越难以被控制。被媒介牵着鼻子走还是能积极适应新媒介、引领媒介，这需要我们的党员领导干部不断提升自己的媒介素养，妥善处理好党委政府、社会公众、新闻媒体这三大主体的关系。在传播红色文化的过程中，善于掌控各类文化媒介，尤其是自媒体这一媒介，使其在文化传播中与传统媒体产生共鸣、形成互动，在重大社会事件中发挥良好作用。

其次是要积极引导社会思潮和社会风尚。在当代中国，经济体制的深刻变革，社会结构的深刻变动，利益格局的深刻调整，生活方式的深刻变化，给人们的思想带来了空前的活力，同时也造成了很大的冲击，对人们的思想和生活产生着深刻影响。现实告诉我们，多样化社会思潮既是无法避免的，又是必须加以引领的。如果任其自由发展，那就会影响和冲击党和人民团结奋斗的思想政治基础，影响和冲击构建和谐社会的共同价值追求，影响和冲击构建命运共同体的共同目标取向，甚至会动摇中国特色社会主义事业的根基。加强对社会思潮的深入研究和正确引导，积极探索用社会主义核心价值体系引领社会思潮的有效途径，对于弘扬红色精神，努力发展社会主义先进文化，具有重要意义。

再次是要有效应对文化舆情演化。一是要做好充分的预案，有针对性地针对各类舆情事件进行演习；二是要善于用法律、制度、规定对具体案例进行直接评判，建立相应的法律法规，确认公众舆论表达的明晰的边界；三是要善于利用舆情监测手段，分析舆情发展态势，加强与网络的沟通，以面对面的方式和媒体的语言风格，确保新闻和信息的权威性和一致性，最大限度地压缩小道消息、虚假信息，变被动"补台"为主动"搭台"，主动介入，确保更准、更快、更好地引导舆情的发展。对于那些对红色文化中的人、事、物臧否褒贬的舆情，要有正确的应对方法，既要就事论事，又要跳出事情本身，以正确的政治观、历史观、价值观进行全面客观的评述，积极抢占网络发言的制高点、主动权和主导权。

（五）提升红色文化认同须培育"促生因素"

对红色文化认同的提升，首要的是"认同主体"各方面能力的提升，如参政议政能力、社会生活能力、文化创造能力和感受能力。由此，一是积极引导民众参与政治生活。政治生活重在参与，贵在实践。中国共产党成立之初，十分善于通过引导民众参与政治生活来赢得支持。因为民众的觉醒对于马克思主义理论的传播、新民主主义革命的胜利至关重要。

二是积极引导民众参与社会活动。社会是许多个体所组成的一个整体。每个人的存在都和社会息息相关、不可分割。社会的稳定发展和进步也为每个社会成员的成长和发展提供必要的条件和良好的环境。作为社会的一员，应树立忧患意识和使命感，树立回报社会意识，积极关注社会现实问题，积极参与社会公益活动，成为社会发展进步的推动者。而作为党和政府，也应当以健全的法律、法规，积极推动民间社团组织的规范化、有序化运行，积极引导各类社会组织加强自身建设、增强服务社会能力，支持人民团体参与社会管理和公共服务，发挥群众参与社会管理的基础作用。

三是积极引导民众参与文化建设。人民群众是红色文化与社会主义先进文化建设的主体，其主体意识和主体地位的提升，有助于其对红色文化的认同。第一，在开展群众性红色文化活动中，应坚持走群众路线，活跃群众文化生活。发动群众根据兴趣爱好选节目、搭舞台、自演自练、自娱自乐、互帮互助，提升群众自办红色文化活动的能力，努力实现红色文化社会化的最优效果。第二，通过完善相关法律政策，放宽准入领域，降低准入门槛，积极倡导个人、企业、社会团体等社会各方面力量通过捐助、捐赠、自办等方式参与红色文化建设。第三，整合地方资源、利用社会资本，通过设立"红色文化传承人"等荣誉称号，吸引当地乡贤、发家致富带头人和在外发展的具有一定实力的企业家为地方红色文化事业、产业的发展注资助力。将丰富的"红色资源"转化为强劲的"发展能源"，转化为老百姓共富路上的"幸福泉源"。

第二节　红色文化的传承

一、"传承"对于红色文化建设发展的意义

中国共产党自诞生之日起，就自觉地肩负起实现中华民族伟大复兴的庄严使命，团结和带领全国各族人民为完成民族独立、人民解放的历史任务而奋斗。在这一过程，中国共产党更是把红色文化当作投枪匕首，当作一支向敌人宣战的无形的部队，以高度的历史自觉和文化自信，传承红色文化，弘扬革命精神，推动红色文化的建设发展。

（一）传承体现了推动红色文化建设发展的历史自觉

中国共产党人对文化传承历来具有高度的历史自觉。中华优秀传统文化是中华民族的精神命脉。要努力从中华民族世世代代形成和积累的优秀传统文化中汲取营养和智慧，延续文化基因，萃取思想精华，展现精神魅力。要以时代精神激活中华优秀传统文化的生命力，推进中华优秀传统文化创造性转化和创新性发展，把传承和弘扬中华优秀传统文化同培育和践行社会主义核心价值观统一起来，引导人民树立和坚持正确的历史观、民族观、国家观、文化观，不断增强中华民族的归属感、认同感、尊严感、荣誉感。这一态度，恰恰是共产党人一以贯之的文化立场。即对于传统文化、外来文化，既要去其糟粕，又要取其精华；既要总结经验，又要善于吸取教训。同时，要以历史观、民族观、国家观、文化观的树立作为传承的最主要的目的。从对传统文化的传承来看，中国传统儒学具有"自强""刚健"等要义，且具有求现实生存、肯定世俗生活并服务于它的实用理性。中国传统的思维方法、行为规范、价值观念和马克思列宁主义在某种程度上有相通相容之处，马克思主义的实践性则非常符合中国人民救国救民的需要。而红色文化作为马克思列宁主义的直接呈现，恰也传承了"舍生取义""敢为天下先""先天下之忧而忧、后天下之乐而乐"的民族精神，体现出传承优秀传统文化的历史自觉。

今天我们对红色文化的传承同样是一种历史自觉。对于一个国家或民族同样如此。它必须从繁芜、庞大、深厚的历史土壤中提炼出精神基因。因为一个国家、一个民族、一个政党、一支军队的血脉传承和基因密码，就蕴藏在它们的历史中。面对日益尖锐、复杂的现实，党员干部只有学会从历史中找到传承，从红色文化中赓续血脉，深入思考我们当初是从哪里出发的、为什么出发、我们要走向哪里，以高度的历史自觉接受我党我军的光荣历史和优良传统，接受思想启迪和精神洗礼，始终不渝地坚持共产主义理想，坚定中国特色社会主义信念，永远保持革命战争时期那么一股劲、那么一股革命热情、那么一种拼命精神，才能在大是大非面前经受住考验，才能走得更正、更直、更远。而我们的民众也只有充分意识到对红色文化传承实际上体现的是自身主体地位的确立和主体功能的发挥，才能更好地推动红色文化的发展。

（二）传承体现了推动红色文化建设发展的文化自信

坚定中国特色社会主义道路自信、理论自信、制度自信，说到底是坚定文化自信，文化自信是更基本、更深沉、更持久的力量，全党要坚定道路自信、理论自信、制度自信、文化自信，文化自信，是更基础、更广泛、更深厚的自信。

红色文化是中国共产党领导中国人民进行新民主主义革命和社会主义建设的精神旗帜，是中国共产党执政的重要思想前提和文化基础，也是近代以来中国人民主体意识觉醒与发展的象征。在一个民族、一个国家的发展中，其文化的发展是一个十分重要的因素，甚至关系一个民族、一个国家的前途。一个民族、一个国家如果丧失了自己的文化，那么就难以获得发展。而一个民族如果丧失了对本民族文化的自信，丧失了对与民族发展历史和前途命运紧密相连的政治文化的自信，将更难以获得发展。

（三）传承体现了推动红色文化建设发展的价值要求

传承红色文化，推动红色文化发展，其实质是倡导红色文化所蕴含的价值要求。一是要求我们的党员干部坚守红色文化所倡导的价值目标，坚持党的指导思想不动摇，坚定中国特色社会主义信心不动摇，坚定走中国特色社会主义道路不动摇。二是要求我们的党员干部坚守红色文化所倡导的价值立场，全心全意为人民服务，为人民群众干好事、做实事。三是要求我们的党员干部坚守红色文化所倡导的修身立德的价值标准，正确对待道义和利益，有效约束自己的言行，弘扬优秀传统道德观和社会主义核心价值观，倡导社会主义道德，培育共产主义道德。当然，传承红色文化，也应当在人民群众中积极弘扬红色文化所蕴含的价值要求、价值目标、价值立场，树立起作为中国人的底气、骨气、硬气。因为红色文化过去是共产党同人民群众患难与共的共同历史记忆，生动铭刻了革命军民同心同德翻身求解放的历史征程；今天，它是共产党同人民群众同呼吸共命运的真实写照，真实反映了党与群众齐心协力改革求发展的现实道路。而不管是过去、今天还是将来，它都是党同人民群众情感的共鸣点、事业的交融点、命运的交汇点，是党同人民群众保持紧密联系的情感桥梁和思想纽带。

二、传承红色文化的四个坚持

（一）坚持党性和人民性的辩证统一

新时期社会主义先进文化建设，应始终将党性与人民性作为最重要的建设目标，坚持党性与人民性的辩证统一。即既要坚持和巩固马克思主义在文化建设领域的指导地位，坚持党在文化建设中的领导地位，始终以红色文化所涵括的革命传统、革命精神来要求自己，始终代表先进文化的前进方向，在长期执政的现实中不断加强和改进党的自身建设，保持党的先进性、纯洁性、纪律性，以此增强人民群众对中国特色社会主义的道路自信、理论自信、制度自信和文化自信，并充分激发出人民群众对中国特色社会主义文化的文化自信，又要在社会主义文化建设事业中始终坚持一切为了群众、一切依靠群众，从群众中来、到群众中去的群众路线，始终坚持人民群众在文化建设中的主体地位，充分肯定人民群众在社会主义先进文化建设中的首创精神和主体作用，激发人民群众干事创业、建设中国特色社会主义文化事业的积极性、主动性和创造性。

（二）坚持提升底气、保持底色与坚守底线的辩证统一

一是提升底气。何谓底气？从个体层面来讲，底气多指人们通过自身奋斗而产生的对自我发展的信心和力量。一个人的财富、学识、专项技能、家庭背景、生活阅历、精神信仰等都可能成为其产生底气的根源。从民族层面来讲，底气是民族、国家经由漫长历史积淀而形成的对自身存在、发展的信心和力量。它包括对民族发展道路、思想理论、社会制度以及文化形态的自信和力量。就红色文化而言，它追根溯源于五千年中华文明，灿烂的历史文化和人文底蕴是它的底气；它兼容并蓄于世界社会主义运动五百年的跌宕起伏，博大精深的马克思主义理论是它的底气；它形成发展于中国革命、建设和改革的历史征程，崇高的理想信仰和不竭的精神力量是它的底气；它影响作用于一代又一代中华儿女，三个"三十年"所取得的胜利和成功是它的底气。

如何提升红色文化的底气？首先，应充分肯定红色文化对于新民主主义革命的重要意

义。一部红色文化的孕育发展史，就是一部中国近现代革命史，就是一部中国共产党的成长奋斗史。建党精神、红船精神、井冈山精神、苏区精神、长征精神、延安精神、沂蒙精神、西柏坡精神……中国共产党及其领导的中国人民在革命实践中创造了伟大的红色文化，红色文化又反过来在实践的性质、方向、强度、内容、阶段、层次等各方面深刻影响和促进这一实践活动的发展，成为革命事业不断前进的"助推器"。可以说，没有红色文化的孕育形成、传承弘扬、建设发展，就没有中国共产党的发展壮大；没有红色文化这一发动群众、武装群众、团结群众的强大思想武器，中国革命的思想文化前提不复存在，中国革命也就无法取得胜利。

其次，应充分肯定红色文化对于社会主义建设的重要意义。党领导人民克服困难，顶住压力，奋力开拓，积极进取，创造了举世瞩目的辉煌业绩。没有一股子精神气，没有一股敢闯敢拼的激情，社会主义制度的巩固发展无法实现，中国特色社会主义事业的开创开拓无法实现，世界社会主义运动的声势壮大无法实现。尽管这一时期红色文化的发展受到"左"的错误思想影响，教条化、本本化、运动式的"红色文化"大盛其行，但抗美援朝精神、北大荒精神、焦裕禄精神、雷锋精神、大庆精神、"两弹一星"精神等，依然是中华儿女夺取社会主义建设事业胜利的强大精神武器。

最后，应充分肯定红色文化对于改革开放以来中国特色社会主义事业的重要意义。红色文化是一个发展的、开放的体系，对红色文化既要有所坚持又要有所发展。任何时候，革命精神、革命文化、革命传统都是党和人民的传家宝，不容随意丢弃。随着时代条件的发展变化，红色文化又注入了具有时代感召力的新思想、新内容、新载体。改革创新精神、科学发展观念、和谐社会文化、民族复兴梦想、人类命运共同体思想不断充实到红色文化中。革命精神、建设精神与民族精神、时代精神实现了进一步融合。毋庸置疑，航天精神、98抗洪精神、抗震救灾精神等具有民族性、时代性、人民性特质的红色文化将成为新时期我们党立党为公、执政为民的精神旗帜，成为伟大的中国人民干事创业、发展创新的精神旗帜。

二是保持底色。何谓底色？从个体层面来讲，底色是一个人的个性气质、心理特征，并反映为其行事风格。从民族层面来讲，底色是一个民族精神特质、意志品质、思想情感的聚合体。古代中国"天行健、君子以自强不息"的精神气质是我们的底色；五千年历史长河凝结而成的"勤劳勇敢、爱好和平"的优秀品质是我们的底色；近现代以来伴随中国社会发展进步形成的以爱国主义为核心的民族精神和以改革创新为核心的时代精神是我们的底色。就红色文化而言，革命志士"前仆后继、舍身成仁"的大无畏精神是其底色；建设者们"百折不挠、众志成城"的奉献牺牲精神是其底色；改革者们"励精图治、勇闯新路”的锐意进取精神是其底色。

如何保持红色文化的底色？从思想认识来看，要把红色文化来自谁、为了谁、依靠谁的问题搞清楚。来自谁的问题。红色文化的血管里流淌着的是人民的血液。千百万共产党人和亿万人民群众的伟大实践是红色文化的来源。为了谁的问题。人民群众的利益和福祉始终是红色文化建设的出发点、落脚点，人民群众对美好生活的向往始终是红色文化创新发展的动力源泉。依靠谁的问题。人民群众是红色文化的创造主体，离开了人民群众的集体智慧和首创精神，红色文化将成为无源之水，离开了人民群众的积极性、主动性，红色文化传播将无以为继，离开了人民群众的奉献牺牲、探索追求，红色文化将失去孕育的土壤，离开了人民群众的传承弘扬，红色文化将失去生存和发展的空间。

从理论层面来看，要对红色文化的理论来源、理论构成问题搞清楚。就红色文化的理论来源而言，马克思主义先进文化理论是红色文化孕育形成的理论源头；中国化马克思主义是红色文化丰富发展的理论基础；马克思主义中国化、时代化、大众化的最新成果，又为红色文化的进一步发展创新提供了正确方向。就红色文化的理论构成而言，它既有以马克思列宁主义为核心的先进文化基因，又有以中国化马克思主义为血脉的文化精髓，既有传统文化的精义要旨作为根基，更有马克思主义中国化、时代化、大众化进程中形成的新的理论成果作为旗帜和引领。红色文化对中国革命、建设和改革理论给予了一以贯之、实事求是的表达。

从实践作为来看，要求我们的党员干部队伍始终牢记全心全意为人民服务的宗旨。在世情、国情、党情发生深刻变化的今天，始终以红色文化所涵括的革命传统、革命精神要求自己，始终以老一辈无产阶级革命家的高风亮节为典范，始终代表这一先进文化的前进方向。在长期执政的现实中不断加强和改进党的自身建设，保持党的先进性、纯洁性、纪律性；在红色文化的影响下不断增强创造力、凝聚力、战斗力，不断提高科学执政、民主执政、依法执政的水平。以“五位一体”总体布局和“四个全面”的战略布局为指导，团结带领中国人民奋力实现民族复兴的伟大梦想。

三是守住底线。何谓底线？从个体层面讲，底线是人们在一定的社会环境和实践活动中形成的待人接物、立身处事的基本行为准则。从民族层面来讲，底线是民族、国家在发展历程中始终坚持和遵循的价值准则、道德操守。比如，以富强、民主、文明、和谐，自由、平等、公正、法治，爱国、敬业、诚信、友善为基本内容的社会主义核心价值观，就红色文化而言，其底线表现在红色文化所蕴含的文化价值观、文化历史观、文化政治观等三个方面。

如何守住红色文化的底线？首先，要有正确的红色文化价值观。文化说到底就是指一个社会中的价值观，是人们对于理想、信念、取向、态度所普遍持有的见解。任何一个社会都存在多种多样的价值观，它们反映的是社会多种多样的文化传统、生存条件、活动方式、利益需求等。守住红色文化的价值底线，即在纷繁复杂的文化生态中明确红色文化的价值原则，确立红色文化的价值规范，树立红色文化的价值理想。从当前来看，应避免红色文化开发利用过程中出现的过度市场化、产业化、形式化、工具化，甚至是低俗化、庸俗化倾向。不能因扭曲的包装和开发，消解红色文化的精神内涵，弱化红色文化的思想政治教育功能。

其次，要有正确的红色文化历史观。当前，红色文化建设发展中的一些现象值得警惕。我们须知，红色文化的历史与党领导革命、建设和改革的历史紧密相连，与马克思主义中国化、时代化、大众化的进程紧密相连，与人民群众主体地位确认巩固的历程紧密相连。任何对红色文化的虚无，即意味着对历史的背叛。任何对红色文化的背叛，即意味着对历史的虚无。守住红色文化的历史底线，就必须结合这三个"紧密相连"来认识红色文化，做到逻辑与历史的统一、历史与现实的统一、理论与实践的统一；就必须以历史唯物主义的科学态度捍卫人民群众对红色文化的认同，对中国共产党领导革命、建设和改革历史地位的认同，对中国共产党领导革命、建设和改革道路的认同。

最后，要有正确的红色文化政治观。红色文化是民族精神、民族文化的制高点，也是中国共产党的政治优势和优良传统。它在政治理想上体现的是广大人民群众的愿望意志，在政治教育上灌输的是爱国主义、社会主义、集体主义思想，在政治宗旨上贯彻的是为人民服务、为社会主义服务。守住红色文化的政治底线，即要求每一个共产党员要有明确的政治态度、坚定的政治立场。坚守政治忠诚、强化政治认同。在大是大非面前保持政治清醒，在大风大浪面前坚定政治信仰。

（三）坚持继承、发展和超越的辩证统一

无论是过去、现在还是将来，红色文化的传承都必须坚持继承、发展和超越的辩证统一。以中央苏区和湘鄂赣苏区的红色文化建设为例，它始终以马克思列宁主义为指导，深深植根于包括客家文化在内的中华民族传统文化，从民族传统文化中汲取了无尽养分和力量。当然，苏区红色文化建设更重要的历史使命是对旧文化的改造和对新文化的创造，是为了将自身淬炼成投向旧社会、旧文化的匕首利刃，也是为了将自身筑造成通往新社会、新文化的康庄大道，是用各种先进的观念、活泼的形式来改造人们的思想，塑造人们的精神。也就是说，苏区红色文化建设是在继承基础上的开拓进取，是为着创造与时俱进、紧密结合实际的先进文化。它体现了文化事业继承性与超越性、创新性的辩证统一。

当前，社会主义先进文化建设仍然要坚持在继承基础上的创新与超越。新民主主义革命时期，文化建设的重要作用是培育革命军民独立自主的斗争意识，激发革命军民同仇敌忾的反抗精神。社会主义革命与建设时期，文化建设的重要作用是培育人民群众当家作主的主人翁精神，激发人民群众建设社会主义新中国的热情。随着时代的发展进步，文化建设的重要作用是教育广大党员干部树立立党为公、执政为民的执政意识，是引导人民群众树立自强不息、开拓创新的改革精神。当然，创新并不意味着抛弃历史，就像继承并不意味着墨守成规。新时期社会主义先进文化建设就是要在继承的基础上不断创新，就是要以先进性、科学性、包容性、创新性完成对自我的超越。

(四) 坚持民族性、时代性和人民性的辩证统一

文化建设在民族国家建构中起着精神导向的作用。新时期中国特色社会主义文化建设的使命也应致力于树立民族新的精神、彰显民族特质品格。不仅要提倡文化建设的民族化，使我们的精神文明建设成果保持和发展为中国老百姓所喜闻乐见的中国作风和中国气派，还要明确指出文化建设应起到统一思想、凝聚力量、鼓舞斗志的精神导向作用，使自身成为构筑民族精神的有效手段。

文化建设不能脱离时代发展潮流，也不能忘记历史所赋予的时代使命。新时期文化建设也应切合时代主题，始终以时代化为实践要求。一是把握先进性，即以先进性作为社会主义先进文化建设的追求。一方面努力培育其先进性理论内涵，另一方面利用其先进性理论解答当前经济社会发展所提出的新情况、新矛盾、新问题。二是把握创新性，即创新文化建设的内容和形式，实现对传统文化和革命文化的创造性转化和创新性发展，增强社会主义先进文化的吸引力、感染力和竞争力，增强文化自信。

第三节　红色文化的"创新"

红色文化是一个具有开放性、包容性、发展性的体系。新时期，建设、发展红色文化，传承、传播红色文化，既要有所坚持又要有所发展，比如，对红色基因、革命精神、革命传统等本原性精神实质要坚持。但精神内涵、表现形式要实现创造性转化和创新性发展。此外，受众需求多元化、差别化、个性化发展成为新常态，也要求创新成为红色文化发展的新常态。在发展理念上，也应该做到与时俱进。"创新维度"体现了推动红色文化发展的实践自觉。

一、"创新"对于红色文化建设发展的意义

（一）创新是实现红色文化时代价值的重要路径

红色文化需要通过"创新"向青少年传播。红色文化关乎价值、精神、意义，红色文化教育以价值引导、信仰树立为目的，具有鲜明的政治指向性和价值倾向性。而传统的红色文化教育大都以枯燥的课堂说教和书本知识的传递为主，青少年无法真正了解红色文化的深刻内涵。这就需要我们针对红色文化本身的特点和青年一代的接受心理特点，创新出符合新时期需求的红色文化传播手段和教育方式，否则极有可能出现红色文化传承的断层。

红色文化需要通过"创新"向大众传播。红色文化不是高高在上的文化，也不是某一部分人的狭隘文化，而是中国人民共同的财富，每个人都有责任和义务去保护和建设它。提高国家文化软实力，要努力展示中华文化独特魅力，要使中华民族最基本的文化基因与当代文化相适应，与现代社会相协调，以人们喜闻乐见、具有广泛参与性的方式推广开来，把继承传统优秀文化又弘扬时代精神、立足本国又面向世界的当代中国文化创新成果传播出去。红色文化的深入挖掘和再创造，应力求丰富、丰满、真实、科学。红色文化的挖掘越丰富，红色人物的形象情感越丰满，红色文化所反映的史实越真实，红色文化所阐释的理论越科学，老百姓就越能接受。应通过创新的方式，把人们带到历史情景、历史结构、历史叙事中去认知和感受，引发人民群众的情感共鸣和思想共振。

红色文化需要通过"创新"向世界传播。要加强对中华优秀传统文化的挖掘和阐发，努力实现中华传统美德的创造性转化、创新性发展，把跨越时空、超越国度、富有永恒魅力、具有当代价值的文化精神弘扬起来，把继承优秀传统文化又弘扬时代精神、立足本国又面向世界的当代中国文化创新成果传播出去。

（二）创新是推动红色文化建设发展的内在动力

文化发展有其内在规律，其中创新就是最重要的规律，也就是说，创新是红色文化建设发展的题中之义。因为时代总是在不断前进，红色文化所面对的受众、传播环境也处于不断变化的态势中。没有任何一种文化理念是可以故步自封的，没有任何一种文化传播是可以一劳永逸的，没有任何一种文化形态是可以一成不变的，没有任何一种传播途径是可以以一当十的。同样，没有任何一种文化形态是可以止步于发展和创新的。红色文化是我们党和人民经过几十年的努力积攒下来的宝贵物质与精神资源，红色文化的建设发展、传

承传播，需要我们自觉地担负起继承者、创新者、传播者的重责，在理论和实践中不断开拓创新，以期实现新的发展、新的突破。

弘扬中华优秀传统文化，要处理好继承和创造性发展的关系，实现中华文化的创造性转化和创新性发展。弘扬红色文化，同样要处理好继承和创造性发展的关系。这里的创造性转化，就是要按照时代特点和要求，赋予红色文化以新的时代内涵和现代表达形式，激活其生命力。创新性发展，就是要按照时代的新进步、新进展，对红色文化的内涵加以补充、拓展、完善，增强其影响力和感召力。

事实上，红色文化在交流的过程中传播，在继承的基础上发展，都包含着文化创新的意义。红色文化发展的实质，就在于文化创新。而文化创新的目的，也正是发展。文化自身的继承与发展，是一个新陈代谢、不断创新的过程。一方面，社会实践不断出现新情况，提出新问题，需要文化不断创新，以适应新情况，回答新问题；另一方面，社会实践的发展，又为文化创新提供了更为丰富的资源，准备了更加充足的条件。所以，社会实践又成为文化创新的动力和基础。任何一种文化的繁荣发展，都必须以创新为根本动力。

二、创新红色文化的基本思路

（一）发展理念创新

1. 红色文化资源优势地区与贫乏地区共享性发展

共建和共享二者紧密相连，是一个互为条件、互为因果、互为依存的有机整体。其中，共建是共享的前提基础，共建的水平决定共享的程度。没有共建，共享就无从谈起；没有共享，人们就不能从共建中得到实惠。这一原则同样适用于红色文化的传播发展。

首先，要坚持对红色文化的共建。中国共产党及其领导的中国人民是红色文化的共同创造主体。对于红色文化的共建，一是要发挥中国共产党的主导作用。中国共产党作为红色文化创造、建设的主导力量，具有极大的感召力和引导力，应起到规定红色文化性质、引领红色文化建设方向、为红色文化建设提供思想指导和政策支持的作用。二是要发挥中国人民的主体作用。人民群众自始至终都是红色文化创造、建设的主体和动力，是红色文化创造、建设的力量源泉和深厚基础。离开了广大人民群众的物质与精神生产活动，离开了广大人民群众的积极性、主动性、创造性，红色文化将无以为继。应鼓励、支持和引导人民群众成为红色文化创造、建设的主体力量。三是各地区、部门、单位要联合起来，共同建设、协同攻关，使有限的红色文化资源发挥较强的整合效应，以解决红色文化资源分布不均、"贫富"不均、"强弱"不一、开发利用不均、建设快慢不均的现状。

其次，要坚持对红色文化的共享。这里主要指物质形态的红色资源。具体来说，物质形态红色资源的共享，可以采取"请进来"和"走出去"两种方式。一是"请进来"，即红色资源作为公共资源，属地对其负有管理、保护责任，但又必须使红色资源处于全面开放的状态，以利于其他地区、单位、个人对红色资源进行考察参观、学习交流和开展活动。二是"走出去"，即拥有红色资源的地区或单位充分发挥知识、人才、资源优势，通过异地送展等方式，与其他地区、单位乃至社区群众共享红色资源。例如：档案馆将红色档案制作成展板送展进社区、进学校；美术馆将红色题材作品通过简易展架的方式在社区或学校进行展览；革命历史博物馆与高校深度合作，在教学楼建设红色走廊，实现廊厅式空间、展馆式布局、专业化设计、开放式管理、无限时学习、多媒体融入、志愿者讲解、场景式教学的一体化及政治性、思想性、艺术性、教育性的相统一。此外，国家应将更多的人力、物力、财力投入到对红色文化资源的保护性挖掘利用工作中去。对那些依托红色资源建立起来的纪念馆、博物馆等，在全国范围内实现全部免费开放。对于精神与制度形态的红色资源，以及近年来在红色文化方面所取得的相关科研成果，应通过网络平台或其他形式实现资源共享。

2. 坚持红色文化与不同文化形态包容性发展

红色文化与不同文化形态的包容性发展主要指两个方面：

第一，对受众的不同文化需求的包容性。与经济相比，文化需求的多样性、民族性、地域性、时代性特征更加明显，传统习俗、民族差别、时代变迁、代序差别等因素都会导致差异化的文化需求。所以，要适应和引领人民群众对红色文化的阶段性需求，如从"生存性需求"到"发展性需求"的变化，从翻身闹革命的"刚性需求"到丰富精神生活的"改善性需求"的变化。从对红色文化改天换地的"政治性需求"到实现人的全面发展的"价值性需求"的变化等；要适应和引领人民群众对红色文化的层次性需求。对于基础性的、普遍性的红色文化需求，应通过整体构建、共享发展的方式来满足，对于更高层次的红色文化需求，则应通过深度挖掘、层次递进的方法来满足。同时，还要营造社会氛围，创造发展条件，树立先进典型，使部分群众对红色文化较低层次的需求向较高层次的需求转变；要适应和引领人民群众对红色文化的多样性需求。人民群众对红色文化的需求更是多样的：既有政治的，又有经济的；既有知识的，又有审美的，更有价值的。

第二，与不同文化形态之间的包容性发展。在中华文化的历史长河中，在960多万平方公里土地上，曾出现过不同文化形态，至今也拥有成千上万种文化形态。其中，红色文化是近代以来中华民族最具代表性、最富民族生机与活力的文化形态，是影响和覆盖了大半个中国的、最富有历史担当精神的文化形态。它所包含的物质、精神、制度层面的内容以及它所展现出来的中华儿女对自由、民主、解放追求的不折不挠，使它在中华文化历史的长河中独树一帜、熠熠生辉。但是，独树一帜或者独秀于林并不能取代不同文化形态的百花齐放，也并不意味着不同文化形态之间的同质化发展。相反，红色文化也要增强自身的内生动力。在文化的传播发展过程中，与其他文化形态共同发展，享有共同的发展机会，各取短长，在不同的领域发挥各自的文化优势。

3. 红色文化对非主流文化引领性发展

对于非主流文化当中的错误观点、错误理论，要进行有理有据的批驳。当前，在马克思主义占主导地位的同时，社会思想意识日趋多元、多样、多变。作为马克思主义大众化的重要载体，红色文化的传播者要有担当意识，要做到守土有责、守土负责、守土尽责。

对于非主流文化中的其他文化形态，要善于激浊扬清、隐恶扬善。受外部大环境的影响，不同文化观念良莠难辨、泥沙俱下。在政治上，有传播西方敌对势力的恶意攻击、邪教的歪理邪说等"黑色文化"；在道德上，有对社会主义道德观念造成巨大冲击的"黄色文化"；在思想上，有造成人们思想认识模糊、精神意识扭曲的真伪难辨的"灰色文化"。而红色文化是兼具政治性、道德性、思想性的先进文化，应起到给人民群众提供价值导向和健康向上精神食粮的作用。

同时，还要着力解决好红色文化发展与时代主题变化相适应的问题。当前主要是解决好主旋律对其他支流、杂流的引领性发展，解决好严肃的文化主题与喜闻乐见的表达方式相对接的问题，解决好坚持红色精神教育与制造更多红色文化消费热点有机结合的问题。只有这样，红色文化所蕴含的精神内涵、道德品质、价值理念才能为人民群众所接受，红色文化创新才能成为可能。

4. 红色文化产业与红色文化事业协调性发展

一般来说，文化事业是为社会公益服务、由国家机关或其他组织利用国有资产举办的、在文化领域从事研究创作精神产品生产和公共文化服务的公益性组织机构。而所谓文化产业是指从事文化产品生产和提供文化服务的经营性行业。从性质看，文化事业具有公益性，文化产业具有经营性；从管理体制看，文化事业通常实行公益性管理体制，文化产业实行经营性企业管理体制。

作为影响经济社会发展的重要力量，文化对于一个国家、一个地区、一个民族的稳定、延续和发展起基础作用。这个作用可以是促进和推动的，也可以是阻碍和破坏的。一个国家、地区或民族的领导者或统治者基于自身利益的需要，必然要运用文化的作用为国家、地区、民族的发展服务，而其立足点是发挥积极作用、限制或克服消极作用。调控的方式是直接与间接并用。调控的手段是经济的、行政的、法律的"辩证施药"。首先，是要推动文化事业和文化产业的协调发展。古往今来，任何国家、地区、民族都要直接掌握一部分文化产品，使其成为公共产品，以满足经济社会发展的基本需要，这就是文化事业。其次，由国家提供的公共产品显然无法满足人民群众多样化、个性化的物质文化需要，余下部分，则由社会成员或居民自行解决。部分文化服务劳动者专门从事文化商品生产，形成文化产业或文化产业经营。

红色文化既要在一定程度上发展其产业化领域（如红色文化消费品的研发生产），以使精神内涵为主的红色文化通过不同载体展现出来，但又不能忽略红色文化事业的发展，在产业化的发展中也不能失去对其精神内涵的坚守，相反，要高度重视正确的价值导向，妥善处理好产业与事业、开发与保护、经济与教育、物质文明建设与精神文明建设之间的协调发展关系。在现实发展中，我们将红色文化资源与旅游产业结合起来，开发出具有较大吸引力的红色旅游项目、红色旅游景点。当然，还有其他依托红色文化资源生产制作的红色文创产品，借助红色资源形成的红色餐饮经济等，以此带动革命老区的旅游消费市场，促进当地经济发展。这就是文化产业与文化事业的充分融合。这些都成为近年来红色文化产业与文化事业协调发展的重要助推器。

5. "互联网+"条件下红色文化信息化发展

信息化为红色文化传播提供了新的工具和载体。作为思想观念的红色文化必须有传播的工具和载体，红色文化的进步也能够通过其传播工具和载体的进步表现出来。以数字化、网络化等为代表的现代信息传播技术，在更广泛、更深刻的意义上体现了人类文化的进步和变迁，标志着文化传播工具和载体的划时代变革。

信息化大大提高了红色文化的传播效率。现代数字技术和网络极大地压缩了文化传播的物理时空，借助互联网等现代信息传播工具，红色文化相关信息可以在瞬间抵达给受众，实现红色文化的"零距离""零时差""零死角""零障碍"传播。这种文化传播速度和效率，是以往任何文化传播媒体都无法比拟的。信息化进一步促进了红色文化表现形态的变迁。现代信息技术在不断更新文化传播工具与载体的同时，也推动红色文化表现形态发生变迁，出现了电子书、电子报、网络电视、博客、微博客、微信、短视频、抖音等一系列全新的文化表现形态。这些新的文化表现形态又反过来推动红色文化的进一步变迁。当然，信息化对红色文化发展的负面影响也不容忽视：互联网的无障碍性、开放性、信息海量性，使得网络世界不仅存在大量高雅健康、积极向上的文化信息，也存在大量低俗、不健康甚至封建、有害的文化信息，对后者的甄别和监管难度不断加大。同时，由于信息化水平的不同步性，各国对文化信息的占有和传播是不平等的。一些西方发达国家利用信息技术优势在全球进行着一场悄无声息的"软"征服和全面的文化扩张，而广大发展中国家则处于被动的不利局面之中。

（二）精神内涵创新

"红色文化"是一个历史范畴。其主体是中国共产党及其领导的中国人民革命、建设实践中共同创造、积累的，在改革实践中又注入了具有时代感召力的新思想、新内容、新载体。我们将红色文化的外延扩展至改革开放以来新的历史时期（也就是社会主义改革及当前中国特色社会主义事业新的发展阶段），是因为红色文化是一个发展的、开放的体系。红色文化本身及人们对红色文化的理解应既有坚持又有发展。随着时代的发展，改革创新精神、科学发展观念、和谐社会文化、民族复兴的伟大梦想等也应当充实到红色文化中去。因此，在红色文化精神内涵的创新上，既坚持红色文化的先进性、革命性，又把握红色文化的时代性、地域性，还要兼顾红色文化的多样性、整体性。

坚持红色文化的革命性和先进性，就是要固守其本，传承基因。在革命战争年代，共产党人经历着抛头颅、洒热血的生死考验。红色文化培养了共产党人为人民服务的宗旨意识。他们视死如归、坚贞不屈，以对党的无限忠诚和勇于担当的鲜明品格，自觉担当起推动民族独立、人民民主的重任。他们发动工人运动、农民运动，时刻将人民的利益放在心头，一切为了群众，一切依靠群众。在物质匮乏的环境里，他们以身作则，严格约束自己，保持良好的作风，将党的优良形象树立在群众心里。

坚持红色文化的时代性和地域性。就是要因事而化、因时而进、因势而新。在内容上要贴近人民群众的接受心理，找到与人民群众生存现实有关联的关键点与接续点，强化问题意识，真正走近和了解人民群众的所思所想。比如，人民群众关注的教育、就业、收入、医疗、养老、住房等问题，多运用他们身边的鲜活事例、典型案例和翔实的数据说话。充分应用马克思主义的世界观和方法论进行解疑释惑，展现马克思主义在当下的现实意义和实践价值，让人民群众切身感受到马克思主义蕴含的方法论是真正有用的、科学的，是可以拿来解决工作、生活中的具体问题的，从而更好地激发他们的学习热情，使大家不仅能"接收"到马克思主义，更能"接受"马克思主义，自觉做到真学、真懂、真信、真用。

坚持红色文化的多样性和整体性。文化本身是具有多样性的，同一时代有不同的文化形态，不同时代的文化形态更是多种多样。而红色文化本身也具有多样性：既有精神层面的又有物质层面的，还有制度层面的；既有革命战争时期形成的红色文化，也有社会主义建设时期形成的红色文化，更有改革开放时期形成的红色文化。这就需要我们在坚持多样性的基础上把握整体性，协调好精神层面的红色文化与物质层面、制度层面的红色文化的共同开发利用，协调好红色文化事业与红色文化产业协调发展，协调好不同时期、不同地方、不同类型红色文化资源的开发利用。

（三）表现方式创新

表现方式的创新包括形式和内容两个方面。形式与内容是既相互区别又高度融合的。在文化形态中，两者的辩证统一关系在于：对于任何一个具体文化形态来说，其内容和形式属于这一文化形态发展过程中性质、地位和作用不同的两个方面。二者存在着确定的差别，内容不能同时是形式，形式也不能同时是内容。内容指构成事物的一切内在要素的总和；形式指事物内在要素的结构或表现方式。两者的统一表现在：第一，内容和形式相互依存；第二，内容和形式相互作用；第三，内容和形式相互转化。如果是片面追求形式而忽视内容则会犯形式主义的错误；如果片面强调内容而反对任何形式则会犯形式虚无主义的错误。

因此，在红色文化表现方式的创新上，我们认为，以必要的形式来反映内容是必须的。如果没有这一形式，我们很可能会日渐遗忘革命先辈们浴血奋战的历史，遗忘中国人曾经经受的苦难，遗忘这些历史中所记载的思想观念、理想信念、道德信仰和价值追求。确定纪念日、设立国家公祭日，既是对历史的铭记、对现实的警醒，又是对民众的一次再教育。

此外，不断开发融思想性、艺术性和观赏性为一体的红色文化作品、产品、精品也是必需的。如创作情境体验剧、红色电子地图、红色 VR 作品、红色 H5 作品、电子博物馆等。在保证精神内涵的丰富性和历史事实的可靠性的基础上，进行红色文化的再创作。

（四）技术手段创新

伴随着大数据时代的来临，众多领域将掀起变革的巨浪。市场是可以创造的，消费也是可以创造的。21 世纪 10 年代文化和旅游部挂牌成立，旅游和文化本来就具有的天然联系更加为人们所重视，旅游活动中的文化内核显得更加重要。而随着社会的进步，文化旅游对旅游者的吸引力越来越大，在旅游活动中所占的比重越来越高。红色旅游资源是一种特殊的人文旅游资源，在旅游者心目中有着特殊的地位，在旅游市场中具有独特的竞争力。就红色旅游这一红色文化市场和红色文化消费领域来看，我们应该在利用大数据分析红色文化市场、分析公众对红色文化的消费习惯、合理创造红色文化消费热点、引导红色文化消费方面下功夫。

（五）传播媒介创新

文化传播又称文化传通或文化传扬，是指一定的主体通过言语或姿势、表情、图像、文字等符号系统，传递或交流知识、意见、情感、愿望等信息，并使一定的受传者得到影响的过程。就红色文化而言，电视、广播、报纸是传统的传播媒体。随着互联网的出现，一大批官方新媒体开始进入人们的视野，例如，中国红色旅游网、中国共产党历史网、红色文化网、五四青年网、红军在线、中红网、光明网、求是理论网等，这些传播平台作为权威性红色文化传播网站，在红色文化的传播发展方面起到了方向性、引导性作用。较之传统媒体，网络媒体具有传播速度快、覆盖面广的特点。但较之近几年兴起的自媒体平台，这些官方的权威性网络媒体又存在特色不特、亮点不亮、反应较慢、缺乏个性等不足之处。传统媒体与网络媒体、官方网络媒体与网络自媒体各有短长、各有利弊。

自媒体是指私人化、平民化、普泛化、自主化的传播者，以现代化、电子化的手段，向不特定的大多数或者特定的单个人传递规范性或非规范性信息的新媒体的总称。自媒体平台包括：博客、微博、微信、官方贴吧、论坛、BBS 等网络社区。在自媒体时代，各种不同的声音来自四面八方，"主流媒体"的声音逐渐变弱，人们不再接受被一个"统一的声音"告知对或错，每一个人都在从独立获得的资讯中，对事物做出判断。事实上，早在20 世纪，著名传播学家麦克卢汉就提出过"媒介即信息"的相似理论。其含义是：媒介本身才是真正有意义的信息，即人类只有在拥有了某种媒介之后才有可能从事与之相适应的传播和其他社会活动。媒介最重要的作用就是影响了我们理解和思考的习惯。因此，对于社会来说，有意义、有价值的"信息"不仅是各个时代的媒体所传播的内容，更是这个时代所使用的传播工具的性质和它所开创的可能性以及带来的社会变革。

目前，网络自媒体的数量十分庞大，其拥有者也大多为平民。网络的隐匿性给了网民自由表达的空间，但有的自媒体因过分追求新闻发布速度，或者说为了追求点击率而降低了自身的道德底线，放弃了对新闻真实性的捍卫。可见，对于自媒体的健康发展给予必要的引导是必要的。当前，传播红色文化的民间红色文化自媒体个体或组织，从数量上来说还比较少，但其影响力却不容小觑。

当前，我们应该积极培育那些具有鲜明价值取向的自媒体，使之成为真正的"网红"，充分发挥其特色鲜明、反应快速、自主性强、灵活性高的特点，使其与权威性红色文化传播网站互为补充、形成合力，助推红色文化在新时期的传播发展。

第四节 "认同-传承-创新"三位一体红色文化建设发展体系

一、三位一体体系对红色文化建设发展的重要意义

红色文化的建设发展事关中国特色社会主义文化建设发展的性质和方向。而"认同-传承-创新"三位一体体系的构建,又为红色文化的建设发展提供了逻辑力量、发展方向和总基调。

(一) 三位一体体系为红色文化建设发展提供了逻辑力量

认同、传承、创新分别是推动红色文化建设发展的重要理念、重要支点,三者缺一不可。但在这个体系中,三者各司其职,着力点各有不同。其中,认同是这一体系的理论支点,在三位一体的红色文化建设发展体系中,认同这一要素致力于从理论层面厘清红色文化对于民族存在、发展的意义,中华民族在革命战争中的牺牲与付出才得以转换为真实的记忆;认同红色文化,作为历史的选择、人民的选择的中国共产党,其执政地位才具有思想文化根基;认同红色文化,人民群众才能自觉维护红色文化中的价值并以之来导引自己的行为。红色文化认同所包含的民族认同、国家认同、道路认同,为三位一体的红色文化建设、发展体系提供了一种向内的逻辑力量。

传承是这一体系的历史支点。在三位一体的红色文化建设发展体系中,传承的意蕴不仅在于要把红色资源利用好、把红色传统发扬好、把红色基因传承好,还在于不断革除陈旧的、过时的旧文化,推出体现时代精神的新文化,做到"推陈出新,革故鼎新"。传承是历史与现实的有效连接、理论与实践的有效连接、认同与创新的有效连接,它把中国共产党领导中国人民革命、建设和改革的道路连接起来,把马克思主义中国化、时代化、大众化的进程连接起来。传承又是继承与发展的集中体现,是红色文化建设发展的必要前提和必然要求。因此,在三位一体的红色文化建设发展体系中,传承所提供的是一种向上的逻辑力量。

创新是这一体系的实践支点。任何一种文化形态,如果故步自封,就会最终为人们所抛弃;如果脱离实践,就会失去发展壮大的动力源泉;如果脱离它所处的时代,就会逐渐被边缘化以致失去话语权。创新来自理论,因为理论指引着创新的方向,给予创新以智慧和判断。创新来源于传承,传承红色文化的精神血脉,传承红色文化中"创新""创造"

这一精神实质。创新更来自实践，唯有在实践中，红色文化才能不断确证它的革命性、科学性、先进性；唯有在实践中，红色文化的认同与传承才具有用之不竭的生命力。因此，在三位一体的红色文化发展体系中，创新所提供的是一种向前的逻辑力量。

历史潮流滚滚向前，但这三个支点及其所构成的科学体系，却是与红色文化发展相伴相随的基本存在和颠扑不破的内在规律。这一体系成为推动红色文化繁荣发展，助力中华民族伟大复兴的坚实基础、科学方向和强大动力。

（二）三位一体体系为红色文化建设发展确立了发展方向

三位一体体系是一个兼顾内在与外在、纵向与横向发展的系统体系，也是一个兼顾理论与实践、历史与现实的渐进过程。"认同-传承-创新"三位一体建设发展体系首先致力于回答当前红色文化建设发展应坚持什么方向，即为什么要认同、为什么要传承、为什么要创新的问题，即回答了红色义化形成发展、传承传播的意义；其次致力于回答红色文化建设发展需要构建什么内涵，即认同什么、传承什么、创新什么的问题，即回答了红色文化建设发展的道路和方向；再次致力于回答红色文化建设发展应遵循什么路径，即怎么提升认同、怎么传承、怎么创新的问题，即回答了红色文化建设发展的方式方法；最后致力于回答红色文化何以自信，以何自信，即回答了红色文化建设发展的底气。这四个层面的问题归结到一点，就是如何推动红色文化的科学建设、全面发展，红色文化应该如何发展，如何建设，如何使红色文化有效成为集合社会的价值观和规范体系的"载体"之一，并有益于社会整合，发挥对社会进步应有的作用。

（三）三位一体体系为红色文化建设发展确立了总基调

红色文化的建设发展，既要"咬定青山不放松"，坚持传承红色基因、继承革命传统、弘扬革命精神，又要"无限风光在险峰"，不断挖掘红色文化中契合时代发展的精神内涵和价值要素，做到文化创作主体、文化表现形式、文化内容内涵的百花齐放、百家争鸣，为人民群众提供多样化的文化选择。这就是说，无论是红色文化的孕育形成还是其建设发展，都隐含着"认同-传承-创新"三位一体的总基调。

这个总基调，既刻画了红色文化的历史面貌，体现了红色文化的基本性质，又反映了红色文化的现实状况。从历史面貌来看，认同、传承与创新是红色文化建设发展的任何一个阶段都必须重视的问题。三位一体的体系，尽管在历史中并非以完全自觉的方式呈现，但却隐含于其建设发展的逻辑中。中国共产党同人民群众创造这一文化形态，目的就是通过认同红色理念、传承红色精神、创新红色表达来完成求生存、促发展的历史使命。

从基本性质来看，"认同"体现的是红色文化的阶级性和理论性，正如我们所了解的，红色文化认同作为一种文化认同、观念体系，它本身就是文化的一部分，本身就是对自身阶级归属和理论根基的一种确认。"传承"体现的是红色文化的历史性和现实性，红色文化功能的发挥，在历史也在当下，从某种意义上说，所谓历史就是进行文化创造和传承的人的现实的活动，而一切现实的活动也将变为历史。红色文化是在创新中渗透到人们的生活之中，成为人们革命斗争、生产生活和推动社会发展的一部分。

从现实状况来看，一方面，没有认同的红色文化不可能存在，没有传承的红色文化不可能生根，没有创新的红色文化不可能发展。另一方面，没有对红色文化的认同，就无所谓对红色文化的传承与创新。没有对红色文化的传承，红色文化的认同与创新就不可能发生。没有对红色文化的创新，红色文化的认同与传承就会失去继续前行的动力。缺少任何一个要素，红色文化的建设发展都会出现问题。

二、三位一体体系的运行机制和内在逻辑

"认同-传承-创新"三位一体的红色文化建设发展体系是一个科学有机体，共同服务于红色文化的建设发展。它回答了新时期为什么要打造"认同-传承-创新"三位一体的红色文化建设发展体系，"认同-传承-创新"三位一体的红色文化建设发展体系面临哪些问题，如何打造"认同-传承-创新"三位一体的红色文化建设发展体系，打造什么样的"认同-传承-创新"三位一体的红色文化建设发展体系等问题。

（一）以"认同"为前提、以"传承"为关键、以"创新"为动力的自我调适体系

所谓"前提"，即事物存在、发展必要的条件与基础。没有"认同"，传承和创新也就无从谈起。红色文化是由中国共产党和中国人民在革命战争年代创造的。它之所以能得到人们的认同，是因为：它一方面表达了穷苦百姓对旧社会的控诉、对新生活的诉求；另一方面又充分体现了中国共产党的理想追求、价值理念。老百姓在红色文化的宣传、鼓动下而勇敢地去为自己的命运抗争。革命队伍在红色文化的影响下，左手拿传单，右手拿枪弹，为民族独立、人民解放而不惜牺牲。今天，如果人民群众对红色文化所蕴含的时代价值缺乏认同，对自身在红色文化中的主体地位缺乏认同，对自身的创造性、能动性缺乏认同，也就不可能成为红色文化的传者、传播者。

所谓"关键"，则是指时间、结构、主体、客体等影响事物生存和发展的要素。没有传承，红色文化就无法形成，也无法继续发展。从时间上看，马克思主义理论和民族传统

文化分别是红色文化的理论源头和精神源头。同时，红色文化的产生与中国共产党领导的新民主主义革命的进程相一致，此后又随着历史的前进而不断发展和丰富，自觉转变为社会主义建设和改革的先进文化，并将继续影响中国特色社会主义事业的未来进程。从结构上看，红色文化认同有内核层的文化认同，有中间层的文化认同，有外围层的文化认同。一般来说，最容易改变的是外围认同，其认同程度由外向内逐渐提升，内核层文化认同是最稳固、最持久的。从主体上看，是代序相承。一代又一代的共产党人，既是中华优秀传统文化的忠实传承者和弘扬者，又是中国先进文化的积极倡导者和发展者。从客体上来看，是红色基因的不断积淀和优化。在新民主主义革命时期，形成了以"浴血奋战、百折不挠"为内涵的革命文化。在社会主义革命与建设时期，形成以"自力更生、发愤图强"为内涵的建设文化。在中国特色社会主义建设时期，形成了以"解放思想、锐意进取"为内涵的改革文化。在中国特色社会主义新时代，形成了以"自信自强、守正创新"为内涵的新的思想文化。红色文化的内核实际上并没有变，而是在发展中积淀、优化成为更加牢固的凝聚力和更加强大的战斗力。

所谓"动力"，是红色文化必须以创新作为自己发展前进的"自动力"。创新是一个民族进步的灵魂，是一个国家兴旺发达的不竭动力，也是一个政党永葆生机的源泉。在社会主义革命与建设年代，作为具有政治性的革命文化，红色文化的传播发展主要依靠政治力量，主要服务于政治实际，而人民群众创造、传播红色文化的主体性相对来说并没有得到充分的体现，文化本身的独立性也较弱。伴随着政治民主化、文化多元化、个体主体化的进程，红色文化的置换力、控制力、主导力的日益削减，人们更多的是从主体性出发（意味着具有选择和不选择的自由）、从自我需求出发（意味着主体对客体对象信息的建构、重构或剪裁）、从需求的个性化出发（意味着对选择多样性、多元化的追求），去创造文化，选择文化，消费文化，接受或者不接受主流文化、主流价值观，以往的运动式手段不能产生有效的作用。如果红色文化不能从自身的内动力出发去适应时代的发展，如果不去提炼红色文化的现代性因素、价值性因素、实践性因素，红色文化建设发展就会失去前行的动力。

（二）由革命、建设和改革实践推动，从"认同"到"传承"再到"创新"不断螺旋上升的历史演进过程

这一历史演进过程，所体现的是红色文化建设发展的外源性。这里所说的螺旋式上升的历史演进过程，第一层意思是，无论是在革命年代、建设年代还是在改革年代，乃至于进入中国特色社会主义建设发展新的历史时期，以及在实现中华民族伟大复兴中国梦的新

的历史征程，红色文化的建设发展始终要面对认同问题、传承问题、创新问题，红色文化要获得发展，首要的还是要解决认同问题、传承问题、创新问题。这是在任何时期都无法回避的问题，这也是任何一种文化形态的传播发展所必然会遇到的问题。这一问题是具有普遍性的，是普遍性和特殊性的统一。

第二层意思是，在不同的历史时期，无论是认同问题、传承问题还是创新问题，它们都会以各自崭新的面貌出现。碰到什么样的问题、问题以何种方式呈现、解决这些问题应该采用什么样的方法，这些都不可能是一成不变的。比如：在革命战争年代，红色文化要解决的是宣传和鼓动民众投入民族解放、阶级斗争的事业中去；而在社会主义建设年代，红色文化要解决的是宣传群众积极投身社会主义国家建设事业中去；在改革开放新的历史时期，又要解决红色文化与其他文化形态共时而在、包容发展的问题。

第三层意思是，在这个不断螺旋上升的历史演进过程中，对红色文化的"认同"是逻辑起点。没有认同，没有对红色文化的理解和共识，也就无所谓传承和创新。当然，对红色文化的认同并不意味着"一统天下"，并不意味着以这种认同取代另一种认同。对红色文化的"传承"是逻辑的中心和逻辑的终点。红色文化的价值体现在一代又一代人的传承发展中，认同和创新的目的和追求，也是为了使红色文化所蕴含的先进的价值理念、优秀的道德情操融入每一个中国人的血液中，成为赓续传承的红色基因。对红色文化的"创新"是逻辑"中介"。这里所谓的"中介"，是桥梁和工具的意思。通过创新，红色文化才能焕发出时代魅力；通过创新，红色文化才能缩小它与当代人的时空距离、情感距离、理论距离，在新的历史时期为广大人民群众所接受。

（三）蕴含理论逻辑、历史逻辑和实践逻辑的辩证思维系统

这里探讨的是红色文化建设发展的逻辑性。其中认同是理论逻辑。一方面，红色文化的产生、形成、传播、发展源自思想理论的启蒙。没有马克思主义理论在中国的传播，红色文化不可能产生。没有马克思主义中国化的发展，红色文化不可能与时俱进。因为红色文化本身就是以马克思主义为精神内核的。它表达和反映的就是马克思主义理论所追求的解放全人类、服务全人类的价值追求。另一方面，认同本身是一种理性的思维过程，尽管它是以认知为起点，也有着感性的成分，但是真正的认同、持久的认同，一定是要通过思辨的理性和批判性思维来达到认同这一结果。只有经过理性的思辨、比较和批判而达到的认同，才称得上是科学的认同。否则，要么是假认同，要么很快就会被取代。

传承是历史逻辑。历史是一个民族、一个国家形成、发展及其盛衰兴亡的真实记录，是前人各种知识、经验和智慧的总汇。重视对历史的学习和对历史经验的总结与运用，善

于从不断认识和把握历史规律中找到前进的正确方向和道路，这是我们党多年来之所以能够领导中国革命，建设、改革不断取得胜利的一个重要原因。一方面，我们要对一定文化形态的价值观、历史观、政治观进行统合，因为在阶级社会，没有哪一种文化形态具有绝对的独立性。它或多或少会受到它所代表的那个阶级的价值观念的影响。如果不能把握文化的相对独立性中的"相对"两个字，那么，要么就会犯"左"的错误，把红色文化绝对政治化，把文化当成政治的奴婢、工具或简单图解政治的宣传手段；要么就会犯右的错误，抛弃红色文化所倡导的价值观念，以虚无化态度对待红色文化所反映的人、事、物、魂，从而丧失我们的主阵地。另一方面，我们还要把这种特殊的文化形态放在历史发展的总进程中去考量，既要看到红色文化是随着历史潮汐的变化而变化的，从而把握其发展规律，判断其兴衰变迁，梳理其源与流，考量其主流与支脉，又要看到"红色文化"是一个历史范畴，是一个开放的、包容的、发展的体系。随着时代主题的变化，红色文化会有变的一面，也有不变的一面。红色文化本身及人们对红色文化的理解应既有坚持又有发展。也就是说"主体"不变，革命精神、革命文化、革命传统等红色基因必须珍惜和坚持，但红色文化的形态和内容会随着时代的发展而发展。在革命、建设年代，革命文化、革命精神、革命传统是红色文化的主要内容；随着时代发展，改革创新精神、科学发展观念、和谐社会文化、民族复兴梦想也应当充实到红色文化中去。

创新是实践逻辑。文化创新的源泉和根本途径是社会实践，文化创新又不断推动着社会实践的发展。我们先来看第一个方面。如果没有中国革命和建设的伟大实践，红色文化这种独特的文化形态也就无法产生、形成，也就更谈不上创新发展。红色文化中的革命精神、革命传统是在中国革命实践中创造的，在此后漫长的建设和改革实践中，我们党领导人民结合时代和社会的发展要求，又不断丰富和发展了这些革命精神、革命传统。这些革命精神、革命传统曾经是中国共产党发动群众、武装群众的重要思想武器，是中国共产党不怕牺牲、奋勇向前的精神旗帜。在今天，它也将成为中国共产党立党为公、执政为民的行动指南；成为我们党进一步维护和巩固执政合法性的宝贵的思想文化基础。我们再来看第二个方面。首先，不断追求创新的红色文化影响和改变了中国革命、建设和改革的实践主体。作为中国特色的文化形态，红色文化深深影响着一代又一代中国人，它具有改变社会生活的内容与结构、使社会不断发展前进，以及改造社会实践主体、使实践主体不断发展进步的双重功能。

（四）由文化启蒙再到文化自觉、文化自信，从而完成认同、传承与创新三大任务的历史过程

这里探讨的是红色文化建设发展的历史性。红色文化的产生有一个从自发到自觉的发展历程，其关键环节是作为红色文化创造主体的中国共产党及其领导的中国人民对红色文化这一客体地位作用之明确认识的形成。当井冈山的革命军民唱着红米饭，南瓜汤，秋茄子，味好香，餐餐吃得精打光。干稻草，软又黄，金丝被儿盖身上，不怕北风和大雪，暖暖和和入梦乡的歌谣，同艰苦的环境做斗争的时候，红色文化还只是星星之火，它的产生还带着一种自发、自在的意味。它在小范围内口口相传，成为传递革命乐观主义精神的潜在载体。当时的人们还没有意识到红色文化蕴含的力量，没有意识到应以何种方式壮大这种力量，使它不仅能够存在，而且能以自身的存在反过来影响它的创造主体，更重要的是，也影响它的创造主体正在从事的还很弱小的革命事业。

第六章 优秀传统文化传承创新与发展

第一节 优秀传统文化传承创新推动科技文化发展

一、优秀传统文化创新对科技文化创新的意义

我们在研究现代文化创新的问题时，必须把科技创新的因素考虑进去，必须从自然科学和社会科学交叉、汇流的发展趋势中，把握现代文化创新发展的趋势。科学与文化的高度汇合，是知识经济时代的重要特征之一。当我们分析一个国家、一个地区文化创新的背景时，应该同时研究该国家、该地区科技创新的发展状况，从科技创新的发展程度、普及程度上，来更全面地分析该国家、该地区的文化创新水准。

（一）文化创新与科技创新的关系

科学技术的发展水平，是衡量一种文化是否先进的重要尺度。先进的文化必须具有先进的科学技术文化。科学的本质就是创新，推进科技发展，关键要敢于和善于创新。在知识经济时代，科学技术在经济和社会发展中的作用越来越明显，国际间的竞争已经成为科学技术的竞争，归根到底，成为科技文化创新能力之间的竞争。

1. 文化与科技的渊源

文化和科技有着深刻的渊源。如果说，近代科学革命只是向人们宣告科学是一种文化形态的话，那么，现代科学革命则是使人民强烈意识到科学实实在在就是一种文化，并且已经成了现代文化的一种标志。正是有两次科学革命，使科学实现了两次重大的文化转向：第一次，确立了科学文化的历史地位，以否定非理性文化的面目出现；第二次，开始领悟科学文化自身的历史作用，以否定至高无上的理性主义的面目出现，并显示了与非理性文化相整合的趋势。

科学文化也像人类的其他文化一样，分为器物、制度、观念三个层次：科学文化的器

物部分是支撑科学的物质基础；科学文化的制度部分包括科学活动的各种建制；科学文化的观念层次是科学文化的内核。

人们最先认识到的科学，似乎是一种超越文化的纯粹知识体系，因此，长期以来撇开文化研究科学。近来才逐渐认识到，科学其实是在特定的文化系统中分化并发展起来的，科学的发展轨迹深深打上了文化的烙印，科学本身就是一种文化。然而，我们也注意到，从科学在文化系统的演化过程中所扮演的角色看，科学是一种相当特殊的文化，独创性是科学文化的独特要求和鲜明标志。独创性使科学文化区别于重复的物质生产文化，也区别于有价值的和可复制的其他精神生产文化。在科学文化中，只有世界冠军，没有世界第二。科学文化是尤为强烈的理性的和实证的文化。科学文化的最大特色之一是以经验实证为根基，以纯粹理性为先导。科学生活是理性生活的缩影，科学实践是实证生活的学校。怀疑和批判是科学文化的生命，也是科学文化发展的内在动力。法律让人服从，科学则公开让人怀疑和批判。科学的怀疑和批判具有双重功能：剔除错误的思想，完善不成熟的理论，履行科学的清道夫、守门人和建筑师之责。这说明，科学发展伴随着科学观念的局部调整，科学革命是科学观念急剧而根本的改造。在这个过程中，不同的学派拥有各自的科学观念，不同的科学观念形成了不同的科学文化。

科技在文化体系中的地位和作用。科学实际上是现代文明的核心，人类不断地从科学的发展中汲取营养，并转化为政治文化、经济文化、道德文化等等。

科技在文化体系中的地位。科学技术不仅影响和作用于社会商品等物质文明的建设，而且影响和作用于包括理想、信仰、社会价值观、行为准则以及文学艺术等方面内容在内的精神文明建设。科学技术不仅是生产力中最活跃的决定性因素，而且是文化建设的重要基石。因为科学文化作为人类文化之一，具有人类文化的共性。但是，科学文化的主体是认知文化和理性文化，它与作为感性文化的艺术有较大的差异。科学主要是对世界的认知探索和对真理的理性揭示，而非价值判断和感性欣赏——当然也不能完全排除科学中的价值和审美因素。于是，科学文化自然而然地拥有一些其他文化不具备的独特的性质。科学文化的对象和内容是实在的而非虚幻的。科学文化面对的对象即自然界（以及社会和人的某些方面）是实在的，外部实在的强制以及客观而严格的方法的约束，加之公开的批评和多元竞争的格局，使得科学知识和基于其上的思想、精神、心态不可能成为虚无缥缈的东西。科学文化是最有效的研究真实世界的途径和知识生产的理想形态，是富有启发性的文化。在人类所有文化的知识体系中，无论就其系统性和严密性而言，还是就其量的多少和质的精粹而言，科学文化知识体系大概都是独树一帜的。科学文化一经确立，它的启发功能即脱颖而出：不仅具有自我繁殖的能力（知识可以产生知识，思想可以产生思想），而且对其他文化体系，对社会乃至人生，都会产生大大小小的影响。

科技在文化体系中的作用。科学文化是人类文化的一种形态和重要构成要素，是人类的诸多亚文化之一。科学文化是科学人在科学活动中的生活形式和生活态度，它以科学为载体，蕴涵着科学的禀赋和禀性，体现了科学以及科学共同体的精神气质，是科学的文化标格和标志。与艺术等亚文化相比，科学文化的历史要短得多，但是它的影响却很大。科学文化深刻地内蕴于科学，并若隐若现地外显于世人。因此，它的一些成分已经潜移默化地浸润了人们的思想和心理，塑造了时人的思维方式和心理定势，乃至成为人性不可或缺的要素。

科学技术对文化的作用主要表现在：一方面，通过物质文明的作用间接地作用于精神文明；另一方面，科学思想、科学精神以及科学方法论作为崭新的观念直接作用于文化创新。例如，现代科学对思维形式的影响，是通过两条途径发生作用的。第一条途径是深化原有的思维方式。例如，在现代条件下，比较法进一步发展为类比、模拟、纵向比较、横向比较、系统比较等等；抽象法进一步发展为模型法方法、理想法方法等等；分析和综合方法则深化为系统分析和系统综合等等。现代科技革命通过对原有思维方法的完善、深化，使它们进一步滋生出新的功能，变成了适合时代需要的富有生机和活力的思维方法。第二条途径是创造新的思维方法，这是现代科学技术革命引起思维方法变革的主要方面，如系统方法、信息方法、控制方法、模型法方法、择优化方法、模糊化方法等等，这些随着现代科学发展而产生的思维方法，标志着人类思维方法的巨大变革和发展。

科学技术转化为现代社会文明比转化为生产力更为复杂和艰难。原因就在于文化建设并不完全或直接由科学技术所决定。文化建设既取决于经济基础，又受制于上层建筑，同时还受制于顽固的风俗习惯和人文思想等传统的抗衡，再加上文化有天然的迟滞性、传统性。文化要克服自己的这些稳态特性，向前发展，除了社会的需求、自身的演变以及文化之间的相互作用等动力因素外，还有一股重要的动力来源，就是自然科学的冲击和影响。

科学技术与文化体系中的其他层次具有互为影响、渗透和制约的能动作用。如果以一株大树来比喻，文化就是根与主干，哲学是它的升华，政治、经济、教育、科学、法律等则是这株大树的果实，层次的划分应该如此。但它们之间的关系不是静止不动的，而是相互互动的，科学不通了要寻求教育来解决，哲学不通了要寻求科学来解答，经济不行了要寻求科技找出路，它们彼此的关系是循环发展的。

在每一个历史时期、历史阶段，都会有一个带头性的领域与方面在发挥作用，但是带头性的领域与主导方面却并不是固定不变的，而是在不断地迁流、变化、繁衍、发展的。

这一切都无可置疑地建立在文化的基础、文化的氛围与文化的背景上。可见，一定的社会形态不仅直接影响和作用于一定的物质文明和精神文明，而且影响和制约着科学技术本身的发展。因此，既要努力发展科学技术，依靠科学技术，同时又要注重于社会的变革，使影响文化的诸多因素同步协调地发展，以最大的正效应推动社会文化的创新进步。因此，不创新这样的文化背景、提供新的文化背景，科学是不可能兴起和发展的。随着社会和科学的发展，科学的文化影响在不断创新。但是，科学总是在一定的文化背景下发展的。

中华民族有许多优秀的文化传统需要弘扬光大，同时也很需要用科学来丰富和发展我们的文化影响。现在，科学技术同经济、社会协调发展已受到人们的普遍重视，我们认为科学技术还应同文化协调发展。只有科技、文化协调发展了，经济、社会才能得到发展。这在当前我们强调科技是第一生产力，全社会增强科技创新意识时，尤其显得重要。

2. 要寓科学技术于现代文化创新之中

文化的发展历来与科技的发展有着密切的关系。现代科学技术必然会对文化的创新发展产生巨大的影响，为弘扬我们的民族文化增添新的生机和活力。以电影、电视为例，这是近代工业和科学技术发展起来后新兴的艺术样式，对民族文化的传播和发展起了很大的作用。借助于现代化的科学技术手段，对于古建筑的保护、修复，古籍的珍藏、复制，古代文物的发掘、保存，都达到了相当高的水平。今后，我们必须根据需要和可能，有计划有步骤地把各种现代科技手段运用起来，特别是在舞台设计、剧场建筑和演出设施上，逐步采用电子技术、激光技术、现代音响技术、现代建筑材料等科技成果，以丰富和提高民族艺术的表现能力。因此，我们必须重视和加强科学技术对社会发展的引导作用和对社会主义文化创新的直接推动作用。

必须创新观念。长期以来，单调的甚至教条主义或空泛的思想政治教育内容和方式已经难以适应改革开放的要求。为此，必须创新观念，真正认清科学技术对文化建设的作用，切实把科学知识普及寓于思想教育之中，并引导人们科学地思维，科学地工作，科学地生活。

必须创新文化管理体制。坚持文化体制改革的正确方向，关系到党和国家的工作大局，关系到国家文化安全和社会政治稳定，关系到中国特色社会主义的前途和命运。深化文化体制改革，最根本的一条，就是改革的方向不能变，正确的导向不能变，坚持社会主义原则不动摇。

必须创新科学与文化的关系。我国有五千年的文明史，在文化多样性备受关注的当今时代，无疑要珍视传统文化这一宝贵遗产，继承和发扬其精华。然而，从创新的角度看，又必须清醒地看到其不利乃至相悖的一面。这是因为，传统文化以求同和尊古为基本价值导向，而科学却总把目光投向新的问题、新的领域，总是追求新的发现、新的创造。那种述而不作、泥古守法、木秀于林风必摧之一类观念和习惯，至今还在不知不觉地束缚我们，并传给下一代。变革这些消极因素，建设创新文化，并非对传统文化的不尊重，更不是什么虚无主义，而是必要的合理的创新发展。

必须创新科学文化。我们习惯于"少数服从多数"、"下级服从上级"这些政治运作规则，以及产值、利润指标和考核等经济管理办法。不幸的是，却往往自觉不自觉地把这些政治经济的运作搬用到科学中来。殊不知，科学创新恰恰不遵循这些规则，硬要这样做，无异于扼杀创新。为什么"小人物"的声音难以表达，为什么学术争鸣难以开展、学派难以形成，为什么一些有创造性的"非共识项目"难以得到支持，这些问题颇值得深长思之。科学创新文化是在科学实践的土壤中形成，并且是为科学发展服务的，有其自身的规律和特性。这些规律和特性必须得到充分尊重，而不能把它与政治经济的运作混为一谈。

3. 要重视和研究科技文化现象

现在，科学知识已不仅仅局限于对科学本身的理解和掌握，而渗透、泛化到社会各个知识领域，形成一种科技文化现象。

计算机文化。应用计算机，人们可以进行图案设计、文章编写、文学创作、音乐作曲、考古查证、计算机这种高技术，已广泛地渗透到文化的各个领域。

电视文化。同计算机文化相比，电视文化已更迅速更广泛地渗透到每个家庭和社会各个方面。电视文化除了给人们带来各种娱乐享受外，还形成了譬如电视教学、电视电话、电视游戏等。在中国的许多家庭中，电视已成为家庭文化的主角，不可或缺。

激光文化。激光唱机、激光音乐、激光广告、激光存储、激光全息照片，激光把文化表现得更为光怪陆离、异彩纷呈，吸引着越来越多的追逐者。

技术文化。从更广泛的角度考察，可以发现，几乎每一项新技术的应用，都会对社会、文化和心理环境产生深刻的影响。人们普遍认为，汽车改变了城市的形态，改变了家庭的生活方式。高层建筑的出现，改变了城市生态，包括社会生态环境，改变了过去中国传统的"四合院"式居住方式，对家庭、孩子、老人的生活方式、文化方式、心理方式，都带来了变化。又如录像机、卡拉 OK、高速公路、卫星通信等现代技术手段的出现，都会紧跟着产生重要的文化震荡和创新。

由此可见，文化知识只有集结为思想，才可能形成力量。没有条理化、系统化、理性化的知识，还不能进入"科学"，成为科技文化。科技文化一旦形成理论体系，并同社会需要、技术发展结合起来，同亿万人民改造世界的实践活动结合起来，就会变成巨大的物质力量，社会科学理论指导社会革命、自然科学理论引导科技革命的情况屡见不鲜。人类认识世界改造世界的重要成果都凝聚在科技文化中。人类社会所取得的所有历史进步，所创造的一切人间奇迹，包括天翻地覆的变革、气壮山河的斗争，无不是在科技文化指导下进行的。

4. 要及时制定一个综合的长远的科技文化对策

因为它关系到文化的整体实力，而不只是经济效益问题。在制定科技文化对策时，要注意做到以下几个方面：

要提高对科技文化的认识。应该让人们充分认识到科技文化对社会发展的至关重要性，也就是唤起民众的文化自觉。自然进化速度奇慢，社会进化速度奇快，而文化进化可以看作是社会进化之最活跃的因素。尤其是科学技术作为一种相对独立的文化力量发挥作用以来，社会出现了加速发展，这犹如在文化进化中添加了强有力的催化剂。

要发挥科技文化的作用。科技文化对于社会经济发展具有先导作用。引进先进科技文化应是我们的文化发展战略的一部分，这部分科技文化相对于我们的经济基础具有先导性，有助于把经济结构引导到正确的轨道上去。这要求我们现代的文化创新战略应具有超前意识，比如说，在全社会发扬科学精神，提倡科学道德，讲求科学方法，把科学和民主确立为文化发展的目标，这对于加速经济建设无疑是十分必要的。

要提高大众的科技文化意识，重视运用文化手段。这要求我们把文化科技工作真正放到战略位置上去抓，制定出稳定、合理的文化政策，促进各项文化事业的繁荣和发展，在引导社会发展时重视运用文化手段。全国人民能否同心协力攻克改革难关，与文化政策所提倡和着力塑造的文化形态和文化目标是否对广大人民群众具有号召力和凝聚力关系极大。因此，重视运用文化手段，并与经济手段和政治手段相结合，是当前政策设计中的一个战略课题。

要培养大批科技文化创新人才。创新引领未来，人才引领创新，已经成为全社会的基本共识，人才在增强创新实力，建设创新型国家这个伟大目标中的核心地位恐怕已没人怀疑。可是，每个科研人员都生活在一定的科学氛围和社会环境中，这个环境的好坏直接关系到人才是否能被发现和重用，好项目能否获得支持。因此，它会时刻左右着研究人员的研究方向和视线，也对培养创新型人才起着难以估量的作用和影响。

要挖掘中国传统文化的精华。在与外来科技文化的冲突和融合中，凝练出一种全新的科技文化构型，避免西方社会文化发展中曾经出现的一些问题，少走弯路，这也是文化创新的一个重要方面。比如，中国文化历来具有整体意识，强调和谐发展，这个原则有可能克服文化进化中某些不必要的分裂，让文化差异在一个整体结构中共存互补地发展。我们的社会发展模式是混合型的，我们的科技文化模式也必然是混合型的，科技文化政策的功能就是要把这种混合模式导向科学与民主的宏伟目标。

要培养系统思维方式。创新过程是一个非常复杂的研究过程、商业过程和组织过程。创新并不是将其他地方产生的知识简单地转移，而是各种因素之间互动的过程。在这样一个过程中，用户、设备供应商、个人、政府有关部门、环境等要素，就组成了一个创新生态系统。同时，国家创新体系更是一个国家范围内的巨大的社会系统，它不仅涉及科学技术、经济因素，还涉及制度、组织、社会、政治因素。这些都要求我们必须用系统思维和全局观念来对待科技创新活动和国家创新体系的建设。

（二）现代科技创新

科学的本质就是创新。生产力是生产要素中最活跃、最革命的因素，是社会进步和发展的最终决定因素。而作为"第一生产力"的科学技术，更是集中地体现了生产力要素中进取和创新的特质。

历史反复证明，推进科技发展，关键要敢于和善于创新。有没有创新能力，能不能进行创新，是当今世界范围内经济和科技竞争的决定性因素。历史上的科学发现和技术突破，无一不是创新的结果。20世纪相对论、量子论、基因论、信息论的形成，都是创新思维的成果。正是基于物质科学、生命科学和思维科学等的突破性进展，人类创造了超过以往任何一个时代的科学成就和物质财富。21世纪，科技创新将进一步成为经济和社会发展的主导力量。知识经济作为一种新的经济形态，与以往的其他经济形态相比，更加依赖知识的积累和应用，更加强调创新的作用，只有不断创新，才能获得持续的竞争优势，弥补资源和资本上的不足。在经济日趋全球化的环境中，没有源源不断的科学发现和技术突破做基础，就极易丧失发展的动力；在知识经济初现端倪的今天，没有自主的知识产权，就很难掌握竞争的主动。

要把创新的意识由思想化为行动，殊为不易。要在现有的条件下取得基础科学研究的突破，不仅要有挺进前沿的勇气和智慧，也要有"有所为，有所不为"的战略眼光；要让实验室里的研究成果实现产业化，造福社会，必须掌握和遵循市场经济的规律，完成思想观念的更新；要为科技生产力的发展创造良好的条件和环境，更需要我们进一步推进科技体制改革，不断学习和调整，革除一切阻碍生产力进步的弊端。

当前，科学发展观已经深入人心，国家创新体系的建设取得了长足的进步，素质教育的推行正在改变着以往僵化、陈旧的教育模式，一项又一项高新技术成果在产业化的进程中，有力地推动了经济发展和社会进步，一个以知识创新为先导、技术创新为主体、知识传播为动力的知识与经济相互促进、协调发展的良性循环正在形成，追求真理、尊重知识、崇尚科学的风尚已经成为我们这个社会的主流。

技术创新是经济发展和生产率增长的基本驱动力。在现代国际竞争中，创新是国家竞争战略的核心。比较优势理论表明，国家只有在技术创新中占有一席之地，才能占有一席市场。因此，研究技术创新是一个十分有意义的课题。

现代科技创新的含义十分广泛，一般是指新产品的研究开发、新工艺的应用、新技术的推广与扩散等各种围绕科学技术而展开的商业活动。它包括产品创新、工艺创新和服务创新。简而言之，科技创新是指将一种新产品、新工艺、新服务引入市场，是新技术的首次商业化应用。

技术创新是属于经济范畴，它不同于发明和科学重大发现，发明和科学重大发现属于基础科学研究的范畴，一般不能直接用于生产和经营活动，不能直接产生经济效益。而技术创新则处于技术开发和研究阶段，有赖于发明和科学重大发现，但是大部分技术创新是在原有的发明和发现的基础上不断进行创新活动，形成差异性的产品。

如果说科学是对自然现象的探索，其目的是增加对自然的理解，那么，技术则是将知识直接应用于产品和工艺中。这种知识既可以来自科学发现的知识，如激光等，也可来自技术专家们自己的经验、知识，如飞机的最初设计就是根据专家们自己的经验而不是根据科学原理进行的。

在19世纪以前，许多科学家只关心纯科学研究，而不关心知识用途。但到了19世纪中叶以后，科学和技术之间的关系越来越密切了。一方面，许多技术专家的发明都是站在许多科学前辈的"肩上"，另一方面，科学家本身也在推动知识的应用。

进入20世纪后，人们逐渐认识到，科学和技术各有其领域范围。首先，科学发现在很大的程度上虽然是技术发明的基础，但技术并非仅仅是科学知识的应用，在许多领域，技术可以在没有科学的前提下发展起来，如印刷、机床的发展就是很好的例证。

其次，即使有了技术突破，但这种突破对技术发展而言只是一个起点，人们还需要花很多时间去积累许多经验、知识等，才能使科学成果具有真正的实用价值。

科学和技术创新都是改变人类生活方式的重要手段。如果说科学的预测是增进对自然界的理解，那么，创新的测度则是影响人们生活方式的程度，用现在的话说是产生的经济效益。有时一个技术含量低但影响巨大的创新可以产生一场革命。

所以，技术创新是将科学技术应用于产品、工艺以及其他商业用途上，以改变人们的生活方式，提高人们的生活质量。创新产生的经济效益只是创新的一个表现。正是在这一点上，熊彼得将发明与创新区别开来：发明只是一个新概念、新设想，只有将发明引进企業生产体系中，发明才能转化为创新。

由此可见，一个重大的科学发明或发现可以引发一系列的技术创新，技术创新的内涵概括起来包括以下几个方面：技术创新是企业从构思、设想开始，采用新的科学技术，将其转化成新的生产力，达到市场阶段，而获得潜在的超额利润的商业行为。它的主导者、推动者是企业家，主体是企业，考察技术创新首先要从各个企业本身的技术变化的角度出发。技术创新是涉及科学、技术、组织、金融和商业的一系列的活动。技术创新是一个涉及几个环节、阶段的复杂过程。技术创新是一个链式过程，各个环节、阶段相互反馈，但是它的实现则是一个不可逆转的递进过程。技术创新是一种机制。企业为了获得潜在的经济效益，赢得更大的利润，在外部市场需求和竞争的刺激下，进行技术创新是企业求得生存和发展的必由之路，因此，技术创新是企业发展的一种内在机制。它涉及企业的各种内外因素，它的实现是企业的各种内外因素相互影响、相互作用的结果。

技术创新活动与技术创新产出二者既有联系，又有区别，是辩证的统一关系。技术创新产出即技术创新的实现，是一系列技术创新活动的结果，而技术创新活动与技术创新的实现并非同步，企业技术创新的实现是所有活动的产出，而不仅仅是与实现技术创新直接联系的那些活动的产出。

技术创新作为技术革新活动，包括三个基本的方面。一是产品创新，即制造新品，改进旧品。在技术变化基础上的产品商业化，既可以是全新技术的全新产品商业化，也可以是现有技术发现后的现有产品的改进。二是过程创新，即工艺创新。是指商品生产技术上的重大变革，包括新工艺、新设备、新设计及新的经营管理和组织方法的创新。由此可见，产品创新侧重于劳动对象，而过程创新则侧重于劳动手段和相应的组织管理方法。三是技术的扩散，即创新通过市场或非市场渠道的传播，将科技成果转化为经济效益。因此，没有技术扩散，创新的技术就不可能产生最佳的经济效益。

现代企业是技术创新的主体。创新的主要目的就是促进技术成果应用于生产，转化为生产力，创造出最大的经济、社会和环境效益。企业是一个自主经营、自负盈亏的经济实体，有没有创新能力，创新什么，直接影响到它的经济效益。因此，企业的科技创新以市场为导向，以产品为目标，研究出来的成果会迅速得到转化。所以要下决心克服过去那种从组织结构到功能结构自我封闭的科研与生产严重脱节的僵化格局，推动科研院所、高等院校与企业合作开发先进技术，形成面向市场的新产品开发和技术创新机制，促使企业成为创新的主体。企业只有通过技术创新，使所生产的产品不断地更新换代，满足市场不断变化的需求，才能在竞争中获胜。

从技术创新所包括的内容来看，技术创新在企业的生产经营、组织管理以及科研的每个环节都存在，无论是一般的劳动者，还是生产经营者及科研人员，都有机会、有义务、有责任进行技术创新活动，以实现自身价值，推动企业的可持续发展。

但是，技术创新毕竟不是一般的生产经营活动，它具有自己的一些特点：

技术创新具有一定的高风险特征。其风险可以分为技术风险和市场风险两种。技术风险是指一项创新活动在技术上存在着成功与否的不确定性。市场风险是指一项创新活动在技术上成功之后，还存在其成果是否受市场欢迎这种不确定性。企业家们常说，在十个新产品中，有一个成功就已属幸运。

不同类型的技术创新所需的资金和时间上的投入以及所伴随的风险是不同的。硬技术创新所需的投资较大，所需的时间较长，所伴随的技术风险和市场风险也较大。而软技术创新所需的投资很少，所需的时间较短，不但没有什么技术风险，所伴随的市场风险也较小。也就是说，技术创新需要相应的投入，投入的多少取决于技术创新的程度。技术创新程度大的，技术创新投入就多；技术创新程度小的，技术创新投入就少。而且这种投入有时不只局限于技术的研究开发阶段，还可能延伸到生产经营管理阶段和市场营销阶段，如投资机械设备、开辟营销网络等。这些投入能否实现价值补偿，还要受到许多不确定因素的影响，既有来自技术本身的不确定性，也有来自市场和社会的不确定性，可能使技术创新的投入难以得到理想的回报。

技术创新具有很高的回报率和对外部环境的影响力。成功的技术创新意味着技术创新者可以在一定时间内享受垄断超额利润，直至其他企业的模仿、再创新来参与分享利润为止。与此同时，重大的创新除了对本企业有重大的经济推进作用外，对其他企业和其他产业乃至整个社会而言，都有很大的积极影响。一般来说，在经济活动中，高风险与高收益总是同时存在。因此，世界上有许多国家相继建立了风险投资银行，向技术创新提供风险性贷款，促进技术创新。现在有许多企业，也正是以技术创新的高收益性为准绳进行技术创新、求得发展的。

技术创新具有超前性或先进性。技术创新必须具有超前性，否则，将是原有技术的低级繁衍，难以生产出满足变动中的市场需求的商品，难以提高企业的竞争能力。只有具有超前性的技术创新，才能使创新者占领竞争的制高点，赢得竞争的胜利。

值得注意的一点是，技术创新的超前性必须与其适应性、可行性相结合。否则，太超前的技术一方面可能在技术上不可行，另一方面可能难以适应市场，这就会增加技术创新的风险。

技术创新是消费者和企业相互作用的结果。在市场经济体制下，技术的发展不仅取决于科技本身，还取决于消费者的选择，因为消费者的参与影响了产品的开发过程，并对其所能创造的价值和使用价值做出最直接的评价。只有生活在市场中的技术才是活的技术，才是真正有价值的技术。

技术创新与"科技成果应用"、"科技成果商品化生产"的提法是不等同的。后两者强调的是科技成果的作用，科技成果的使用者并没有指明，是处于被动状态的。而技术创新则着眼于经济发展，强调的是企业自身的主体行为，是企业支配、掌握着科技成果的应用。

（三）科技创新对文化创新的重要意义

科学文化也像人类的其他文化一样，分为器物、制度、观念三个层次。科学文化的器物部分是支撑科学的物质基础，尤其是其中的实验设备、观察和测量器具直接与科学活动密切相关。科学文化的制度部分包括科学活动的各种建制，主要有研究机构、学术团体、出版部门、法规章程等等。科学义化的观念层次——这是科学文化的内核——还可以细分为科学知识、科学思想、科学方法、科学精神，其中包括认知、语言和心理诸因素。科学共同体创造、丰富、共有和共享科学文化，以科学研究为生活形式的科学家也或多或少打上了科学文化的烙印，而且，每一个社会成员只要接受足够的科学训练和培养，也能够在科学文化的王国里漫游和观光，濡染一些科学文化，从而促进文化创新发展。

综观中外，以生产力水平为核心的激烈竞争方兴未艾。俯仰古今，中华文明的兴衰得失告诉我们，发展才是硬道理。社会生产力决定着生产关系和上层建筑的变化发展，决定着人类历史的大方向。

历史经验证明，跨越式的发展，在很大的程度上依赖于科技的创新进步。科学技术是第一生产力，揭示了科学技术在当代生产力和社会经济发展中的第一位的变革作用，抓住了这个时代发展的精髓。国与国之间的差距，表面上是经济上的差距，而在现实条件下，实质上却是科技水平的差距。正是从这种意义上说，四个现代化，关键是科学技术现代化，没有科学技术的高速度发展，也就不可能有国民经济的高速度发展。当前，我们的宏观经济正面临着由卖方市场向买方市场、从数量规模型向质量集约型的转轨，把经济建设真正转移到依靠科技进步和提高劳动者素质的轨道上来，对于我们这样一个人口众多、生产力还比较落后的东方大国，面对世界科学技术迅猛发展的形势，尽快把科技和经济搞上去，迎头赶上发达国家，有着极其重要的意义。

在知识经济时代，科技创新将会日益重要，新技术的不断涌现，技术生命周期的不断缩短，使科技不进行创新就无法生存，更谈不上可持续发展。21 世纪，科技创新将进一步成为经济和社会发展的主导力量。在新的世纪里，科技与经济和社会发展的结合将更加紧密，新的科学发现和技术发明，特别是高科技的不断创新及其产业化，将对全球化的竞争和综合国力的提高，对世界的发展和人类文明的进步，产生更加巨大而深刻的影响。但是，要提高科技创新能力并非易事，要有一个有利于技术创新的宏观的文化创新环境，也要有一个微观的技术创新运行机制，以形成完整的科技创新能力。其原因有以下几个方面：

第一，在科技创新时代，企业的生产经营进入网络化、信息化和国际化，信息传播交流速度加快，使得技术扩散更加迅速。

一个企业的技术创新在某一个区域的短期存在是可能的，但长期存在已难以有效维持。其他企业可以利用技术创新成果的外部经济效应，进行相应的模仿或进一步创新，致使企业因技术创新带来的收益期缩短，收益量减少，比较优势丧失。这在客观上要求企业不断地进行技术创新，不断地获取比较优势。

第二，在科技创新时代，人们的生活水平不断提高，消费观念也将由数量型转入质量型，以追求更高层次的享受。

而且这种追求将会随着知识进展和技术创新不断变化，会因不同企业提供的差异产品而不断变化。作为以向市场提供产品为基本任务而存在的企业，则必须以满足消费者的这种变化着的需求为宗旨进行不断的技术创新。

第三，在科技创新时代，知识和技术是知识经济社会的重要资源，知识的进展和技术的创新是经济增长的重要来源和实现可持续发展的有效途径。

在这种情况下，不同的国家会通过知识产权的完善来严格维护技术创新成果的一系列权利，会通过技术贸易壁垒减少技术的国际贸易量。这不仅使得技术的引进和模仿更加困难，而且引进技术所获取的比较收益将相当有限，这就要求科技自身必须进行技术创新，不能依赖于模仿和引进。

第四，在科技创新时代，由于新技术的创新不断地涌现，技术因无形磨损而使其生命周期变得越来越短。

科技难以像现在这样，可以在较长时期内享受某一技术创新的成果，而必须制定相应的技术创新计划，使技术创新具有连续性，从不断的技术创新中获取收益，从而持续地向前发展。由此可见，加强技术创新，最根本的是要在全社会真正形成推动技术创新工作的有效机制。这对于提高全社会的劳动生产率具有决定性的意义。

二、中国科技创新的障碍及对策

(一) 中国科技创新存在的障碍

经过多年的努力，我国科技事业有了很大的发展，科技创新能力不断提高，与发达国家的差距迅速缩小，科技对经济社会发展的支撑能力大大增强，适应社会主义市场经济的国家创新体系初步形成，我国科技创新事业正处于历史上最好的发展时期。但是，不容置疑，我国在科技创新上还存在着很多的障碍。

1. 文化创新不足造成"民族精神"的边缘化

科学无国界，但技术是有归属的。发达国家依赖其技术上的先发优势，想方设法遏制后进国家的技术创新，以实现其"技术殖民"的战略目标。市场经济的价值最终要体现在社会消费层面上，只有民族精神的理性化回归，才能战胜"无民族灵魂的消费倾向"，促进技术创新，提升国家综合竞争实力，抵御"技术殖民"的侵害。我国现阶段已处于"技术殖民"的威胁之中，且民族精神和意识已被严重边缘化。自主创新技术没有制度化保障的示范应用空间，造成社会化的"成熟度壁垒"，阻断了自主技术的成熟升华之路。

科技创新没有形成完善的创新生态链。任何创新技术都遵循技术创新—产品化实践—市场应用—经验积累—技术成熟—更高层次再创新的"创新生态链"之规律，形成良性循环后，才能得以生存和发展。

我国作为技术"后进国家"，尚处于工业化中期，大多数技术的研究起步晚，通常在未完成产品形态时就已落后。在当今全球化的市场环境下，跟进或跟踪式的发展难以逾越被"先行者"掌控的专利技术门槛和已形成的既有市场格局，而走跨越式发展的道路，也无法回避创新技术从"幼稚形态"成为商品化技术所必经的成熟度培育环节。因而创新生态链的构建中必须设立克服"成熟度壁垒"环节，以避免陷入创新活动—幼稚技术—市场抵制—成熟无期—回报渺茫—再创新乏力的困境。

科技创新系统的整合效率低。科技的发展，只有在各类资源之间最佳匹配的情况下才能发挥最好的效益。社会是个宏观大系统，大学、企业等都只是它的子系统。当然，每个子系统自主发展壮大，对于社会的进步也是好事，但如果子系统与子系统间不加强横向交流与整合，没有发挥"社会化大生产"的功能，我们的科技创新能力就会受到阻碍。不是学校和研究所办企业不对，做总比不做好。但是，其他子系统的相关呼应系统没有形成，尤其是企业与学校间、企业与企业间，以及企业内部，对于科技的整合能力还是明显不足。

2. 企业没有成为创新主体

企业的创新动力和创新能力是社会科技进步的基本落脚点，是国家经济竞争力的重要因素，但我国的企业一直没有成为技术创新的主体。国内除少数几家企业外，自主创新能力薄弱、对创新的有效需求不足是我国企业的通病。

中国由于受传统计划经济体制的影响，对科技创新没有引起足够的重视，尤其是国有大中型企业因产权不清、条块分割、政企不分、缺乏市场机制等原因，对科技创新更是不屑一顾，结果使很多企业都缺乏有水平的研究开发部门，只重生产不重产品开发。即使有的企业存在着较强的开发部门，也由于缺乏技术创新方面的知识，创新效益很差，造成了企业的平均创新周期过长，技术创新中自主知识产权的含量低，技术创新的效率低。

（二）消除中国科技创新障碍的对策

加快科技创新，需要处理好科技引进与科技创新的关系，实现科技的自主创新。拒绝向别人学习，是无法创新发展文化的。尤其是要吸收和借鉴当今世界各国包括资本主义发达国家的先进技术、科学管理经验和进步文化成果，推动我国科技文化的发展。不学习别人先进的东西不行，但一味跟在别人后面，照抄照搬别人的东西也不行，也无法创新发展文化。尤其是在高新技术领域，一味跟在别人后面，永远难以达到世界领先水平。如果自主创新能力上不去，一味靠技术引进，就永远难以摆脱技术落后的局面。这就需要在科技文化引进的同时，瞄准当今世界科学文化发展的前沿，大胆进行自主创新，只有不断提高自主创新能力，我们才能减少对技术引进的依赖，提高参与国际市场竞争的能力，最终才能在世界科技领域占有一席之地。

1. 建立新的科技创新体制

在当今世界舞台上，一个民族的创新能力越来越成为国力盛衰的决定性因素。这里所说的创新能力既包括技术上的创新能力，也包括体制、机制上的创新能力、应变能力和竞争能力，体制创新无疑是技术创新的支撑点。新的经济体制，应该是有利于技术进步的体制，新的科技体制应该是有利于经济发展的体制，双管齐下，长期存在的科技与经济脱节的问题，有可能得到比较好的解决。要把建立技术创新机制作为社会主义市场经济体制的一个重要目标，特别是把建立、健全企业的技术创新体系作为建立现代企业制度的重要内容和搞好国有大中型企业的关键环节。中国多年的改革实践也证明，促使大多数科研机构进入市场，转化成科技型企业或进入企业，是从体制和机制上解决科技与经济结合问题的根本途径。

在经济全球化和知识经济蓬勃兴起的新形势下，以科技为主导的市场竞争日益激烈，这必然要求大幅度提高科技创新能力，要求依靠加速科技进步带动产业升级和结构优化。实现这一目标的关键是建立以企业为主体的技术创新体系。针对我国目前的状况，除了要下大气力增强企业的创新能力以外，还要支持和鼓励一批科研机构进入企业或与企业实现紧密的结合，更要将大批科研机构整体转变成科技型企业，特别是高技术企业，逐步形成中国高技术产业发展的主力军,还要有一批科研机构将转变成为大量中小企业服务的技术中介机构,以带动中小企业的技术进步。

2. 要重视加强国际科技合作

中国人为自己的古老文明而骄傲。但另一方面,我们不能停止学习世界上所有的优秀文明成果,一天也不能停。我们按照平等互利、成果共享、尊重知识产权的原则开展国际合作。通过国际合作,实现人才交流和资源、信息、科研设备的共享,不仅促进了科学技术自身的发展,而且将会带动经济贸易合作与交流。

3. 要按照系统工程的观点给科技创新定位

科技创新是企业活动的一部分,需要各方面的资源支持,同时科技创新又会给各方面资源发展提供帮助,为此,必须把科技创新纳入企业综合发展计划加以管理,不能临时抱佛脚。应该看到,在企业发展中不重视科技创新,不考虑人财物对科技创新的倾斜固然没有前途,但不顾企业实力,单纯追求技术创新同样也不会成功。只有保持科技创新同其他资源的相互支持、共同发展,整个企业系统才是平衡的、健康的。

4. 要多渠道筹集资金

要用好国家现有的政策,加大科技创新投入力度,使企业逐步成为科技创新投入的主体。

国家和地方的财政支持主要是根据国家产业技术政策,引导企业资金走向。加快科技创新投入表现在三个方面:一是政府通过国家预算,提高技术开发研究支出在财政支出中的比例。二是企业和其他非政府组织,应增加对科技创新的投入。三是科技创新是高投入、高风险、高回报的科研活动,银行和其他金融组织应设置科技创新贷款业务或风险性投资银行增加科技创新的投入,对科技创新的效果要严格依据知识产权的法规进行申请、登记和公布,并严格要求依法保护科技创新主体的权益。

5. 加快企业进入市场的步伐

企业进入市场,实际上是确立企业的市场主体地位,使企业成为真正的独立法人,按照市场规律求生存和发展。只有这样,企业才能感到市场的压力,进行科技创新,并取得科技创新的收益,从而吸引企业进一步科技创新。我国的许多大中型企业至今仍没有转变为独立的法人,这是无法适应企业科技创新需要的。因此,要遵循市场经济规律,对企业进行股份制改造,把企业建立成真正的法人,加快企业进入市场的步伐,让市场来激励企业进行科技创新。

第二节 优秀传统文化传承创新拉动文化产业发展

一、优秀传统文化传承创新对文化产业的影响

文化创新是大国博弈之核与世界财富之魂，从文化搭台经济唱戏，到文化领航经济创新，中国正经历着三十年来持续不断的大跨越与古今中外从未有过而高速成长，它的核心动力是什么？科学依据是什么？文化成因是什么？未来方向是什么？我们研究、关注的文化创新不仅是创意理念的知识创新、创意内容的资源创新，还需要研究文化产业的创新。

（一）文化产业的内涵

1. 文化产业是经济社会发展的必然产物

文化产业的出现，从一定意义上说，是文化自身的目的要求或者说是角色的回归。

人类社会的生产分为物质产品生产和精神文化产品生产，物质产品生产的目的是为了满足人们的物质生活需要，精神文化产品生产的目的是为了满足人们精神文化生活的需要。无论哪种生产，无论哪种需要，都是人类生存和发展所必需的。人们为了满足物质产品的需要，就必须不断提高征服自然、改造自然的能力，不断提高科学技术水平和生产效率。精神文化产品的生产也是如此，为了能够满足人们不断增长的文化生活需求，就必须不断提高文化产品的生产能力，扩大文化产品生产的规模，增加文化产品的品种、质量和产量，以满足人类的这一需求。为满足这一需求，一些成功的、被证明是有效的物质产品的生产方式、组织方式以及先进的科学技术在文化产品需求的作用下渗透到文化产品生产领域，而产业化或者说工业化的生产方式就是其中提高生产效率、促进经济发展的最有效的手段，这种物质产品生产方式在文化产品生产领域的渗透，就形成了文化产业，进而形成了多种门类、多种层次和多种类型的文化产品生产和服务体系，并从数量、质量、品种等多个方面满足着人们的文化产品需求。因此，文化产业的出现是文化产品自身目的的一种自我实现，是自身角色的回归。通过这种自我实现和回归，文化产品实现了其满足人们精神文化生活需要的目的。

发展文化产业是文化产品生产方式和传播方式的要求。传统意义上的文化产品生产主要以个人生产为主，效率低、产量低，文化产品的传播也主要以生产者和传播者自身作为产品的载体和传播的媒介，传播范围窄、速度慢，不利于文化知识的传播和推广以及社会

的进步。文化产品生产和传播作为观念、符号和意义的生产和传播，要求有着更快的速度和更大的范围，这是文化产品本身所需要的。在经济不断发展的情况下，物质产品效用的相对降低使人们有了对精神文化交流的更迫切的渴望，于是打着科学技术印记的生产工具被越来越多地应用于文化产品生产领域，从活字印刷术、机械印刷再到今天的电子印刷，科学技术在文化产品生产中的应用越来越深入，极大促进了文化产品的生产，使文化产品能够以更快的速度在更广泛的范围内传播，也在更大程度上满足了人的文化需求，实现了文化自身的目的。

发展文化产业是受众也即文化产品需求者的要求。受众是传播学中的一个概念，是指文化产品的接受者或者说消费者。由于传统生产方式和传播方式的落后，使得文化产品的受众范围狭窄。在传统的文化产品生产方式中，文化产品生产周期长，难以复制，产量少、成本高、价格昂贵，因此它只能作为一种精英文化、经典文化产品而只被上层社会所享用，对于普通消费者来说，文化产品是可望而不可即的奢侈品。而普通消费者作为社会最广大的需求和消费群体，对文化产品同样有着需求和消费的欲望，并且这种欲望随着收入水平的提高也变得越来越迫切。那么，如果文化产品继续维持在精英文化、经典文化的定位，就难以实现文化自身的目的，为了实现这一目的，就有了文化产业。文化产业的出现，使文化产品能够大规模地生产和复制，成本降低，价格也变得低廉起来，适应了大众的消费能力，拓宽了受众范围。从这个角度来看，这也是文化自身角色或定位的回归。在文化产业的作用下，文化产品从个别走向了一般，从精英文化转变为大众文化，从奢侈品转变为普通的消费品，它使得大众能够更多地消费文化产品，实现自身的享受需求和发展需求，从而在更大范围内满足了人们的文化产品需求，提高了人们的精神文化素质。

发展文化产业是文化自身价值的体现，或者说是文化价值的回归。文化产品价值可分为两个层次，第一个层次是文化产品的经济价值。在商品经济发展初期，文化产品是作为物质产品的附属物存在的，文化产品的生产和交换都在低水平上进行，文化产品生产者是非生产性劳动者，其生产劳动不作为社会生产性劳动的一部分，文化产品生产者在社会中地位低下。因此，文化产品生产没有自身独立的存在形式，而只能成为物质产品生产的附属物存在。由于文化产品的生产也是一种投入产出的经济行为，在文化产品不成其为商品的情况下，文化产品生产的投入就很难得到补偿。文化产业出现以后，文化产品生产获得了正当的形象和社会地位，成为生产性劳动，文化产品生产者成为生产性劳动者，文化产品也变成了商品，成为必须通过市场交换、通过有偿手段才能获得的消费品。在文化产品的交换中，文化产品生产者的劳动得到社会的承认而成为社会劳动的组成部分，生产者的投入也就得到了补偿，文化产品生产获得了连续生产的经济保证。在这一文化产业化的过程中，文化产品的经济价值得到真正的体现。

文化产品价值的第二个层次是文化产品的文化价值或者说文化产品的智力价值。在传统经济时代，由于文化产品生产者社会地位的低下，不仅本身得不到社会的认同，而且文化产品由于是无助于生产力发展的纯消费品也得不到社会的承认。因此，文化产品以及凝结于其中的生产者的心血成为任何人可以任意处置的东西，文化产品生产者的智力成果被忽略和滥用，影响了文化产品生产者的积极性。伴随着文化产业而来的是文化产品的商品化，在文化产品商品化的过程中，文化产品生产者的智力成果受到尊重，文化产品生产者成为自身智力成果的占有者，而要对智力成果这一无形效益进行使用必须通过有偿交换的方式才能取得。文化产品智力价值在文化产业条件下的实现，成为文化产业进一步发展的动力，提高了文化生产者的积极性和创造性，推动了文化产业的发展。

综上所述，文化产业从社会需求、科学技术、文化产品自身三个方面来看，都有其产生和发展的合理的经济基础。文化产业是符合历史和社会发展规律的结果，是经济、社会发展的必然产物，是文化产品生产在商品经济条件下的具体表现形式。

2. 文化产业的特性

与一般物质生产的产业比较，文化产业的特殊性从产品看表现在六个方面：一是文化产业产品是满足人们的精神需求的，这是更高层次的需求。二是文化产业产品的生产者，必须是文化人力资本的拥有者，劳动者必须是具有创作才能的个人。生产文化产品中劳动的支付，完全是脑力的支付。三是文化产业是通过创造供给来培育和创造消费需求的。在文化产品未被生产出来之前，市场对比的需求是难以判断的，投资文化产品是要承担市场高风险的。创造文化产品，创作者或是靠涌动的创作激情，或是靠对市场需求的理性预期，不可能有明确的消费对象。四是文化产业的生产极具有创造性和个性。文化产品的生产是具有自主知识产权的原创性研究和发明的过程。每一件文化产品之间都具有不可重复性、不可替代性和不可再生性。五是文化产业的产品创造的是无形资产，积累的是品牌效应。同一产品被拷贝的次数越多，其产生的产值就越高。六是文化产业与其他产业有共生性和融合性。任何一个产业形态，都融入不同的文化内涵，酒文化、茶文化、饮食文化等，无一不反映着不同的文化价值取向。

（二）文化创新与文化产业的关系

从逻辑上讲，现代文化创新与文化产业二者是种属关系，文化是属概念，其内涵和外延比文化产业更广；文化产业是种概念，它包含在文化之中，是文化中可以用产业方式运作的那一部分。这一部分文化可称之为经营性文化，在市场经济条件下，其范围越来越广，主要包括娱乐业（国外对娱乐业的界定范围很广，包括演出、电影等，我国的娱乐业主要指歌舞厅等娱乐场所）、演出业、影视业、出版业、网络业等等。文化中不可以用产业方式运作的那一部分，可以称之为非经营性文化，主要包括义务教育、学术研究（包括人文科学研究和自然科学中的基础研究）、文学艺术以及图书馆、博物馆、文化馆等公益性文化。当然，这两部分文化并不是截然分开的，常常交织融合在一起。但是，区分这两类不同性质的文化具有非常重要的意义，这是我们认识文化与文化产业的关系的基本立足点。

既然文化当中的一部分并且是很大一部分可以通过产业运作方式获得利润，有时甚至可以获得高额利润，文化产业必然就应运而生。据此，文化产业可以界定为从事文化产品的生产和经营的行业，是一个以精神产品的生产、交换和消费为主要特征的产业系统，是一个涵盖包括文化艺术业、新闻出版业、广播电视业、电影业、音像制品业、娱乐业和版权业等在内的庞大的体系。随着经济的发展和社会的进步，人们的闲暇时间越来越多，对文化的需求和消费也日益旺盛，因此，文化产业通过满足人们的文化需求和消费，创造和积累了大量的社会财富，起到了增加就业、创造价值、刺激消费、涵养税源等重大作用，成为新的经济增长点。因此，文化产业在许多国家被誉为"朝阳产业"、"支柱产业"或"无烟工业"、"知识工业"等。

因此，可以说文化产业从本质上讲是一个经济学的概念。文化产业的投资者和经营者的根本目的或者说主要目的是为了赚取利润，如果无利可图，人们绝不会去投资兴办任何一种文化产业，例如，世界上没有哪一个老板会去投资兴建一座图书馆或者一个歌剧院的。文化产业的经营者在经营当中必然要遵循经济规律、市场规律。尽管我们强调，从事文化产品的生产者和经营者不同于一般物质产品的生产者和经营者，要把社会效益放在首位，争取社会效益和经济效益的双丰收，但是在实际当中往往很难做到，因为这两个效益既统一又矛盾，以营利为目的的文化产业的经营者往往更多的是注重经济效益，那只"看不见的手"总是起着决定性的作用。

尽管文化产业的发展客观上能够满足人民群众不同层次的文化需求，能够在一定程度上促进文化艺术的丰富和繁荣，但文化产业作为一种经济行为，它不可避免地带有自身难以克服的缺陷和弊病。如果所有的文化都通过产业方式运作，一味地追求赚钱和利润，那将是文化的悲哀，也是发展文化产业的误区。那么，为了文化的繁荣和发展，为了社会的全面进步，如何消除和弥补文化产业带来的负面影响呢？除了要不断完善文化产业的政策法规，促使其健康发展之外，还要依靠国家和政府的力量，把文化中不可以用产业方式运作的那一部分，即非经营性文化建设好、发展好。

如果说经营性的文化产业其本质是一种经济行为、市场行为、商业行为的话，那么不可以采取产业方式运作的非经营性文化，即前面提到的义务教育、学术研究、文学艺术以及图书馆、博物馆、文化馆等文化的特殊本质就是它的创造性和公益性，其根本目的是提高国民的思想道德素质和科学文化素质。这一类文化是最本质最重要的文化建设，是一个国家发展的动力，是一个民族进步的灵魂，必须依靠政府的投入，或者国家制定相应的政策，予以必要的扶持和引导。这就是文化与文化产业的根本区别，也是政府与文化企业家的不同职责。

中国的改革开放，经历了一个由外到内、由下到上、由点到面的大变革历程，先是以市场经济为核心的经济体制改革，包括农村经济从包产到户、联产承包到股份制改造，国有资产重组与产权开放的产业体制改革，城市居民的教育体制、住房体制、医疗体制、公用体制的经济改革，国家机关人事制度的改革；继之以文化体制改革为核心的上层建筑大变革，包括国家科技体制改革、国家环保体制改革、国家金融体制改革、国家法律体制改革、国家新闻体制改革、国家广电体制改革、国家文化体制改革等。文化体制大变革、文化经济大发展、文化产业大创新带动了经济的跨越、社会的进步与国家的全面成长。我们必须从这个角度和背景来看文化产业与文化创新。但目前中国的文化产业与文化创新，遇见了前所未有的难点和问题，比如创意与人才的投入成本问题，文化与服务的市场规则问题，资本与金融的运行机制问题，知识产权保护的法律机制问题，文化产业扩张的资产评估问题等。

二、文化产业存在的问题及对策

在国际社会越来越重视软实力的今天，大力发展文化产业和文化贸易，全面提升文化竞争力，对于中国的科学发展具有重要意义。

（一）文化产业的特点及分类

文化产业是以智力资本、文化资本、数字资本为运营方式的新兴朝阳产业，有巨大的包容性和潜力，完全可以发展为我国经济的重要支柱。

1. 文化产业的特点

文化生产（文化创造）属于精神产品的生产，其不同于物质产品生产的根本区别有以下几个方面：

物质产品的生产以经济效益为主，追求利润的最大化是天经地义的；精神产品的生产以社会效益为主，当社会效益与经济效益发生冲突时，必须把社会效益摆在首位，或者说

"以社会效益为最高准则"。

物质产品的生产成果为物质形态，一般都有可以计量的价值和价格；精神产品的生产成果为观念形态（虽然总是附着在一定的物质载体上），它的价值和价格往往难以明确计量，有时甚至出现价值与价格乃至投入与产出的严重背离。

物质产品的生产满足人们的物质需求，其使用价值是短暂的；文化产品的生产满足人们的精神需求，这种精神的消费是可以重复进行的，其价值是永恒的。鉴于此，精神产品的生产亦即文化生产，其投入产出不能搬用物质产品生产的规律。特别是在市场经济条件下，物质产品的生产由市场自然调节，政府一般不进行干预，也很少投入，而精神产品的生产，尤其是原创性的文化创造和公共文化建设，则必须由政府通过财政投入给予经费保障，或者制定法律和有关政策引导社会予以扶植。

由于科学技术的推动和经济全球化进程的加快，文化产品的生产出现了"按照工业标准生产、再生产、存储以及分配文化产品和服务的一系列活动"，人们称之为"文化产业"或"文化工业"。作为一种产业，文化产业与传统意义上的文化生产（文化创造）有着很大的区别与不同。首先，文化产业是一种经济行为，其投入产出和生存发展取决于市场；传统意义上的文化生产必须依靠政府的投入，目的在于繁荣文化。其次，传统意义上的文化生产是一种发挥个人想象力和独创性的文化创造，即原创性文化生产；文化产业则是一种工业化、标准化的文化生产和服务。再次，传统意义上的文化生产是文化产业赖以发展的基础和条件，前者是"源"，后者是"流"；前者是"创新"，后者是"传播"，如果没有原创性的文化生产，批量化、机械化的文化产业就只能是无源之水、无本之木。

文化产业的类型。由于洞察了文化产业与"文化"和"经济"的紧密联系，洞察了世界文化与经济的发展趋势，中共中央做出了划分"两类文化"（即"文化事业"与"文化产业"）的重大决策。这一划分对于促进我国文化事业和文化产业的繁荣发展具有十分重大而深远的意义。这一划分并不是说文化事业与文化产业有绝对的界限，在实践中它们之间往往你中有我，我中有你，合二为一，分一为二，相互依托，相互促进。但是，有这一区分和没有这一区分是根本不同的，也是至关重要的。

繁荣发展文化与文化产业，必须遵循一个重要的原则，就是分类指导的原则。文化与文化产业没有截然的界限，经营性文化与非经营性文化也不总是泾渭分明，相当多的情况下是交叉混杂在一起的，因此大体上可以分为三种类型：

（1）公益性文化

主要是为公众提供无偿的文化服务，这一类文化不可以通过产业方式进行经营，必须由政府投入予以保障。对政府兴办的图书馆、博物馆、科技馆、文化馆、革命历史纪念馆等公益性事业单位，应给予经费保证。

（2）准公益性文化

这一类文化虽然可以通过产业方式进行经营，或者可以获取一定的经济收益，但其收入远不能达到其从事文化创造或艺术生产所付出的劳动价值，需要国家予以补偿。对反映国家和民族学术、艺术水平的精神产品，代表国家水平的艺术院校、表演团体和国家重点文物保护单位，有代表性的地方、民族特色艺术团体，要加大扶持力度。

（3）经营性文化（营利性文化）

这一类文化完全通过市场用产业方式进行经营，其中有可获得高盈利者（如歌舞厅等娱乐业），可采取高税收；也有属于弱质产业者，则需要国家通过政策予以扶植。对于这三类文化，政府应主要集中精力管好前两类，尽管第二类文化中包含有文化产业的成分；后一类是纯粹的文化产业，则应当交给市场，国家通过制定必要的政策法规，规范其经营，促进其发展。

诚然，这里说的政府要管好前两类文化，并不是说像计划经济时代那样由政府包办一切。特别是第二种类型的文化，必须建立起与市场经济相适应的竞争激励机制，在管理方式上可以也应当引进产业运作方式，这正是文化体制改革的重要内容。但是，需要明确的是，在文化事业领域引入必要的产业运作方式，不能说成"文化产业化"，"产业运作"与"文化产业"是两个不同的概念范畴。

（二）文化产业存在的问题

我国是一个文化资源大国，近年来，在党和政府的正确领导下，文化事业和文化产业发展很快。但是，目前在文化产业发展中还存在一些问题，这些问题主要是由于经济、科技、体制等方面的原因，使文化产业发展很不充分，总量规模偏小，社会化、产业化程度低，处于弱势产业的地位。我国文化资源和文化市场的优势尚未转化为文化产品和文化产品竞争力的优势，文化产品和文化服务在国际国内文化市场中所占有的份额与发达国家相比还有很大的差距，限制了文化产业与文化创新的发展。

（三）我国文化产业发展的对策

发展文化产业有两个根本前提：一是经济的发展水平，二是文化（特别是原创性文化）的发展水平。经济的发展决定着公民的文化需求和消费能力。文化产业的发展是文化具有自身的不断发展的可持续性的基础，毫无疑问将使文化产业呈现出新的面貌和新的可能性。

文化事业的创新和发展应有明确的近期目标和中长期规划，从近期看，首先应解决认识问题，确立文化生产的企业性质，致力于转换企业经营机制。从长期看，要从战略上调整文化经济布局，坚持有进有退，有所为有所不为。借鉴国内外文化产业发展的经验，促进文化产业发展，迫切需要解决以下问题：

1. 发展文化产业必须坚持正确的指导思想

文化是国家和民族的灵魂，集中体现了国家和民族的品格。在当代中国，发展文化产业，必须始终高举社会主义先进文化的前进旗帜。发展文化产业，必须坚持正确的指导思想，着眼于世界科学文化的发展前沿，不断发展健康向上、丰富多彩的，具有中国风格、中国特色的社会主义文化，满足人民群众日益增长的文化需求，引导广大人民群众从思想上精神上正确武装和不断提高起来。发展文化产业与坚持文化属性是高度统一的，那种把文化产业的发展与文化属性对立起来的认识是不正确的。改革开放以来，人们对精神文化的需求不断增长，这就要求社会能够为人民群众提供更多更好的文化产品和更优更全的文化服务。发展文化产业，必须突破那种仅仅把文化当作事业由政府来包办的传统发展模式，为促进文化的发展提供更广阔的空间。繁荣社会主义文化，运用产业的模式来发展文化，就是要坚持为人民服务、为社会主义服务，保障和实现人民群众的基本文化权益，使广大人民群众共享文化发展成果。发展文化产业，必须正确处理经济效益和社会效益的关系。发展各类文化事业和文化产业都要贯彻发展先进文化的要求，始终把社会效益放在首位。文化作为产业，要实现再生产，就必须讲求经济效益。但是，文化产品又是特殊商品，必须贯彻发展先进文化的要求，必须把社会效益摆在首位，保证文化发展的正确方向，不能一味迎合人们的胃口，而忽略了文化的价值追求和精神内涵。文化事业和文化产业的发展，必须立足于在全社会树立中国特色社会主义的共同理想，广泛开展社会主义荣辱观教育。在确保良好社会效益的前提下，争取更大的经济效益，实现社会效益和经济效益的有机统一。

2. 要大力发展反映先进文化的文化事业和文化产业

当前，我国文化发展主要包括事业发展和文化产业发展。我国的文化发展，一方面要努力满足人民群众日益增长的精神文化需求，使文化产品的数量和质量与人民群众的精神文化需求基本适应，另一方面要着力实施文化创新、产业拉动和"走出去"的基本战略，使文化成为我国综合国力的重要组成部分。文化事业包括社会主义文化建设的各个领域、各个方面，其中既有主要体现社会效益的狭义文化事业，又有社会效益与经济效益并重而以社会效益为主的文化产业，这是向广大人民群众宣传先进文化的主要载体和主要渠道。

改革开放以来，文化产业从无到有、从小到大，发展势头迅猛，已经成为国民经济新的增长点。

我国的文化产业已取得长足的发展，我们要顺应新的发展趋势，大力发展文化产业，优化资源配置，追求文化产品价值增长最大化，力求社会效益与经济效益的最佳结合。要在对文化资源进行普查的基础上，按照文化产业发展的要求，理顺体制，打破条块分割，合理配置资源。要利用价值规律和供求规律的作用，鼓励资源向能够产生更高效率和更高效益的环节流动。在所有文化资源中，要特别重视人力资源，实现以人为本的思想，保护知识产权的独立性与合法性，允许各类专门人才以智力资本投资形式参与文化投资和收益分配，以充分调动人的积极性和创造性。文化产品的这种双重属性要求我们对文化产业必须加强监管和调控，坚决打击反动、迷信物品的生产和流通，确保文化产业的健康发展。

现在，我们必须立足国内，发挥政府和社会的积极作用，增加公共投入，大力加强文体事业发展。要重点扶持重要新闻媒体、体现民族特色和国家水准的重要文化项目和艺术院团、重要文化遗产和优秀民族民间艺术，加大对非物质文化遗产和基层文化设施建设的投入力度，保障对公益文化事业的基本投入。

3. 要树立文化产业观念

思想是行动的指南，认识是行动的先导。要跨越文化产业的雄关漫道，首先要跨越对文化产业思想认识的漫道雄关。要充分认识文化产业的巨大发展潜力，真心实意地促进文化产业的发展。要充分认识到发展文化产业是满足人民群众精神文化需求，实现人们的全面发展的客观手段和重要举措，也是落实科学发展观的必然要求。因此，必须以科学发展观指导文化产业的发展，坚持以人为本，把人作为发展的主体和根本动力。要做到这一点，首先要承认文化具有价值。所谓文化价值，即凝结在文化产品（包括精神产品和物质产品）中的一般人类劳动，它是人类智慧的结晶和进步的标记。文化价值不同于一般的物质价值，它具有双重特性，既有有形价值，又有隐形价值；既有经济价值，又有精神价值。文化价值内涵极为丰富，结构极其复杂。具体说，文化价值主要包括：思想价值（伦理、道德、认识、启迪价值）、智能价值（知识、科学、技术价值）、审美价值（艺术、造型价值）、愉悦价值（欣赏、宣泄、消遣价值）、表征价值、经济价值等。文化价值的复杂结构反映了其内部关系的复杂性，它是一个多种价值相互渗透、相互制约的有机整体。

只有正确把握衡量文化价值的价值尺度，才能使人们在总体价值目标的实现过程中，自觉地树立文化产业观念。改革要推进，观念是先导，观念新，事业旺，产业兴。因此要多做解放思想、转变观念的工作，树立与社会主义市场经济体制相适应的新的文化发展观，用科学发展观统领文化事业发展和文化体制改革，以新的思维研究新的情况，以新的办法解决新的问题，以新的举措打开新的局面。目前，有的政府领导还没有把文化产业真正当作一个产业来看待，认识上依然存在着重经济轻文化、把文化当作福利或政治待遇等思想。相比一些文化产业发达国家，我国文化产业意识薄弱，重视程度还不够。长期以来，很多人认为文化产业不创造经济价值，只是为政治服务的工具，因此遏制了文化产业的发展。要通过合理划分文化产业中的竞争性行业和公益性行业，实现不同的运营模式和经营管理方式，培养实行产业化经营的市场主体，推动营利性业务走向产业化经营的道路。因此，树立文化产业观念，真正把文化当作一种产业，是大力发展文化产业的重要问题。

4. 要制定文化产业战略

要从战略高度制定民族文化产业发展战略，大力发展文化产业。要确立以国家利益为最高原则的文化发展战略，在对我国文化安全现状、文化对国家各方面发展的影响程度、未来发展趋势等重要问题进行深入研究的基础上，详细制定文化发展战略目标、战略措施和文化发展政策。文化产业是文化软实力的物化和有效载体，要充分借鉴西方发达国家在鼓励和孵化文化产业方面的经验和成功案例，加快我国文化产业发展步伐，使我国文化产业能在全球文化产业体系中占有一席之地。发展文化产业，制定文化产业发展战略，必须以立为本，重在建设，把发展和壮大中国自己的文化产业，满足人民群众日益增长的精神文化需求，作为文化市场工作的根本任务；理清思路，突出重点，在不放松长期性、基础性建设的同时，集中力量解决当前文化市场存在的突出问题；加强法治建设，提高依法管理的水平。

从近期看，要有一批重大项目为支撑，以重大项目为龙头，带动文化产业整体发展。从中期看，应搞好文化产业的发展规划，并纳入地方社会经济发展的总体规划，滚动发展，逐项落实。从远期看，要抓文化产业发展思路。总的来看，应当形成"近期抓项目，中期抓规划，远期抓产业"的发展战略。

5. 要组建文化产业集团

文化产业集团是提高文化产业竞争力的重要途径，是文化体制改革的关键，是实践先进文化思想的助推器。因此，必须遵循文化企业的特点和规律发展文化产业集团。

现代企业制度下的企业集团，具有产权明晰、责任明确、资金集中等特点。千叶小舢板，不如一艘航母舰。实施集团战略，有利于打造在全国乃至全世界有影响的品牌，带动文化产业规模化、集约化发展，提升全国的文化产业档次。目前，组建文化产业集团是加速文化产业发展的重要措施之一。一方面，文化资源要向优势产业（企业）流动，进行优化组合，形成规模优势；另一方面，众多的中小文化企业，应以其科学决策、善于经营和有特色的产品和服务优势，实现规模经济效益。要通过多种投融资渠道和方式，重点发展一批市场前景好、自我积累能力强的文化产业集团。

6. 要深化文化体制改革

深化文化体制改革，推动文化事业繁荣和文化产业发展，是党中央在科学判断国际国内形势，全面把握当今世界文化发展趋势，深刻分析我国基本国情和战略任务的基础上做出的一项重大决策，是实践"三个代表"重要思想、落实科学发展观、构建社会主义和谐社会的重要内容，是发展社会主义先进文化、满足人民群众日益增长的精神文化需求的必然要求。

文化体制的改革是文化创新的中心环节，也是促进文化艺术长期繁荣的制度保障。我国现行的文化体制是在长期计划经济体制下形成的，改革开放以来，文化领域的改革不断向前推进，促进了文化艺术的繁荣。但从总体上看，现行的文化体制不适应社会主义市场经济的发展，不适应人民群众日益增长的精神文化需求，也不适应文化艺术自身发展的要求。根据社会主义精神文明建设的特点和规律，适应社会主义市场经济发展的要求，大力推进文化体制改革，是发展社会主义文化事业的必然要求。因此，我们要以改革促发展，围绕发展推进改革，用发展的办法解决改革中的问题，用发展的成果检验改革的成效，促进文化事业和文化产业健康快速发展。

当然，文化体制改革既涉及经济基础，又涉及上层建筑，是一场广泛而深刻的变革，是一项思想性、政策性都很强的社会系统工程。推进文化体制改革，必须科学谋划改革过程，准确地把握改革节奏，既要积极推进，又要稳步实施。

总之，文化体制改革的重要目的是发展文化产业，而文化产业的发展恰恰是推动文化体制改革的重要杠杆。围绕促进文化产业的发展来推进文化体制改革和机制创新，有助于把握改革的方向和进程，减少改革的阻力。

第三节 优秀传统文化传承创新推动旅游文化产业发展

一、旅游文化产业的作用

文化旅游产业把文化与旅游相结合，抓住了文化与旅游的内在联系，顺应了文化产业与旅游产业相融合的规律，明确了中国旅游产业发展的方向因此，当前与未来发展文化旅游产业，在我国具有重要意义与作用。

第一，文化产业与旅游产业的融合有利于促进我国旅游产业新格局的形成新时代的发展和变化对旅游产业不断提出新要求，旅游产业的发展进入了一个全面调整和提升的新时期，而此时文化产业与旅游产业的融合，为旅游产业的发展注入了新鲜的血液，带来了新的活力不仅如此，在新一轮的产业整合与竞争中，旅游产业新格局的形成必将同文化产业与旅游产业的融合发展相联系可以说，文化旅游产业的发展，有利于促进我国旅游产业新格局的形成。

第二，文化产业与旅游产业的融合有利于促进我国旅游产业发展方式的转变我国旅游产业的发展总体档次低，发展方式落后文化旅游产业的发展，一方面有利于用文化来提升旅游产业的品位与档次，促进旅游产业发展方式的转变；另一方面，通过旅游业来为文化产业的发展提供载体，通过对传统文化的再创新与产业化，实现从单一的文物观光型向文化体验型转变，既弘扬我国优秀的历史文化，又塑造现代文化，实现旅游产业由量到质的转变，从而推动旅游经济的全面发展。

第三，文化产业与旅游产业相互融合有利于旅游产业功能的完善旅游产业不仅具有解决劳动者就业带动经济发展的功能，更具有促进人们身心健康知识增加，境界提升的功能过去一味地强调旅游产业的经济功能，而其他功能被弱化现代旅游业教育与提升人们境界的功能越来越突出，文化产业与旅游产业融合发展有利于推动以公益目的教育目的文化传播目的为主导的旅游产业的发展。

第四，文化产业与旅游产业相互融合有利于促进先进文化的传播在文化旅游产业发展中，通过推出一批文化创意产品，让静态的文化资源活起来，使静态文化动态化，地下文化显性化，从而既有利于弘扬传统文化中的优秀与先进部分，又有利于建设现代文化，促进先进文化的广泛传播。

第五，文化产业与旅游产业相互融合有利于促进旅游目的地品牌价值的充分兑现一般来说，文化旅游目的地是文化遗迹品位高分布密集的地方，在国内外具有很高的知名度与品牌价值，是该地区或国家一张重要名片发展文化旅游产业，有利于丰富旅游内涵，提升旅游品位，促进旅游目的地价值的充分兑现。

二、旅游文化产业存在的问题及对策

尽管我国文化旅游产业已取得显著进步，但由于起步较晚、发展时间短，文化旅游的融合发展道路仍面临种种问题。为实现文化旅游产业的不断发展，未来还需从多方面着手提升产业品质，深度挖掘旅游文化内涵，建立良性的产业运行机制。

（一）文化旅游存在的问题

第一，特色挖掘不够。现阶段，文化旅游资源开发面临的问题是缺乏深度、广度，致使相关产品级别、层次、品味不高。同时，文化与旅游的特色结合不够，没有充分挖掘独具特色的地方文化资源，游客体验效果不佳。

第二，资金投入不足。无论是文化产业，还是旅游产业，都需要大量资金支持，更何况是两者融合的文化旅游产业。然而，国内文旅项目多由政府投资，资金受到一定限制。资金投入不足既影响到项目推进，也影响到地方文化建设和旅游服务配套体系的完善。

第三，宣传力度有限。在特色资源挖掘不够、资金投入不足背景下，文化旅游产品的包装、宣传等市场运营方面也受到很大影响。特别是资金匮乏，导致难以建立完善的宣传机制，无法进行多角度、大范围的宣传。

第四，专业人才稀缺。文旅产业发展不尽人意，很大程度上受制于人才的缺乏，尤其是兼具文化、旅游专业知识的复合型人才。此外，还缺乏专业的、高水平的导游人员，对文化旅游产品的体验造成一定影响。

（二）文化旅游的发展对策

针对上述问题，未来要从多个方面制定对策加以解决。目前来说，至少要从以下三个方面推动文化旅游产业的进一步发展。

首先，深化文化旅游的管理体制改革。随着文化与旅游之间的融合更加紧密，对文化旅游管理体制提出新的要求，未来要将文化管理系统与旅游管理系统进行结合，以适应文旅产业的深入及新型化发展。

其次，开发旅游资源、促进文旅产业的品牌化发展。文化旅游资源的开发核心在于文化创意，今后要在结合当地文脉基础上通过旅游形式体现，以促进文化旅游资源的深度开发和文旅产业的品牌化发展。

最后，加快人才培养，夯实旅游产业的发展基础。文化旅游产业涉及内容众多，与其他产业联系紧密，为实现文化旅游的可持续发展，必须加快人才培养，提高从业人员素质，充分发挥我国人力资源丰富的优势。

三、优秀传统文化传承创新对旅游文化产业的影响

优秀传统文化的传承与发展是一项关乎国家和民族命运的战略性、全局性工程，涉及

所有部门和领域，也是全社会的共同责任。旅游业作为一个以文化为灵魂、以保护传承和交流传播优秀文化为己任的现代服务业，在传承和发展中华优秀传统文化中能够发挥不可替代的重要作用。

首先，旅游是优秀传统文化展示的重要形式。文化是旅游的灵魂，旅游是文化的展示方式，无论是文化遗址、遗迹、文物、建筑、艺术景观等形式的物质文化遗产，还是以民间艺术、传统习俗、民族风情等为主要形式的非物质文化遗产，博物馆、艺术馆、遗址公园、文化公园、历史和文化街区等旅游公共产品都是它们最重要的展示方式和存在空间，以旅游景观、休闲游憩活动、舞台或现场演艺、参与性体验节目、研学课程等产品类型，供游客观赏、体验和研修。优秀传统文化的社会价值，在很大程度上就是以旅游产品的形式，并通过旅游的途径得到最有效的发挥。即使是那些融入城市发展、美丽乡村建设和生产生活的文化元素、文化符号，也是在以旅游公共资源、旅游公共设施等形式在为旅游者提供着旅游公共服务，或营造着旅游公共环境。

其次，旅游是传统文化传播交流的重要渠道。旅游本身就是一种通过人的流动来实现文化的外向传播与异地交流的重要渠道，在这一过程中，旅游者成为文化传播交流的载体。改革开放以来，随着我国国际旅游的快速发展，中餐、唐装、中华武术、中医药等最具代表性的中华文化，就是随着海外旅游者的脚步，从中国走向了世界各地。中华优秀传统文化要积极参与世界文化的对话与交流，无论是通过海外旅游者来中国旅游，将中华文化带向世界，还是通过中国公民出境旅游将中华文化向国外传播，旅游都是最直接、最有效的途径。即使是在国内旅游领域，优秀的历史文化、传统文化和现代红色文化等，也一直是我们开发研学旅游产品、红色旅游产品等最重要的文化资源。旅游成为文化交流传播最重要和最有效的渠道。

再次，旅游是传统文化创造性转化、创新性发展的重要手段。旅游业本身就是创新、创意型产业，旅游开发是文化创新的重要手段。优秀传统文化自身也要随时代而改变和发展，特别是在现代社会，更需要不断赋予传统文化新的时代内涵和现代表达方式，使中华民族优秀的文化基因能够与当代文化相适应、与现代社会相协调，能够让更多的现代人去理解、认知和接受。旅游能够通过与时俱进的创新、创意，以最让人喜闻乐见的方式去诠释传统文化的内涵，去表现传统文化的形态和特点，无论是嵩山的《禅宗少林》、G20的《印象西湖》，还是故宫的文创旅游商品和作为国礼的鲁班锁现代工艺品，都是在用旅游的方式创造性地演绎中华文化的精髓，并将其转化为最容易被普通人接受的文化展示方式，甚至能够让那些有着不同文化背景的人也通过这种方式感知和体验中华文化的内涵。同时，这种旅游转化和创新发展方式，本身也是对传统舞台艺术、传统表演艺术、传统工艺美术以及传统文化展示方式的创新和发展。

最后，旅游是社会力量参与传统文化保护传承的重要途径。优秀传统文化的保护传承与创新发展，需要全社会的参与，特别是需要在政府的主导下，通过鼓励和引导社会力量的广泛参与，并通过市场化手段，来吸引各种社会资本参与中华优秀传统文化的传承与发展。社会资本参与的文化传承发展项目，有公益性的，也有市场化的。而以优秀传统文化为主题进行市场化利用，旅游化开发和利用是最有效的途径和最重要的渠道。实际上，以旅游化利用为渠道进行优秀传统文化的保护与传承，已经在以往的实践中取得了巨大成就，特别是非物质文化遗产的保护传承，"非遗"进景区、"非遗园"建设、"非遗"社区营造等成功的模式，都是通过旅游化利用途径、市场化运作渠道实现的。

总之，中华优秀传统文化的保护、传承与发展，需要全社会的共同参与，旅游业作为以文化为灵魂、以文化为资源的现代服务业，以其展示手段灵活、方式多样、传播面广、易于接受等特点，必将在中华优秀传统文化的保护与传承、创造性转化与创新性发展以及增强民族文化自觉与文化自信中发挥重要作用。

参考文献

[1] 李璠. 弘扬中华优秀传统文化与中国社会发展研究［M］. 北京：北京工业大学出版社，2023. 04.

[2] 伍韬. 当代传统文化与素质教育研究［M］. 北京：北京工业大学出版社，2023. 04.

[3] 李志毅. 优秀传统文化的现代教育价值探索［M］. 北京：北京工业大学出版社，2023. 04.

[4] 项健. 中华优秀传统文化与传承研究［M］. 吉林出版集团股份有限公司，2022. 07.

[5] 彭翠. 中华传统文化在新时代的传播与传承［M］. 北京：中国传媒大学出版社，2022. 06.

[6] 刘恋. 文化自信视域下中华优秀传统文化的传承与发展［M］. 长沙：湖南师范大学出版社，2022. 05.

[7] 林国标. 中华优秀传统文化概论思想篇［M］. 济南：山东大学出版社，2022. 11.

[8] 从云飞. 中华优秀传统文化［M］. 北京：华文出版社，2021. 08.

[9] 蒋朝莉，平凯. 走近中国传统文化中华人民共和国成立以来中国优秀传统文化的传承保护与开发利用［M］. 成都：四川大学出版社，2021. 11.

[10] 单丽. 新时代的中华优秀传统文化与文化自信的建立研究［M］. 北京：中国纺织出版社，2021. 09.

[11] 李丹丹. 传统文化创新传播与文化软实力建设［M］. 哈尔滨：哈尔滨工业大学出版社，2021. 01.

[12] 李光，肖珑，吴向东. 中华优秀传统文化［M］. 北京：北京理工大学出版社，2020. 09.

[13] 杨文笔. 中国传统文化导论［M］. 银川：宁夏人民出版社，2020. 10.

[14] 易志军. 中华优秀传统文化读本［M］. 长江少年儿童出版社，2020. 08.

[15] 费君清，刘家思，朱小农. 中华优秀传统文化论丛［M］. 杭州：浙江工商大学出版社，2020. 06.

[16] 张玉琳，韩亚男. 中国传统文化要义与传承研究［M］. 北京：中国商业出版社，

2020. 01.

[17] 刘少虎，彭明福，余杨. 中国传统文化概论［M］. 成都：电子科技大学出版社，2019. 06.

[18] 王瑞文，柳松，黄凤芝. 中国传统文化概论［M］. 北京：北京工业大学出版社，2019. 01.

[19] 张义明，易宏军. 中国传统文化概论［M］. 西安：西北大学出版社，2019. 08.

[20] 袁荣高，张波，欧鋆. 中国传统文化教育［M］. 成都：电子科技大学出版社，2019. 05.

[21] 张竟荣，宋旭民，邱燕. 中国传统文化概论［M］. 北京：国家行政学院出版社，2019. 02.

[22] 张宏. 中国传统文化概论［M］. 北京：北京理工大学出版社，2019. 12.

[23] 陈玉英，张秀梅，祁顺柱. 中华传统文化［M］. 石家庄：河北科学技术出版社，2019. 07.

[24] 谢芳. 传统文化的传承与传播［M］. 天津科技翻译出版有限公司，2019. 10.

[25] 马俊平. 中国古代文学与优秀传统文化精神的传承［M］. 吉林出版集团股份有限公司，2019. 04.

[26] 杨小京. 传统文化与素质教育研究［M］. 长春：吉林人民出版社，2019. 05.

[27] 秦海燕. 优秀传统文化的传承与创新［M］. 吉林出版集团股份有限公司，2018. 06.

[28] 汪受宽，屈直敏. 中华优秀传统文化精要［M］. 兰州：甘肃人民出版社，2018. 10.

[29] 陆通. 中华优秀传统文化与文化自信［M］. 吉林出版集团股份有限公司，2018. 06.

[30] 陈晓霞. 新时代传统文化创新性发展研究［M］. 北京：中国国际广播出版社，2018. 09.